中华人民共和国行业推荐性标准

公路交通安全设施设计细则

Design Guidelines for Highway Safety Facilities

JTG/T D81—2017

主编单位：交通运输部公路科学研究院
批准部门：中华人民共和国交通运输部
实施日期：2018 年 01 月 01 日

人民交通出版社股份有限公司

律师声明

本书所有文字、数据、图像、版式设计、插图等均受中华人民共和国宪法和著作权法保护。未经人民交通出版社股份有限公司同意，任何单位、组织、个人不得以任何方式对本作品进行全部或局部的复制、转载、出版或变相出版。

本书封面贴有配数字资源的正版图书二维码，扉页前加印有人民交通出版社股份有限公司专用防伪纸。任何侵犯本书权益的行为，人民交通出版社股份有限公司将依法追究其法律责任。

有奖举报电话：(010) 85285150

北京市星河律师事务所
2020 年 6 月 30 日

图书在版编目（CIP）数据

公路交通安全设施设计细则：JTG/T D81—2017／交通运输部公路科学研究院主编. — 北京：人民交通出版社股份有限公司，2017.12
ISBN 978-7-114-14396-0

Ⅰ.①公… Ⅱ.①交… Ⅲ.①公路运输—交通运输安全—安全设备—设计规范—中国 Ⅳ.①U491.5-65

中国版本图书馆 CIP 数据核字（2017）第 304704 号

标准类型：中华人民共和国行业推荐性标准
标准名称：公路交通安全设施设计细则
标准编号：JTG/T D81—2017
主编单位：交通运输部公路科学研究院
责任编辑：吴有铭　李　沛
出版发行：人民交通出版社股份有限公司
地　　址：(100011) 北京市朝阳区安定门外外馆斜街 3 号
网　　址：http://www.ccpress.com.cn
销售电话：(010) 59757973
总 经 销：人民交通出版社股份有限公司发行部
经　　销：各地新华书店
印　　刷：北京市密东印刷有限公司
开　　本：880×1230　1/16
印　　张：14.25
字　　数：310 千
版　　次：2017 年 12 月　第 1 版
印　　次：2023 年 12 月　第 8 次印刷
书　　号：ISBN 978-7-114-14396-0
定　　价：90.00 元

(有印刷、装订质量问题的图书，由本公司负责调换)

中华人民共和国交通运输部

公 告

第47号

交通运输部关于发布 《公路交通安全设施设计规范》 及《公路交通安全设施设计细则》的公告

现发布《公路交通安全设施设计规范》（JTG D81—2017），作为公路工程行业标准，自2018年1月1日起施行；发布《公路交通安全设施设计细则》（JTG/T D81—2017），作为公路工程行业推荐性标准，自2018年1月1日起施行。原《公路交通安全设施设计规范》（JTG D81—2006）及其英文版，以及《公路交通安全设施设计细则》（JTG/T D81—2006）同时废止。

《公路交通安全设施设计规范》（JTG D81—2017）及《公路交通安全设施设计细则》（JTG/T D81—2017）的管理权和解释权归交通运输部，日常解释和管理工作由主编单位交通运输部公路科学研究院负责。

请各有关单位注意在实践中总结经验，及时将发现的问题和修改建议函告交通运输部公路科学研究院（地址：北京市海淀区花园东路15号，邮政编码：100191），以便修订时研用。

特此公告。

中华人民共和国交通运输部
2017年11月17日

交通运输部办公厅	2017年11月20日印发

前　言

根据交通运输部厅公路字【2011】115号"关于下达2011年度公路工程标准制修订项目计划的通知"的要求，由交通运输部公路科学研究院作为主编单位主持《公路交通安全设施设计细则》（JTG/T D81—2006）的修订工作。

本细则是对原《公路交通安全设施设计细则》（JTG/T D81—2006）的全面修订。经批准后以《公路交通安全设施设计细则》（JTG/T D81—2017）颁布实施。

本次修订紧密结合了我国公路运营环境的特征和发展趋势，以及各等级公路的功能和技术条件、交通条件、地形条件，全面总结了《公路交通安全设施设计细则》（JTG/T D81—2017）自2006年9月实施以来国内相关科研、设计成果，吸收、借鉴了国外发达国家的先进经验和标准规范，对关键技术问题开展了专项研究，在全国范围内广泛征求了交通运输行业主管部门、公路建设和运营管理单位以及公路设计、科研单位的意见，经反复讨论、修改和试设计，最后经审查定稿。

本细则由总则、设计代号、总体设计、交通标志、交通标线、护栏和栏杆、视线诱导设施、隔离栅、防落网、防眩设施、避险车道、其他交通安全设施12章和4个附录组成。

本细则与原细则相比，主要修订内容如下：

1. 根据《公路工程技术标准》（JTG B01—2014）的规定，调整了各章节的编排顺序，突出了各类交通安全设施的使用功能。

2. 增加了"总体设计"一章，强化了与土建工程、公路管理设施和服务设施之间的协调和衔接，细化了设置标准和结构设计标准。

3. "交通标志"和"交通标线"两章强调了原则性内容，突出了其作为交通安全设施的作用。

4. 将隧道入、出口作为独立的设计单元，综合考虑交通标志、标线和护栏的设置。

5. 与《公路护栏安全性能评价标准》（JTG B05-01—2013）相一致，将护栏的"防撞等级"调整为"防护等级"，并增加了护栏的防护等级；对路侧护栏的设置条件和防护等级的确定更加具体化，以增加可操作性；细化了各类桥梁护栏的构造要求，系统提出了桥梁护栏试件的设计方法；对中央分隔带开口护栏提出了防护性能的要求；新增了"缓冲设施"的内容；进一步补充和完善了各类常用护栏形式的结构示例；提出了适应于现场设置条件的护栏结构变更方法。

6. 将原"轮廓标"一章恢复为"视线诱导设施"，涵盖范围适当扩大，以加强隧道等特殊路段的边缘指示。

7. 隔离栅的高度、网格规格根据不同地区隔离对象的特征进行了适当调整，增加了设置"活动门"的规定。

8. 防落网的范围扩大到防落物网和防落石网两类。

9. 新增"避险车道"一章，对避险车道的设置位置、构造组成、平纵线形、长度、铺装材料、附属设施的设计进行了规定。

10. 新增"其他交通安全设施"一章，对防风栅、防雪栅、积雪标杆、限高架、减速丘和凸面镜等交通安全设施的设置原则和规模进行了规定。

本细则由刘会学负责起草第1章，唐琤琤负责起草第2章，刘会学、贾宁、马亮、王伟负责起草第3章，赵妮娜负责起草第4章，宋玉才、侯德藻负责起草第5章，唐琤琤、刘会学、黄晨、李勇、葛书芳、张绍理、高水德负责起草第6章，宋玉才、孙斌负责起草第7章，孙智勇负责起草第8章，宋玉才、张华负责起草第9章，葛书芳负责起草第10章，吴京梅负责起草第11章，张巍汉负责起草第12章，宋玉才负责起草附录A，刘会学负责起草附录B和附录D，刘会学、唐琤琤、邰永刚、邓宝、郑昊负责起草附录C。

请各有关单位在执行过程中，将发现的问题和意见函告本细则日常管理组，联系人：刘会学（地址：北京市海淀区花园东路15号，交通运输部公路科学研究院，邮编：100191；电话：62062052，传真：62370155；电子邮箱：hx.liu@rioh.cn），以便下次修订时参考。

主 编 单 位：交通运输部公路科学研究院
参 编 单 位：北京交科公路勘察设计研究院
　　　　　　　　广东省交通集团有限公司
　　　　　　　　江西赣粤高速公路股份有限公司
　　　　　　　　北京中路安交通科技有限公司

主　　　　编：刘会学
主要参编人员：唐琤琤　宋玉才　赵妮娜　黄　晨　葛书芳
　　　　　　　　侯德藻　贾　宁　孙　斌　李　勇　马　亮
　　　　　　　　孙智勇　吴京梅　张巍汉　王　伟　邰永刚
　　　　　　　　邓　宝　张绍理　郑　昊　张　华　高水德
主　　　审：陈永耀
参与审查人员：李爱民　何　勇　李春风　程英华　吴华金
　　　　　　　　段里仁　潘向阳　辛国树　郑铁柱　高海龙
　　　　　　　　张玉宏　鲍　钢　王建强　夏方庆　王松根
　　　　　　　　沈国华　管桂平　夏传荪　刘光东　孙芙灵
　　　　　　　　胡彦杰　刘喜平　郭　敏　周玉波　倪　伟
　　　　　　　　周克勤　马治国　彭　锐　李春杰　尹东升
　　　　　　　　胡江碧　陈卫霞　李会驰

目　次

1 总则 ·· 1
2 设计代号 ·· 5
  2.1 护栏设计代号 ··· 5
  2.2 视线诱导设施设计代号 ·· 8
  2.3 隔离栅设计代号 ··· 9
  2.4 防落网设计代号 ·· 10
  2.5 防眩设施设计代号 ··· 11
3 总体设计 ·· 12
  3.1 一般规定 ··· 12
  3.2 项目和路网特征分析 ··· 14
  3.3 设计目标 ··· 14
  3.4 设置规模 ··· 16
  3.5 结构设计标准 ··· 17
  3.6 设计协调与界面划分 ··· 24
4 交通标志 ·· 25
  4.1 一般规定 ··· 25
  4.2 设置原则 ··· 27
  4.3 版面设计 ··· 29
  4.4 材料选择 ··· 32
  4.5 支撑方式和结构 ·· 35
5 交通标线 ·· 38
  5.1 一般规定 ··· 38
  5.2 设置原则 ··· 39
  5.3 材料选择 ··· 46
6 护栏和栏杆 ··· 48
  6.1 一般规定 ··· 48
  6.2 路基护栏 ··· 49
  6.3 桥梁护栏和栏杆 ·· 87
  6.4 中央分隔带开口护栏 ·· 100
  6.5 缓冲设施 ·· 102
  6.6 应对运营需求和改扩建的技术措施 ·························· 104

7 视线诱导设施 ……………………………………………………………… 106
7.1 一般规定 ………………………………………………………………… 106
7.2 设置原则 ………………………………………………………………… 107
7.3 设置位置 ………………………………………………………………… 109
7.4 形式选择 ………………………………………………………………… 110
7.5 构造要求 ………………………………………………………………… 112

8 隔离栅 …………………………………………………………………… 113
8.1 一般规定 ………………………………………………………………… 113
8.2 设置原则 ………………………………………………………………… 113
8.3 形式选择 ………………………………………………………………… 114
8.4 构造要求 ………………………………………………………………… 116

9 防落网 …………………………………………………………………… 119
9.1 一般规定 ………………………………………………………………… 119
9.2 防落物网 ………………………………………………………………… 119
9.3 防落石网 ………………………………………………………………… 120

10 防眩设施 ………………………………………………………………… 125
10.1 一般规定 ……………………………………………………………… 125
10.2 遮光角计算 …………………………………………………………… 126
10.3 设置原则 ……………………………………………………………… 127
10.4 形式选择 ……………………………………………………………… 129
10.5 构造要求 ……………………………………………………………… 131

11 避险车道 ………………………………………………………………… 135
11.1 一般规定 ……………………………………………………………… 135
11.2 避险车道设置 ………………………………………………………… 135
11.3 避险车道几何设计 …………………………………………………… 137
11.4 制动床、救援车道铺装材料及技术要求 …………………………… 140
11.5 配套交通安全和救援辅助设施 ……………………………………… 141
11.6 防污、排水系统 ……………………………………………………… 142

12 其他交通安全设施 ……………………………………………………… 143
12.1 防风栅 ………………………………………………………………… 143
12.2 防雪栅 ………………………………………………………………… 147
12.3 积雪标杆 ……………………………………………………………… 153
12.4 限高架 ………………………………………………………………… 154
12.5 减速丘 ………………………………………………………………… 156
12.6 凸面镜 ………………………………………………………………… 157
12.7 其他设施 ……………………………………………………………… 157

附录 A	隧道出入口路段交通安全设施综合设置示例	158
附录 B	净区宽度计算方法	160
附录 C	部分缆索护栏、波形梁护栏、混凝土护栏一般构造示例及变更方法	162
附录 D	桥梁护栏试件设计方法	207

本细则用词说明 ………………………………………………………………… 218

1 总则

1.0.1 为规范和统一公路交通安全设施的设计，充分体现公路功能和运营特征，使公路交通安全设施的设计系统完善、设置合理、技术先进、经济实用，根据《公路交通安全设施设计规范》(JTG D81—2017)的规定，制定本细则。

条文说明

2006年7月，交通部发布了《公路交通安全设施设计细则》(JTG/T D81—2006，以下简称《设计细则》)，作为公路工程行业推荐性标准，于2006年9月1日起施行。

《设计细则》是我国公路工程行业首部以"细则"作为特征名的推荐性标准。与《公路交通安全设施设计规范》(JTG D81—2006，以下简称《设计规范》)解决公路交通安全设施的设计应该"做什么"相比，《设计细则》则以解决公路交通安全设施"如何做"和"怎样做得更好"的问题为重点。《设计细则》提供了各主要交通安全设施的设计指导思想、设计顺序、设置中需要考虑的因素、如何选取各类交通安全设施的形式以及各类交通安全设施的结构构造要求及推荐的一般构造图等，为设计人员提供了必要的交通安全分析方法及因地制宜开展针对性设计的原则，避免了设计人员盲目照搬《设计规范》的弊端。

《设计细则》颁布实施几年来，我国公路建设事业突飞猛进，交通安全设施也在各等级公路中进行了大量的应用。在具体实践中发现，《设计细则》尚存在一些不能很好地适应我国大规模公路建设需要的问题，具体表现为：

（1）设置方面

在总体设计上，如何加强主动引导设施的设置、合理设置被动防护设施的原则需要进一步细化。

路侧净区的宽度如何根据公路设计速度或运行速度、交通量、几何技术指标（平、纵、横）等因素来确定。

中央分隔带护栏的设置如何体现公路等级、交通量、景观要求等因素。

如何使护栏设置的等级更加精确化。

针对我国大型车辆越来越多的趋势，在《设计细则》中采取什么措施，来提高相关公路的交通安全保障水平。

（2）护栏受碰撞后的变形方面

对各类护栏受碰撞后允许的变形量需要提出要求。

(3) 形式选择方面

护栏形式的选择如何更好地体现安全与景观的因素，低等级公路如何采用经济有效的防护措施需要进一步明确。

(4) 结构计算方面

桥梁护栏结构的计算模型与方法需进一步细化；各类护栏的基础如何处理需要进一步细化，特别是挡土墙路段和桥梁段等。

(5) 护栏一般构造图方面

《设计细则》强调了根据实际情况进行针对性设计的原则，但目前很多设计单位仍希望《设计细则》提供更多的护栏结构一般构造图，供设计时采用。

此外，对多车道高速公路、低等级公路、改扩建工程和公路网络化发展带来的交通安全设施设置方面的新问题，规定有所欠缺或不够具体，在使用操作性方面还有需要改进的空间。

本次《设计细则》的修订工作，主要目的是从我国实际国情和公路交通发展状况出发，全面总结了2006年以来我国公路交通安全设施的使用经验，总结、吸取国内外公路建设和公路安全研究领域的先进经验与失败教训，对现行《设计细则》中不适用的条款进行了调整，对多车道高速公路、低等级公路、改扩建工程和公路运营环境发生变化带来的新问题进行补充完善，进一步提高了针对性和可操作性，使《设计细则》更加科学、实用、易于掌握。

1.0.2 本细则适用于新建和改扩建的各等级公路交通安全设施的设计。

条文说明

《设计细则》2006年9月1日施行后，适用范围为新建和改建的各等级公路，本次修订对细则的适用范围调整为新建和改扩建各等级公路交通安全设施的设计。对于改扩建工程，交通安全设施的设计以原则规定为主，具体可参见现行《高速公路改扩建交通工程及沿线设施设计细则》(JTG/T L80)等行业标准的规定。

1.0.3 公路交通安全设施设计内容包括交通标志、交通标线（含突起路标）、护栏、视线诱导设施、隔离栅、防落网、防眩设施、避险车道和其他交通安全设施（含防风栅、防雪栅、积雪标杆、限高架、减速丘和凸面镜）等。

1.0.4 公路交通安全设施应结合路网与公路技术条件、地形条件、交通条件、环境条件进行总体设计，交通安全设施之间、交通安全设施与公路土建工程和其他设施之间应互相协调、配合使用。

1.0.5 公路交通安全设施设计应坚持以人为本、预防为主、系统设计、重点突出的原则。应以公路交通安全综合分析或交通安全评价结果为基础，从公路使用者的角度出发，优先设置主动引导设施，根据需要设置被动防护设施，做到主动引导与被动防护相互结合，以充分体现公路设计功能，适应公路的运行环境特征。

1.0.6 新建公路交通安全设施的设计宜考虑公路运营期间路基加宽、路面加铺、罩面、降雪等因素的影响，并采用一定的技术措施，如图1.0.6所示。改扩建工程交通安全设施设计应在对既有公路开展调查与评价的基础上，结合改扩建后的公路、交通、环境条件进行，对既有设施需要合理利用并对存在的缺陷加以完善。

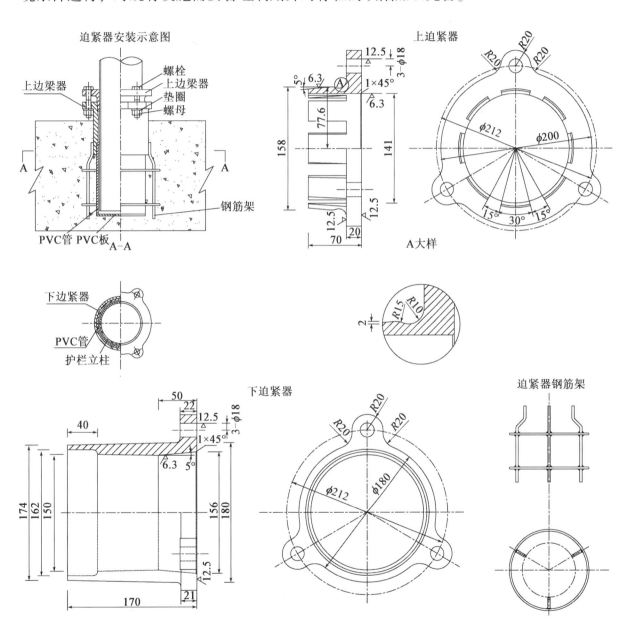

a) 可调节护栏立柱高度的迫紧器抽换式混凝土基础示意图（φ140mm规格）（尺寸单位：mm）

图 1.0.6

注：图中椭圆形红色曲线内为现有横梁法兰盘
b) 适应于公路路基远期需要加宽的门架式交通标志结构设计示例

图1.0.6 面向运营需求的公路交通安全设施设置示例

条文说明

  公路路面加铺、罩面后，部分交通安全设施，如护栏的高度、交通标志的高度均会受到一定程度的影响。这种情况下，在设计时可以考虑采取一定的措施，如适当增加交通标志的高度；混凝土护栏可以适当加高并采用单坡型；波形梁或缆索护栏立柱适当加长并预留连接孔，也可以采用迫紧器抽换式混凝土基础来安装立柱，图1.0.6a）中所示的迫紧器由铸钢材料制作。

  对于设置于路基可能加宽路段的交通安全设施，可以考虑采用适当的结构形式，以充分利用既有设施。如图1.0.6b）中所示的门架式交通标志结构，在单侧路基加宽为三个及以上车道时，仅需增加一榀横梁、一对法兰盘和一处基础即可，原有主要结构均得到了充分利用。

  改扩建公路工程需要充分考虑既有公路的交通安全运营特征，在对其进行调查与评价的基础上，结合改扩建后的公路条件（包括公路等级、设计速度等）、交通条件、环境条件等进行交通安全设施的设计。对既有交通安全设施，从资源节约和环境保护的角度，需要合理利用并对存在的缺陷加以完善。

1.0.7 公路交通安全设施的设计交通量应采用公路的设计交通量，所采用的设计车辆外廓尺寸、代表车型等应符合现行《公路工程技术标准》（JTG B01）和《公路护栏安全性能评价标准》（JTG B05-01）的相应规定。

1.0.8 在满足安全和使用功能的条件下，应积极推广使用可靠的新技术、新材料、新工艺、新产品。

1.0.9 公路交通安全设施设计除应符合本细则的规定外，尚应符合国家和行业现行相关标准的规定。

2 设计代号

2.1 护栏设计代号

2.1.1 设置于公路路基上的护栏设计代号由护栏构造形式代号、防护等级代号、埋设条件代号三部分组成。各种代号规定如下：

1 护栏构造形式代号

Gr——波形梁护栏

Grd——组合型波形梁护栏

Gc——缆索护栏

RrF——现浇 F 型混凝土护栏

RrS——现浇单坡型混凝土护栏

RrI——现浇加强型混凝土护栏

RpF——预制 F 型混凝土护栏

RpS——预制单坡型混凝土护栏

RpI——预制加强型混凝土护栏

2 防护等级代号

C——路侧一（C）级

B——路侧二（B）级

A——路侧三（A）级

SB——路侧四（SB）级

SA——路侧五（SA）级

SS——路侧六（SS）级

HB——路侧七（HB）级

HA——路侧八（HA）级

Bm——中央分隔带二（Bm）级

Am——中央分隔带三（Am）级

SBm——中央分隔带四（SBm）级

SAm——中央分隔带五（SAm）级

SSm——中央分隔带六（SSm）级

HBm——中央分隔带七（HBm）级

HAm——中央分隔带八（HAm）级

3　埋设条件代号

nE——埋设于土中，柱距为 n 米

E_1——混凝土护栏，埋置在土中

E_2——混凝土护栏，与下部构造物连接

$n$$B_1$——埋设于小桥、通道、明涵结构物中，采用预埋套筒的基础处理方式，柱距为 n 米

$n$$B_2$——埋设于小桥、通道、明涵结构物中，采用预埋地脚螺栓的基础处理方式，柱距为 n 米

nC——埋设于独立设置的混凝土基础中，柱距为 n 米

4　标注方法

1）通式

2）示例

2.1.2 设置于公路桥梁上的护栏设计代号由护栏构造形式代号、防护等级代号、埋设条件代号三部分组成。各种代号规定如下：

1　护栏构造形式代号

Bp——梁柱式护栏

Rcw——钢筋混凝土护栏

Cm——组合式护栏

2　防护等级代号

B——路侧二（B）级

A——路侧三（A）级

SB——路侧四（SB）级

SA——路侧五（SA）级

SS——路侧六（SS）级

HB——路侧七（HB）级

HA——路侧八（HA）级

Bm——中央分隔带二（Bm）级

Am——中央分隔带三（Am）级
SBm——中央分隔带四（SBm）级
SAm——中央分隔带五（SAm）级
SSm——中央分隔带六（SSm）级
HBm——中央分隔带七（HBm）级
HAm——中央分隔带八（HAm）级

3 埋设条件代号
B——埋设于混凝土中
Fp——桥梁护栏通过法兰盘与桥面板连接

4 标注方法
1）通式

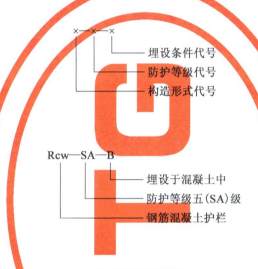

2）示例

2.1.3 护栏端部及过渡处理的设计代号由护栏端部及过渡处理构造形式代号和防护等级代号两部分组成。各种代号规定如下：

1 护栏端部及过渡处理构造形式代号

AT1——路侧上游端头：AT1-1 外展埋入式；AT1-2 外展圆头式；AT1-3 吸能式

AT2——路侧下游圆形端头

BT——波形梁护栏与混凝土护栏过渡结构段：BT-1 端部翼墙式；BT-2 搭接式

CU——防撞垫

CT——中央分隔带护栏开口端部结构

DT——护栏三角端端部结构

FT——隧道洞口处端部结构

2 护栏防撞端头或防撞垫防护等级代号

TB——一（TB）级
TA——二（TA）级
TS——三（TS）级

3 标注方法

1）通式

2）示例

2.2 视线诱导设施设计代号

2.2.1 视线诱导设施的设计代号由视线诱导设施代号、构造形式代号和埋设条件代号组成。各种代号规定如下：

1 视线诱导设施代号

V_G——视线诱导设施

2 构造形式代号

De——轮廓标

De（Rbw）——轮廓标（白色反射片）

De（Rby）——轮廓标（黄色反射片）

De（Rsw）——轮廓标（白色反光膜）

De（Rsy）——轮廓标（黄色反光膜）

Cv——合流提示类标志

Gca——线形诱导标

Dt——隧道轮廓带

Wp——示警桩

Wb——示警墩

Ip——道口标柱

3 埋设条件代号

E——埋设于土中

At——附着式

At1——附着于波形梁护栏上

At2——附着于混凝土护栏上

At3——附着于隧道壁上

At4——附着于缆索护栏上
At5——附着于隧道检修道靠近车行道一侧
4 标注方法
1）通式

2）示例

2.3 隔离栅设计代号

2.3.1 隔离栅的设计代号由隔离栅代号、构造形式代号、埋设条件代号三部分组成。各种代号规定如下：

1 隔离栅代号
F——隔离栅
2 构造形式代号
Em——钢板网
Ww——焊接网
Wn——编织网
Bw——刺钢丝
Wb——砌墙
3 埋设条件代号
E——埋设于土中
C——埋设于混凝土中
4 标注方法
1）通式

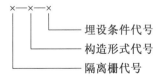

2）示例

2.4 防落网设计代号

2.4.1 防落物网的设计代号由防落物网代号、构造形式代号、埋设条件代号组成。各种代号规定如下：
 1 防落物网代号
 Bf——防落物网
 2 构造形式代号
 Em——钢板网
 Ww——焊接网
 Wn——编织网
 Mp——金属板
 3 埋设条件代号
 B——埋设或附着于上跨构造物上
 4 标注方法
 1）通式

2）示例

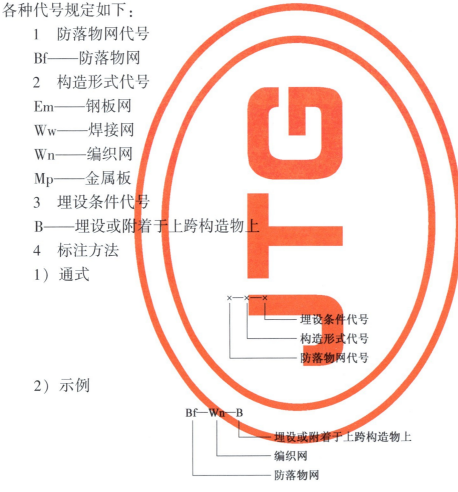

2.4.2 防落石网的设计代号由防落石网代号、构造形式代号组成。各种代号规定如下：
 1 防落石网代号
 Sf——防落石网
 2 构造形式代号
 Rs——钢丝绳网

Cs——环行网

3 标注方法

1）通式

2）示例

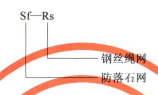

2.5 防眩设施设计代号

2.5.1 防眩设施的设计代号由防眩设施代号、构造形式代号、埋设条件代号组成，各种代号规定如下：

1 防眩设施代号

Gs——防眩设施

2 构造形式代号

P——防眩板

N——防眩网

3 埋设条件代号

E——埋设于土中

C——埋设于混凝土中

Gw——设置在混凝土护栏上

Gr——设置在波形梁护栏上

4 标注方法

1）通式

2）示例

3 总体设计

3.1 一般规定

3.1.1 公路交通安全设施必须与公路土建工程同时设计、同时施工、同时投入生产和使用。

3.1.2 公路交通安全设施的总体设计为公路工程总体设计的一部分，应按下列规定进行总体设计：

1 协调设计界面：包括明确交通安全设施与公路土建工程、服务设施和管理设施等专业之间的关系和界面，确定各专业之间的设计优先顺序。

2 统一设计原则：公路工程分期修建时，交通安全设施应与公路土建工程统一设计、分期实施；公路工程由两个或以上单位设计时，应由一个单位负责统一各设计单位的设计原则、技术标准、建设规模和主要技术指标。

3 提出文件编制内容：针对公路工程的特点和不同设计阶段的要求，提出各阶段设计文件的构成和具体内容。

3.1.3 公路交通安全设施的总体设计应在充分收集项目及所在路网规划、技术规定、设计图纸和交通安全评价，以及现场调研的基础上进行。

3.1.4 公路交通安全设施的总体设计应包括项目和路网特征分析、设计目标、设置规模、结构设计标准、设计协调与界面划分等内容。

3.1.5 除本细则第3.1.4条的规定外，公路改扩建交通安全设施的设计还应根据既有公路调查与综合分析的结论，包括既有设施的再利用方案和临时交通安全设施的设计方案等。

3.1.6 公路交通安全设施的总体设计应收集的资料主要包括：

1 土建工程和服务、管理设施设计图纸、资料

1）总体设计

①土建工程设计说明，含主线、互通式立体交叉匝道和平面交叉被交道路的技术指标、所在地区的自然、地理特点，以及设计交通量和交通组成等；

②该路线在路网中的位置及路线走向图。

2）路线、路基、路面及排水

①路线平、纵面设计图；

②全线直线、曲线及转角表；

③标准横断面设计图；

④石方区、填方区起讫桩号；

⑤中央分隔带开口桩号。

3）桥梁、涵洞

①特大、大、中、小桥统计表及相应于特大、大、中、小桥的桥型布置图；

②通道、涵洞及人行天桥统计表及通道、涵洞及人行天桥总体布置图。

4）隧道工程

①隧道平面图、纵断面设计图和侧面图（含隧道出口两侧交通岛设计图）；

②隧道建筑限界图及通信边沟细部构造图；

③隧道风机平面图、消防和照明布设位置图及有关布设表格。

5）路线交叉

①交叉工程一览表（含跨主线桥梁、人行天桥等）及分离式立体交叉桥型布置图；

②互通式立体交叉平面图、互通段主线及匝道纵断面设计图，施工图阶段另外收集互通式立体交叉和平面交叉所有连接部位的细部大样图；

③互通式立体交叉出入口交通量及车型构成；

④互通式立体交叉、平面交叉的主要服务区域。

6）服务和管理设施

①服务区、停车区、管理机构、养护工区和收费站等服务和管理设施的位置桩号和平面图；

②监控外场设备布置一览表和布置图。

7）概、预算

土建工程设计概、预算文件中与材料单价、费率相关的表格。

2 现场调研和资料收集的内容

1）向沿线公路运营养护、交通管理等部门以及各类公路使用者调研了解周边路网交通安全设施的设置情况、目前存在的问题和解决建议。

2）收集周边路网相关公路的交通安全设施的设计图纸，并针对新建项目的特点，重点收集各条公路之间的功能划分和交通管理方式、各交通标志版面信息之间的协调性和连续性，以及各条公路服务设施之间的设置位置等资料。

3.1.7 除本细则第3.1.6条的规定外，公路改扩建交通安全设施的总体设计应收集的资料还包括：

1 既有公路交通事故统计资料、交通安全评价报告和交通安全设施竣工文件等；

2 向沿线公路运营养护、交通管理等部门以及各类公路使用者调研了解既有公路交通安全设施的设置情况、目前存在的问题和解决建议等。
3 既有公路交通安全设施的检测报告。

3.2 项目和路网特征分析

3.2.1 与项目相关资料的分析应包括下列内容：
1 项目在路网中的功能和定位；
2 项目的直接和间接服务范围；
3 项目沿线交通枢纽、旅游景区、饮用水源地保护区等重要设施的分布；
4 项目的技术标准、地形条件、交通条件和环境条件。

3.2.2 项目与所在路网之间关系的分析应包括下列内容：
1 起、终点里程传递的桩号信息；
2 重合路段的起终点信息；
3 穿城路段的起终点信息；
4 构成多路径的路线信息；
5 相关路线的命名和编号信息；
6 被交公路、铁路和航道的相关信息。

3.2.3 从公路使用者的角度对项目进行的交通安全综合分析应包括下列内容：
1 公路运行中可能存在的安全风险和隐患路段（点）；
2 交通安全设施的安全设计重点。

3.3 设计目标

3.3.1 应结合项目和路网特征分析结果，从服务、安全、管理、环境、成本等方面提出交通安全设施的设计目标。

条文说明

本条结合交通安全设施的功能要求和建设成本，提出从服务、安全、管理、环境、成本等方面确定交通安全设施的设计目标。这里并非是指每一个项目均要实现这五个方面的目标，而是要根据项目特点和实际条件，合理确定其设计目标，或者优先确定设计目标。如旅游公路，重点需要从服务、安全和环境方面提出设计目标，而成本可不作为重点。

3.3.2 公路交通安全设施的设计应从"提供服务"的角度，根据公路的服务对象和范围，为公路使用者的信息需求、舒适驾驶、平安出行提供技术保障。

条文说明

公路交通安全设施设计单位需要加强与项目建设单位和土建工程设计单位之间的协调，准确掌握土建工程的设计指导思想和原则，确定交通安全设施的服务对象和范围。

3.3.3 公路交通安全设施的设计应从"保障安全"的角度，根据本细则第3.2.3条确定的安全风险和隐患路段（点）及安全设计重点，提出设计目标。

条文说明

具体的设计目标，如交通标志和标线的反光要求、护栏的防护能量、中央分隔带开口护栏的防护等级等。

3.3.4 公路交通安全设施的设计应从"利于管理"的角度，根据交通运营和安全管理的需求，提出有利于交通运营和安全管理的设计目标。

条文说明

公路交通安全设施设计单位通过加强与项目运营、养护管理和交通安全管理等单位的协调，准确掌握公路运营管理的需求，如速度控制、允许通行的车辆、建筑限界的控制等。通过交通安全设施的设计，实现"利于管理"的设计目标。

3.3.5 公路交通安全设施的设计应从"保护环境"的角度，对穿越环境敏感区的公路，提出减少环境破坏、与自然环境相协调的设计目标。

条文说明

对穿越环境敏感区的公路，如旅游公路，公路交通安全设施的设计需要提出减少对自然环境破坏、与自然环境相协调的设计目标，如采用图形化交通标志、设置通透式护栏等。

3.3.6 公路交通安全设施的设计应从"降低全寿命周期成本"的角度，提出效益投资比最大化和降低运营养护成本的设计目标。

条文说明

公路交通安全设施的设计，不但要注重项目的初期建设成本，还要注重其后期维修和养护成本，如常规养护、事故养护、材料储备以及养护修复的方便性等发生的费用。交通安全设施的设计还要有一定的前瞻性，即在投入使用后，不能因为后期发生的少量路面加铺、罩面等养护工作而失去或大幅度降低其使用功能。

3.3.7 公路改扩建项目，应提出既有设施再利用、临时交通安全设施设置的设计目标。

条文说明

交通安全设施的再利用一般包括直接利用、改造利用、作为临时设施和作为材料加以利用等方式。从资源节约的角度，公路改扩建项目要将既有交通安全设施的再利用率作为一个设计目标；此外，为满足边通车、边施工的需要，对临时交通安全设施的设置也要提出一些设计目标，如交通标志的版面、护栏的防护等级等。

3.4 设置规模

3.4.1 公路交通安全设施的设置规模，应根据确定的设计目标，综合考虑所在路网规划、公路功能、技术等级、交通量、车型组成和环境等因素，科学论证并合理确定：

1 公路系统由公路使用者、车辆和公路环境组成。通过交通安全设施的设置应能促进公路的本质安全，提高驾驶人的安全驾驶行为，提升车辆的路用适应性。

2 交通安全设施应针对公路不同路段的特点，分别提供有针对性的解决方案。

3.4.2 主要干线公路为高速公路，应根据本细则的规定设置系统、完善的交通标志、标线、视线诱导设施、隔离栅、必需的防落网和防眩设施；桥梁与高路堤路段必须设置路侧护栏，其他路段计算净区宽度不足时，应按护栏设置原则确定是否设置护栏；整体式断面中间带宽度小于或等于12m时，必须连续设置中央分隔带护栏；不同形式的护栏连接时，应进行过渡设计；中央分隔带开口处必须设置开口护栏；出口分流三角端应设置可导向防撞垫。

3.4.3 次要干线公路为二级及以上公路，应根据本细则的规定设置完善的交通标志、标线、视线诱导设施及必需的隔离栅和防落网；桥梁与高路堤路段必须设置路侧护栏，其他路段计算净区宽度不足时，应按护栏设置原则确定是否设置护栏；一级公路整体式断面中间带宽度小于或等于12m时，必须连续设置中央分隔带护栏；不同形式的护栏连接时，应进行过渡设计；高速公路中央分隔带开口处必须设置开口护栏；一级公路应根据需要设置防眩设施。

3.4.4 主要集散公路一般为一、二级公路，应根据本细则的规定设置较完善的交通标志、标线及必需的视线诱导设施和隔离栅；桥梁与高路堤路段必须设置路侧护栏，其他路段计算净区宽度不足时，应按护栏设置原则确定是否设置护栏；一级公路整体式断面中间带应设置保障行车安全的隔离设施。

3.4.5 次要集散公路一般为二、三级公路，应根据本细则的规定设置较完善的交通标志、标线及必需的视线诱导设施；桥梁与高路堤路段应设置路侧护栏，其他路段路侧计算净区宽度不足时，应按护栏设置原则确定是否设置护栏。

3.4.6 支线公路一般为三、四级公路，应根据本细则的规定设置交通标志，在视距不良、急弯、陡坡等路段应设置交通标线及必需的视线诱导设施；路侧有不满足计算净区宽度要求的悬崖、深谷、深沟、江河湖海等路段应设置路侧护栏。

3.4.7 公路连续长、陡下坡路段，应根据本细则的规定并结合交通安全综合分析的结果论证是否设置避险车道。设置避险车道时，应设置配套的交通标志、标线及隔离、防护、缓冲等设施。

3.4.8 风、雪等危及公路行车安全的路段，应根据本细则的规定设置防风栅、防雪栅、积雪标杆等交通安全设施；根据运营管理和交通管理需求，可根据本细则的规定设置限高架、减速丘、凸面镜等交通安全设施。

3.5 结构设计标准

3.5.1 作用分类、代表值和作用效应组合应符合下列规定：

1 公路交通安全设施结构设计采用的作用应符合表 3.5.1-1 的规定。除桥梁护栏所承受的汽车碰撞荷载外，其他作用的标准值、代表值和组合效应设计值应参照现行《公路桥涵设计通用规范》（JTG D60）的规定计算。当结构中出现其他不可忽略的作用时，其标准值、代表值和组合效应设计值的计算应符合相关规范的规定。

表 3.5.1-1 公路交通安全设施结构设计采用的作用

设 施 类 型	作 用 名 称	作 用 分 类
护栏	结构重力（包括结构附加重力）	永久作用
	土的重力（路基护栏）	
	土侧压力（路基护栏）	
	预加力（缆索护栏）	
	风荷载	可变作用
	人行道或自行车道栏杆荷载	
	汽车碰撞荷载	偶然作用
交通标志 防落物网 隔离栅 防眩设施 防风栅 防雪栅 警示限高架	结构重力（包括结构附加重力）	永久作用
	土的重力（设置于土基处）	
	土侧压力（设置于土基处）	
	风荷载	可变作用
	温度作用	

续表 3.5.1-1

设 施 类 型	作 用 名 称	作 用 分 类
防撞限高架	结构重力（包括结构附加重力）	永久作用
	土的重力（设置于土基处）	
	土侧压力（设置于土基处）	
	风荷载	可变作用
	温度作用	
	汽车碰撞荷载	偶然作用
突起路标	汽车轮载	可变作用

2 公路交通安全设施结构设计应根据使用过程中在结构上可能同时出现的作用，按承载能力极限状态和正常使用极限状态分别进行作用组合，并应取各自的最不利组合进行设计。

3 公路交通安全设施结构按承载能力极限状态设计时，应采用下列两种作用效应组合：

1）基本组合。永久作用设计值效应与可变作用设计值效应相组合，其效应组合表达式为：

$$S_{ud} = \gamma_0 \left(\sum_{i=1}^{m} \gamma_{Gi} S_{Gik} + \gamma_{Q1} S_{Q1k} + \psi_c \sum_{j=2}^{n} \gamma_{Qj} S_{Qjk} \right) \quad (3.5.1-1)$$

或

$$S_{ud} = \gamma_0 \left(\sum_{i=1}^{m} S_{Gid} + S_{Q1d} + \sum_{j=2}^{n} S_{Qjd} \right) \quad (3.5.1-2)$$

式中：S_{ud}——承载能力极限状态下作用基本组合的效应组合设计值；

γ_0——结构重要性系数，应按现行《公路工程结构可靠度设计统一标准》（GB/T 50283）规定的结构设计安全等级选用，如表 3.5.1-2；根据交通安全设施所处位置的具体情况，可调整结构设计安全等级，但不得低于表 3.5.1-2 规定的等级；

γ_{Gi}——第 i 个永久作用的分项系数，应按表 3.5.1-3 的规定采用；

S_{Gik}、S_{Gid}——第 i 个永久作用的作用效应标准值和设计值；

γ_{Qj}——第 j 个可变作用的分项系数，其中 γ_{Q1} 为主导可变作用的分项系数，$\gamma_{Qj}=1.4$；

S_{Qjk}、S_{Qjd}——第 j 个可变作用的作用效应标准值和设计值，其中 S_{Q1k}、S_{Q1d} 为各可变作用效应中起控制作用者；

ψ_c——除主导可变作用外的其他可变作用的组合值系数，当永久作用与主导可变作用和其他一种可变作用组合时，其他一种作用的组合值系数 $\psi_c=0.8$；当除主导可变作用外尚有两种及两种以上的其他可变作用参与组合时，其组合值系数 $\psi_c=0.7$；

m——参与组合的永久作用数；

n——参与组合的可变作用数。

表 3.5.1-2　公路交通安全设施的结构设计安全等级和结构重要性系数

结构设计安全等级	设 施 类 型	结构重要性系数 γ_0
二级	特大桥上设置的护栏、防落物网、防风栅、防雪栅；位于高速公路、一级公路上的悬臂式、门架式交通标志	1.0
三级	其他交通安全设施结构	0.9

表 3.5.1-3　永久作用分项系数

作 用 名 称	永久作用分项系数	
	对结构的承载能力不利时	对结构的承载能力有利时
结构重力	1.2	1.0
土的重力	1.2	1.0
土侧压力	1.4	1.0
预加力	1.2	1.0

2）偶然组合。永久作用标准值效应与可变作用某种代表值效应、偶然作用标准值效应相组合，其效应组合表达式为：

$$S_{ud} = \gamma_0 (\sum_{i=1}^{m} S_{Gik} + \psi_{f1} S_{Q1k} + \sum_{j=2}^{n} \psi_{qj} S_{Qjk} + S_{Ad}) \quad (3.5.1-3)$$

式中：S_{ud}——承载能力极限状态下作用偶然组合的效应组合设计值；

ψ_{f1}——主导可变作用的频遇值系数，风荷载 $\psi_f = 0.75$，人行道或自行车道栏杆荷载 $\psi_f = 1.0$，温度作用 $\psi_f = 0.8$，其他作用 $\psi_f = 1.0$；

ψ_{qj}——第 j 个可变作用的准永久值系数，风荷载 $\psi_q = 0.75$，人行道或自行车道栏杆荷载 $\psi_q = 0.4$，温度作用 $\psi_q = 0.8$，其他作用 $\psi_q = 1.0$；

S_{Ad}——偶然作用（汽车碰撞荷载）的作用效应标准值。

4　公路交通安全设施结构按正常使用极限状态设计时，应采用作用的频遇组合，即永久作用标准值效应与主导可变作用的频遇值效应、其他可变作用的准永久值效应相组合，其效应组合表达式为：

$$S_{fd} = \sum_{i=1}^{m} S_{Gik} + \psi_{f1} S_{Q1k} + \sum_{j=2}^{n} \psi_{qj} S_{Qjk} \quad (3.5.1-4)$$

式中：S_{fd}——正常使用极限状态下作用频遇组合的效应组合设计值；

ψ_{f1}——主导可变作用的频遇值系数，人行道或自行车道栏杆荷载 $\psi_f = 1.0$，风荷载 $\psi_f = 0.75$，温度作用 $\psi_f = 0.8$，其他作用 $\psi_f = 1.0$；

ψ_{qj}——第 j 个可变作用的准永久值系数，人行道或自行车道栏杆荷载 $\psi_q = 0.4$，风荷载 $\psi_q = 0.75$，温度作用 $\psi_q = 0.8$，其他作用 $\psi_q = 1.0$。

条文说明

1　公路交通安全设施通过某种特定的结构为载体实现其警告、提示、诱导、隔离、防眩、防护等功能，因此结构的受力安全是交通安全设施发挥功能的基础。交通安全设施结构设计是根据结构所受荷载进行受力验算的过程，也是交通安全设施设计的内容之一。

公路交通安全设施结构类型多种多样，涉及的作用种类众多，表3.5.1-1列出了进行交通安全设施结构受力验算时主要考虑的作用。对于其他作用，例如混凝土护栏的收缩及徐变作用，目前尚不具备进行计算的条件，因此未列入表3.5.1-1中，但在设计中仍要考虑这类作用对结构使用可能产生的影响而采用相应的构造处理措施。

作用于公路交通安全设施结构上的作用按照随时间的变异情况分类为永久作用、可变作用和偶然作用。永久作用是指在设计基准期内量值不随时间变化或其变化与平均值相比可忽略的作用；可变作用是指在设计基准期内量值随时间变化且其变化与平均值相比不可忽略的作用；偶然作用是指在设计基准期内不一定出现而一旦出现其量值很大且持续时间很短的作用。

2 承载能力极限状态一般是以结构的内力超过其承载能力或不适于继续承载为依据，例如汽车碰撞后护栏纵向折弯或断裂、汽车碰撞后路基护栏基础的滑移倾覆或桥梁护栏的桥面板破坏、交通标志支撑结构在风荷载作用下立柱弯曲倾覆、突起路标被车轮压碎等。

正常使用极限状态一般是以结构的变形、裂缝、振动参数超过正常使用或耐久性能允许的限值为依据。交通安全设施结构的正常使用极限状态设计主要考虑结构的变形不超过允许的限值，尤其是交通标志、隔离栅、防眩设施、防风栅、防雪栅、限高架等在风荷载和温度作用下的变形。

对所考虑的极限状态，在确定其作用效应时，要对所有可能同时出现的作用加以组合，求得组合后在结构中的总效应，并在所有可能组合中取其中最不利的一组作为该极限状态的设计依据。

3、4 交通安全设施结构的承载能力极限状态设计，按照可能出现的作用，将其分为两种作用效应组合，即基本组合和偶然组合。基本组合是指永久作用设计值效应与可变作用设计值效应的组合，这种组合用于结构的常规设计，是所有交通安全设施结构都应该考虑的。偶然组合是指永久作用标准值效应与可变作用某种代表值效应、偶然作用标准值效应相组合，这种组合用于结构在特殊情况下的设计，不是所有交通安全设施结构都要采用的，主要用于护栏和限高架在汽车碰撞荷载作用下的受力验算。

交通安全设施结构的正常使用极限状态设计主要考虑交通标志、隔离栅、防眩设施、防风栅、防雪栅等结构在作用效应组合作用下的变形，使用过程中允许变形限值在一个较短的时间内被超过，或在总体上不长的时间内被超过，因此可仅考虑作用的短期效应，按频遇组合设计（长期效应适用于对荷载超载次数有关联的正常使用极限状态，如结构振动时涉及人的舒适性等，按准永久组合设计）。

式（3.5.1-1）和式（3.5.1-2）是各类结构设计规范普遍采用的承载能力极限状态荷载效应表达式。前者的基本参数采用标准值，再乘以分项系数；后者则以标准值乘以分项系数后的设计值来表达基本设计参数。两个表达式本质是相同的。

结构设计安全等级是根据结构破坏可能产生的后果严重程度划分的等级，体现了不同结构的可靠度差异。《公路工程结构可靠度设计统一标准》（GB/T 50283—1999）

规定公路工程结构的设计安全等级包括一级、二级和三级。根据交通安全设施结构破坏可能产生的后果的严重程度，其设计安全等级规定为二级和三级。表3.5.1-2列出了不同安全等级对应的交通安全设施类型。设计人员也可根据交通安全设施结构的具体情况，与业主商定调整结构设计安全等级，但不得低于表3.5.1-2规定的等级。

荷载具有变异性，结构设计时不可能直接引用反映作用变异性的各种统计参数，通过复杂的概率运算进行设计，而须对作用赋予一个规定的量值，称为作用代表值。作用有四种代表值，分别是标准值、频遇值、准永久值和组合值。标准值是作用的基本代表值，其量值要取结构设计规定期限内可能出现的最大作用值，一般按作用在设计基准期内最大值概率分布的某一分位值确定。频遇值、准永久值和组合值都是可变作用的代表值。由于各种可变作用在概率上不太可能同时作用于结构上，如果全部采用标准值累加会使计算结果偏于保守，所以频遇值、准永久值和组合值将标准值乘以相应的系数进行折减。频遇值是指结构上较频繁出现的且量值较大的可变作用取值，由标准值乘以小于1的频遇值系数得到。准永久值是指结构上经常出现的可变作用取值，但它比可变作用的频遇值又要小一些，由标准值乘以小于频遇值系数的准永久值系数得到。组合值是使组合后的可变作用效应在设计基准期内的超越概率与该荷载单独出现时的相应概率趋于一致的可变作用值或组合后使结构具有统一规定的可靠指标的可变作用值。

效应组合表达式［式（3.5.1-1）～式（3.5.1-4）］以及作用分项系数、频遇值系数、准永久值系数、组合值系数取值是根据现行《公路桥涵设计通用规范》（JTG D60）的有关规定确定的。

3.5.2 永久作用应符合下列规定：

1 结构重力的标准值可按结构构件的设计尺寸与材料的重度计算确定。

2 预加力、土的重力和土侧压力应根据现行《公路桥涵设计通用规范》（JTG D60）的规定计算。

3 混凝土护栏和钢-混凝土组合式护栏设计宜考虑混凝土的收缩及徐变作用。

条文说明

1 常用材料的重度如表3-1所示。

表3-1 常用材料的重度

材 料 种 类	重度（kN/m³）	材 料 种 类	重度（kN/m³）
钢	78.5	水泥砂浆	20.0
铸铁	72.5	玻璃钢	14.0～22.0
钢筋混凝土	25.0	铝合金	28.0
素混凝土	24.0	铝	27.0
填土	17.0～18.0	浆砌片石	23.0

3 由于混凝土的收缩及徐变作用，在用混凝土护栏和组合式护栏中有的混凝土墙

体出现裂纹尤其是竖向贯通裂纹。虽然混凝土材料在裂纹处不连续，但由于钢筋的存在，不会影响护栏作为纵向的连续结构整体发挥安全防护作用，裂纹对混凝土护栏的防护能力影响不大。但裂纹的开展会导致钢筋的锈蚀，影响护栏的耐久性。因此混凝土护栏和组合式护栏设计要考虑混凝土的收缩及徐变作用，避免采用截面产生突变的复杂外形，以减小混凝土的不均匀收缩以及对变形和位移的制约，钢筋布置时也要考虑承担混凝土收缩及徐变作用产生的荷载并控制由此产生的裂纹。

3.5.3 可变作用应符合下列规定：

1 风荷载标准值应根据现行《公路桥梁抗风设计规范》（JTG/T D60-01）的规定计算，基本风压重现期应采用50年。

2 突起路标的汽车轮载标准值应采用70kN，车轮着地长度及宽度为0.6m×0.2m。

3 温度作用标准值应根据现行《公路桥涵设计通用规范》（JTG D60）的规定计算。

4 作用在人行道或自行车道栏杆立柱顶上的水平推力标准值应采用0.75kN/m，作用在栏杆扶手上的竖向力标准值应采用1.0kN/m。

条文说明

2 突起路标的汽车轮载标准值以及车轮着地尺寸是依据现行《公路桥涵设计通用规范》（JTG D60）确定的，由此计算的轮胎接地压强约为0.6MPa。

4 人行道或自行车道栏杆荷载标准值是依据现行《公路桥涵设计通用规范》（JTG D60）确定的。

3.5.4 偶然作用应符合下列规定：

1 护栏结构设计和安全性能评价采用的碰撞车型、碰撞速度和碰撞角度应满足现行《公路护栏安全性能评价标准》（JTG B05-01）的规定。当公路具体路段的车辆构成不包括规定的某种碰撞车型时，护栏结构设计和安全性能评价可不考虑该车型。

2 设计桥梁护栏试件时，其所承受的汽车横向碰撞荷载标准值应符合表3.5.4的规定。在综合分析公路线形、路侧危险度、运行速度、交通量和车辆构成等因素的基础上，采用的护栏防护等级低于一（C）级时，汽车横向碰撞荷载应按一（C）级计算；采用的护栏防护等级高于八（HA）级时，汽车横向碰撞荷载应根据实际的碰撞条件确定。

表3.5.4 桥梁护栏的汽车横向碰撞荷载标准值

防护等级	代码	标准值（kN）		分布长度（m）
		$Z=0m$	$Z=0.3\sim0.6m$	
一	C	70	55~45	1.2
二	B	95	75~60	1.2
三	A	170	140~120	1.2

续表 3.5.4

防护等级	代码	标准值（kN）		分布长度（m）
		$Z=0m$	$Z=0.3\sim0.6m$	
四	SB	350	285~240	2.4
五	SA	410	345~295	2.4
六	SS	520	435~375	2.4
七	HB	650	550~500	2.4
八	HA	720	620~550	2.4

注：Z是桥梁护栏的容许变形量。

3 防撞限高架的汽车碰撞荷载可按式（3.5.4）计算，作用方向与行车方向一致，作用点位于横梁几何中心。

$$F' = \frac{m|v_t - v_0|}{T} \tag{3.5.4}$$

式中：F'——限高架的汽车碰撞荷载（kN）；

m——设计车辆总质量（t），应结合设置路段交通流实际调查结果确定；

v_0——碰撞前车辆运行速度（m/s），应结合设置路段交通流实际调查结果确定；

v_t——碰撞后车辆运行速度（m/s），应满足紧急制动情况下车辆在限高桥梁或隧道之前停车的要求；

T——车辆碰撞限高架的时间（s），可在0.1~1s范围内取值，柔性限高架取值1s，刚性限高架取值0.1s。

条文说明

1 每一种护栏结构的设计和安全性能评价均是针对现行《公路护栏安全性能评价标准》（JTG B05-01）规定的相应防护等级下的碰撞车型、碰撞速度和碰撞角度进行的，因此护栏的安全防护是以实际碰撞条件不超出相应防护等级的试验碰撞条件为前提的。现行《公路护栏安全性能评价标准》（JTG B05-01）规定的碰撞车型体现了一般情况下公路交通流的车辆构成情况，对于旅游公路、货运专用路等特殊公路，当车辆构成中不包括现行《公路护栏安全性能评价标准》（JTG B05-01）规定的某种碰撞车型时（例如旅游公路可能没有货车行驶，货运专用路可能没有大中型客车行驶），护栏结构设计和安全性能评价可不考虑这种车型。

3 限高架按照功能要求的不同分为警示限高架和防撞限高架。警示限高架的功能是提醒并警告驾驶人前方存在限高桥梁或隧道，超高车辆无法通过；防撞限高架具有一定的防撞能力，能够吸收碰撞车辆一部分动能，超高车辆碰撞防撞限高架并采取紧急制动措施后要在桥梁或隧道之前停车。

防撞限高架的汽车碰撞荷载式（3.5.4）是根据动量定理得出的，该方法计算简单，涉及的参数较少，使用方便。公式中碰撞后车辆运行速度v_t可结合防撞限高架与限高桥梁或隧道之间的水平距离确定，当该距离较远时，车辆碰撞限高架后驾乘人员有更多的反应时间和制动时间，可设定较大的碰撞后车辆运行速度 v_1，从而降低对限高架的受力要求，反之亦然。

防撞限高架结构设计时无法准确计算车辆碰撞限高架的时间，式（3.5.4）中规定对于碰撞后基本不变形的刚性限高架近似取值0.1s，对于碰撞后具有较大变形的柔性限高架近似取值1s，将导致该公式应用时存在一定的误差，因此该公式适用于防撞限高架结构的方案设计，其具体设计功能的检验还须借助计算机仿真等其他技术手段。

3.5.5 公路交通安全设施结构设计应根据使用过程中可能同时出现的作用，按承载能力极限状态和正常使用极限状态分别进行作用组合，并应取各自的最不利组合进行设计。公路交通安全设施结构设计应同时满足构造和工艺方面的要求。

3.6 设计协调与界面划分

3.6.1 公路交通安全设施应加强与公路土建工程和服务设施、管理设施之间的协调，从运行安全的角度优化土建工程和服务设施、管理设施的设置，避免缺项、漏项和出现安全隐患。公路交通安全设施的总体设计应符合公路总体设计的要求。

3.6.2 对下列情况影响公路土建工程设计方案的交通安全设施，应根据设计工序的要求，由交通安全设施设计单位提出相关设计标准、方案或要求：

1 三、四级公路需要设置护栏的路段，由交通安全设施设计单位提供路肩宽度的加宽值。

2 高速公路和一级公路，由交通安全设施设计单位综合考虑中央分隔带护栏的防护形式和防护能力，提出中央分隔带的宽度值。

3 位于桥梁、隧道等构造物上的交通安全设施，由交通安全设施设计单位提出设置位置、受力条件和要求。

3.6.3 在交通安全设施平面布设图上，应标示出沿线公路监控外场设备、照明灯柱等管理设施和服务设施等的设置位置，检查各类设施设置的科学性、合理性，避免互相遮挡、遗漏和重复。前后相邻的交通标志、可变信息标志、照明立柱等，宜保持合理的间距，或合并设置；各类设施相互遮挡时，应予以调整，或同杆设置。服务设施、管理设施场区内应设置必要的交通标志和标线。

3.6.4 应根据现行《公路交通工程及沿线设施设计通用规范》（JTG D80）的规定，明确交通安全设施与公路土建工程和服务设施、管理设施之间的设计界面。

4 交通标志

4.1 一般规定

4.1.1 交通标志的分类、颜色、形状、线条、字符、图形、尺寸和设置等，应符合现行《道路交通标志和标线》（GB 5768）的规定。

4.1.2 交通标志所提供的信息应全部与交通安全、服务和管理需求有关，交通标志版面及支撑结构不应附带商业广告和其他无关的信息。

4.1.3 交通标志的设计应从便于驾驶人清晰辨识、正确理解、快速反应的角度出发，综合考虑公路功能、路网布局、技术等级、交通条件、环境条件和公路使用者及交通管理需求等因素，遵循下列原则：

1 功能性。充分考虑公路的建设目的、条件、服务对象等因素，服务于公路功能的发挥。
2 系统性。从系统角度出发统筹交通标志与交通标线、信号灯、黄闪灯等其他交通安全设施的设计，不得相互矛盾或产生歧义。
3 一致性。同一条公路，同类交通标志的设计原则、设置规模、外形风格应保持一致。
4 协调性。交通标志的设置位置应与照明、监控、管线、绿化等其他设施相互协调，交通标志不得被其他设施遮挡。

条文说明

1 功能性。功能性是交通标志设计的最基本依据，交通标志设置的目的就是服务于公路功能的发挥。如二级及以上公路由于技术标准高或较高，交通量较大，往往承担干线公路的作用，公路使用者对指路标志的需求较大；其他等级的国、省道由于承担了大量的中、远途运输的任务，因此对指路标志的需求也比较高。上述两种情况需要优先设置指路标志，如在交叉口指路标志设置后，具有相似含义的交叉口警告标志可以不必设置，但对等级较低的一些支线公路，由于线形、路面、气象等原因，与驾驶人的预期值出入较大，需要提醒驾驶人采取减速等措施的路段经工程论证后可设置有关的警告标志。

2 系统性。基于公路行车安全,从系统角度出发统筹交通标志与交通标线、信号灯、黄闪灯等其他交通安全设施的设计,相互之间不存在信息矛盾和歧义,发挥系统作用优势。某一交通标志设置和变更,与其配套协调的交通标志、标线、信号灯等也要做相应的设置和变更。

3 一致性。为保持交通标志版面和结构的醒目性,符合驾驶人的心理预期,使公路使用者能快速获取需要的信息,减少信息处理时间,并加强理解和印象,同一条公路,交通标志的设计原则、设置规模、外形风格要保持一致,同类标志最好采用同一形式的标志版面和支撑方式,特别是公路编号标志的版面形式要在全国范围内保持一致。

4 协调性。交通标志和照明、监控、管线、绿化等其他设施应进行综合协调性设计,合理确定位置,避免相互遮挡、影响交通标志作用的发挥。

4.1.4 交通标志的设计应考虑路网、路线和路段不同层面的信息需求,采用总体布局、逐层推进、重点设置的方法,设计过程中应包括下列工作:
1 路网布局、交通流向和交通运行情况分析;
2 区域路网诱导指示和控制信息选取;
3 路段设计标准、设置规模和外形风格规划;
4 重点路段安全特征和信息需求分析;
5 整体协调性检验,局部优化调整。

条文说明

交通标志的设计是一个复杂的过程。为了使设计过程更科学、合理,除了要求设计人员具有专业的知识和经验外,还要有合理的设计方法,使设计的整个过程符合科学、合理的设计程序。一般来说,公路交通标志和标线的设置要综合考虑路网、路线和路段不同层面的信息需求,采用总体布局、逐层推进、重点设置的方法,"面—线—点"的三个层面逐层推进的重点内容如下:

1 "面"的层面

以公路网为出发点,运用交通工程理论分析路网中各层次公路交通流的特征;分析不同公路网层次条件、不同交通流条件以及不同用地布局条件下驾驶人对标志信息的需求特性,考虑整个路网的结构、交通流量流向和信息指引需求,对交通标志做出统筹规划,总体布局,确定引导方向、控制信息、设置层次和路权的划分等。

2 "线"的层面

在路网环境下,针对设计项目所在公路单条路线的功能、技术等级、技术条件、交通条件和环境条件等特点,确定全线交通标志的设置规模和标准。一个路网的交通标志系统中包含很多种类的交通标志,数量巨大,对于一条路线或路网来说,如果没有统一的设置原则要充分发挥交通标志的功能并不容易。因此交通标志设计时,要从系统性、逻辑性和人性化角度对整个系统进行整体布局,根据路网规划、公路功能、技术等级、技术条件、交通条件、环境条件论证制定设置规模和标准,确定设计重点,以达到统一的建设标准。

3 "点"的层面

以公路网中的互通式立体交叉、服务区、平面交叉以及高风险路段等特殊点作为重要节点，有针对性地进行交通标志的设计，提供初步设置方案后，还要结合实地情况从视觉、安全、整体布局等方面进行检查，综合考虑，进行必要的标志类型合并或增减、信息和位置调整、形式和结构的优化，直到达到整个路网的连续和统一。

4.2 设置原则

4.2.1 公路交通标志应以不熟悉周围路网体系但对出行路线有所规划的公路使用者为设计对象，为其提供清晰、明确、简洁的信息。

4.2.2 交通标志应针对具体路段情况，在交通安全综合分析的基础上进行系统布局和综合设置，与路段的实际交通运行状况相匹配。对潜在的交通安全隐患路段应加强主动引导和警告提示；对多车道公路，应兼顾不同车道公路使用者对交通标志的视认效果；对气象不良路段，应加强静态标志与可变信息标志的协调设置。

4.2.3 公路本身及沿线环境存在影响行车安全且不易被发现的危险地点时，应在充分论证的基础上设置警告标志。警告标志不得过量使用。

4.2.4 禁令标志应设置在需要明确禁止或限制车辆、行人交通行为的路段起点附近醒目的位置。其中限制速度标志应综合考虑公路功能、技术等级、路侧开发程度、路线几何特征、运行速度、交通运行、交通事故和环境等因素，在交通安全综合分析的基础上，确定是否设置以及限速值和限速标志的形式，经主管部门认可后实施设置，并满足下列要求：
1 宜实施分路段限速，路段限速值不宜频繁变化。
2 限速值可不同于设计速度值。
3 可根据不同车型运行特点和安全管理需求，采取分车型限速的方式。
4 限速标志应与其他交通安全设施配合使用。

条文说明

公路限速标志设计是一个多因素决策和平衡的过程，要进行交通工程分析论证：
1 采用同样设计速度的公路，线形指标会存在较大差别。其主要原因是设计速度规定了受限制路段极限指标，而对高限没有规定，设计标准和规范也鼓励设计人员在客观条件允许的情况下采用较高的技术指标。因而容易出现采用统一设计速度指标的一条公路，不同路段内的公路技术条件和运行条件存在显著不同，再者个别局部路段如急弯、视距受限、隧道、受特殊天气影响较大的路段以及事故频发路段，运行条件也较为特殊，因此宜根据路段的具体情况实行分路段限速，使驾驶人能够有较为充足的时间保持稳定的行车速度，使车辆行驶平顺，要避免限速变化频繁。

2 设计速度是一个理论上的技术指标，通常是在保证交通安全的前提下，受地形限制路段（如小半径弯道、陡坡、视距受限等）要遵循的相应最低技术指标的代表值。公路设计速度值的选取，与公路所在地区地形条件、前后路网的设计速度衔接、工程造价等均有直接的关系，但是设计速度不能代表公路车辆的实际运行情况，所以设计速度是限速值决策需要考虑的重要因素之一，但不是唯一决定指标。

3 在我国以小客车为代表的小车和大车性能差异较为突出，可根据路段交通组成、车辆运行速度以及事故情况，综合考虑高速公路功能、通行效率、车辆运行安全和运营管理的需要，采取分车型限速的方式。

4 单靠降低限速值解决交通安全问题是不可行的，在进行公路限速设计时，要以出行者为出发点，尽可能使驾驶者的驾驶期望与公路及相关环境条件相一致。为了实现这一目标，就需要综合运用诱导提示标志、减速标线等各类交通安全设施。

4.2.5 指示标志应根据交通流组织和交通管理的需要，在驾驶人、行人容易产生迷惑处或必须遵守行驶规定处设置。

4.2.6 指路标志应根据路网一体化的原则进行整体布局，做到信息关联有序，不得出现信息不足、不当或过载的现象。应根据公路功能、交通流向和沿线城镇分布等情况，依距离、人口和社会经济发展程度，优先选取交通需求较大的信息指示。

4.2.7 旅游区标志设置时应根据旅游景区的级别、路网情况等合理确定指引范围。当旅游区标志与其他交通标志冲突时，其他交通标志具有优先设置权限。在不引起信息超载的前提下，可将旅游景区名称信息合并到指路标志版面中。

4.2.8 告示标志的设置，不得影响警告、禁令、指示和指路标志的设置和视认。

4.2.9 公路平面交叉处的交通标志应在综合考虑平面交叉的交通管理方式、物理形式、相交公路技术等级、交通流向等因素的基础上，遵循"路权清晰、渠化合理、导向明确、安全有序"的原则，合理确定不同交通标志综合设置方案，并与交通标线相互配合，引导车辆有序通过。

4.2.10 交通标志设置位置应符合现行《道路交通标志和标线》（GB 5768）的规定，并满足下列要求：

1 不得影响公路视距和妨碍交通安全。
2 交通标志不得过近、相互遮挡，否则应采取互不遮挡的支撑结构。

3 不得被上跨道路结构、照明设施、监控设施、绿化设施等其他设施遮挡。

4 高速公路、一级干线公路交通标志不得设置于路侧净区内，必须设置时交通标志立柱应采用解体消能结构，或按护栏设置原则设置路侧护栏。

4.3 版面设计

4.3.1 指路标志版面应简洁、清晰地反映路线名称、地点、方向和距离等内容，信息布局应满足下列规定：

1 地点距离标志中，地点应放在最左侧，地名由近而远、从上到下排列。

2 同一方向表示 2 个目的地信息时，宜在一行或两行内按由近到远顺序，由左至右或由上至下排列。

3 高速公路出口预告标志第一行应为出口连接的道路编号（名称）信息，第二行宜为连接道路所能到达的 1~2 个目的地信息。

条文说明

指路标志中路名、地点、距离排列方式要统一，按一定顺序排列，符合公路实际情况和驾驶人的预期值需要，方便驾驶人的判读与理解。

4.3.2 指路标志中的指示箭头应以一定角度反映车辆的正确行驶方向，并符合下列规定：

1 门架式标志或跨线桥上附着式标志的箭头，用来指示车行道的用途或行驶目的地时，箭头应向下，并指向该车行道的中心线。

2 指示车辆前进方向而非专指某一车行道时，箭头应向上。

3 用来指示出口方向时，箭头应倾斜向上，倾斜角度应能反映出口车行道的线形。

4 平面交叉口指引标志表示直行方向的箭头应指向上方，表示转向方向的箭头应与转向车行道的线形保持一致。上下排列向上、向左、向右的 3 个方向指示时，应从上至下按向上、向左和向右的顺序排列，并且指向上、左的箭头应放在左侧，指向右的箭头应放在右侧；左右排列向上、向左和向右的 3 个方向指示时，应从左至右按向左、向上、向右的顺序排列。

5 指示互通式立体交叉和多路平面交叉形式的标志，可采用与互通式立体交叉和平面交叉形式实际形式一致的曲线箭头，箭头图形应清晰易辨，不存歧义，避免过于复杂的图形。

6 指路标志中，当指示箭头与地名信息、编号信息出现在同一版面内，上下排列时，方向箭头应设置在地名信息、编号信息的下方；左右排列时，向左、直行箭头应设置在左侧，向右箭头应设置在右侧。

条文说明

交通标志上的箭头标志是传达交通管理信息的重要手段之一，人眼对箭头等图形感受往往要比文字要快，因此合理设置的箭头图形能起到快速而明确的信息转达作用，提高交流效率。箭头的方向与角度建立了目的地指示与方向、车行道之间的联系，要根据交通功能和管理要求合理布置选用：

1 门架式标志或跨线桥上附着式标志的箭头，用来指示车行道的用途或行驶目的地时，箭头要向下，并指向该车行道的中心线，如图4-1a）所示。

2 指示车辆前进方向而非专指某一车行道时，箭头要向上，如图4-1b）所示。

3 用来指示出口方向时，箭头要倾斜向上，倾斜角度要能反映出口车行道的线形，如图4-1c）所示。

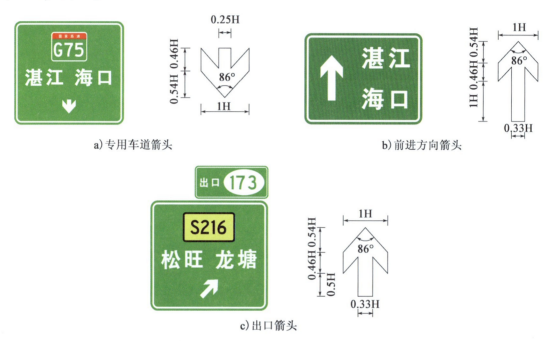

图 4-1 出口箭头
注：H 为汉字高度。

5 指路标志中的箭头图形本身也是一种信息，需要驾驶人花时间来认读和理解，因此采用图形化的信息时，图形要简洁明了，导向清晰直接，如图4-2所示。对于复杂的平面交叉或互通式立体交叉不适合采用完整几何布局形式作为图形信息，以免给驾驶人增加认读难度，带来安全隐患。

图 4-2 图形化标志图案设计示例

4.3.3 指路标志中港口、火车站、机场等应同时采用图形符号，如图 4.3.3-1 所示，并符合现行《道路交通标志和标线》（GB 5768）的规定。"机场"符号中飞机机头向左、向上或向右的指向应与行车方向一致，如图 4.3.3-2 所示。

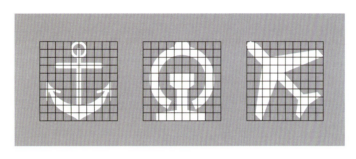

图 4.3.3-1　大型交通枢纽的标识

图 4.3.3-2　飞机机头设置的方向

4.3.4　交通标志嵌套使用时，应满足下列要求：

1　当禁令、指示标志套用于无边框的白色底板上时，为必须遵守标志，其标志版面尺寸和图形大小不应随意改变。

2　禁令标志中的停车让行、减速让行标志不得套用于无边框的白色底板上。

3　禁令、指示标志下设辅助标志时，可将禁令、指示标志一起套用于无边框的白色底板上。

4　在设置限制车辆行驶的禁令标志路段，在进入该路段前路口适当位置未设置相应提示和预告标志时，应在指路标志中嵌套禁令标志图形。

5　高速公路和国道宜以编号标志形式嵌套于指路标志，城市道路名称宜采用蓝色底色嵌套于高速公路指路标志。

条文说明

2　禁令标志中的停车让行、减速让行标志，因其版面形状具有突出的视认性，故条文规定不得套用于无边框的白色底板上。

4.3.5　交通标志的尺寸和文字高度应符合现行《道路交通标志和标线》（GB 5768）的规定，除特殊规定外，根据设计速度确定；当路段运行速度与设计速度之差大于20km/h 时，宜按运行速度对版面规格和视认性加以检验。特殊情况下，经论证标志尺寸和文字大小可以适当增加或减小。具体应符合下列规定：

1 指路标志应综合考虑文字高度、版面字数、其他文字并用需求、图形布置和版面美化等多种因素确定标志尺寸。

2 设置在交通量较大、车道数较多或交通环境复杂路段的警告、禁令和指示标志，经论证可选取大于设计速度确定的标志尺寸或文字高度。

3 设置在分隔带内等处的警告、禁令、指示标志，当采用柱式标志支撑结构设置空间受限制时，标志尺寸可采用最小值；三角形警告标志的边长不应小于0.6m；圆形禁令标志的直径不应小于0.5m；三角形禁令标志的边长不应小于0.6m；八角形禁令标志对角线长度不应小于0.5m；指示标志的直径（或短边边长）不应小于0.5m。

4 设置在隧道或桥梁的指路标志，受建筑限界、结构承载能力限制时，可适当减小文字高度，但不应小于一般值的0.8倍，或采用高宽比为1:0.75以内的窄字体，但不得改变版面各要素之间的相互关系。

4.4 材料选择

4.4.1 交通标志材料应具有足够的强度、耐久性和抗腐蚀能力，并应因地制宜地采用适用、经济、轻型、环保的材料和结构，适当兼顾美观性。

4.4.2 对于公路改扩建工程或交通标志更换工程，在满足使用功能和保证工程质量的前提下，交通标志材料应根据实际情况进行再利用。

条文说明

交通标志材料的再利用可通过更换反光膜、更换板面、标志移位、版面内容增删等方法实现。在满足使用功能和保证工程质量的前提下，结合工程需要和标志自身性能状况，交通标志的再利用通常采用下列方案：

（1）作为材料加以利用。对于标志版面材料、背面支撑材料等尽量考虑与原公路所用材料采用相同或相近的材料规格，这样原标志虽然不能作为整体加以利用，但如背面支撑用的钢管、铝合金滑槽等可以作为配件加以充分利用。

（2）变换板面后易地加以利用。原公路主线上的标志，随着扩建后标志汉字高度的增加而大部分需要重新设置时，该部分标志板面可以作为其他尺寸适宜的标志板面加以充分利用。

（3）原标志视情况可直接在新路中加以利用。标志反光膜性能下降，可以更换反光膜。

（4）改作临时标志。部分支架已锈蚀，无法再在新路上继续使用的交通标志，可改作临时交通标志加以利用。

4.4.3 同一交通标志的标志面、标志底板和支撑结构所采用的各种材料应具有相容性，避免因电化作用、不同热膨胀系数或其他化学反应等造成标志板的锈蚀或损坏。

4.4.4 用于交通标志的反光膜逆反射性能应符合现行《道路交通反光膜》（GB/T 18833）的规定，选择反光膜等级时应遵循下列原则：
    1 背景环境影响大、行驶速度快、交通量大的公路宜采用等级高的反光膜。
    2 交通量小的公路，根据实际情况可选用较其他公路等级低的反光膜。
    3 交通复杂、多车道、横断面变化、视距不良、观察角过大等特殊路段的禁令、警告标志，宜采用比同一条公路其他交通标志等级高的反光膜。
    4 门架式、悬臂式等悬空类交通标志，宜采用比路侧交通标志等级高的反光膜。
    5 受雨雾等不良天气影响路段的交通标志，宜采用等级高的反光膜。

4.4.5 在下列情况下设置的禁令、指示、警告标志，宜采用Ⅴ类反光膜：
    1 高速公路、一级公路主线小半径曲线及立体交叉小半径匝道路段；
    2 交通较为复杂、视距不良、观察角过大的交叉口或路段；
    3 单向有三条或三条以上车道时；
    4 公路横断面发生变化时；
    5 大型车辆所占比例很大时。

4.4.6 隧道内指示紧急电话、消防设备、人行横洞、行车横洞、疏散等标志，宜采用主动发光或照明式标志。主动发光标志和照明式标志其材料及制作要求应符合现行《道路交通标志和标线》（GB 5768）的规定。

条文说明

    隧道内车辆行驶与一般道路上的车辆行驶在交通安全环境上有所不同，主要是反映在照明、视野、通风等的变化，有不少隧道还有横断面变化。所有这些都可能会对交通安全产生比一般道路更大的影响，特别是隧道内指示紧急电话、消防设备、人行横洞、行车横洞、疏散等标志，在任何情况下都要更为便于识别和醒目。

4.4.7 交通标志底板可采用铝合金板、挤压成型的铝合金型材、薄钢板、合成树脂类板材等板材制造，板材相关指标及制作应符合现行《道路交通标志板及支撑件》（GB/T 23827）的规定，底板厚度应满足强度要求。

4.4.8 大型交通标志可分块制作，现场拼装，但应尽量减少拼装块数，拼接缝不得与标志中的图形、文字和重要符号相重合，保证拼接后标志板面整体强度不低于整板。

条文说明

选用交通标志板板材时，要根据公路等级、所在位置的气象条件、经济条件等，综合考虑各种材料的力学、耐久性能、施工方便等因素综合确定。大型标志板（大于5m²）推荐采用铝合金板，铝合金板具有质量轻、强度高、耐腐蚀、耐磨等优点。对面积在15m²以上的超大型标志的板面结构，为便于运输、安装及养护，通常采用挤压成型的铝合金板拼接而成，其断面如图4-3所示。尽可能减少分块数量，并且拼接缝不得与标志中的图形、文字和重要符号相重合，保证拼接后标志板面整体强度不低于整板。

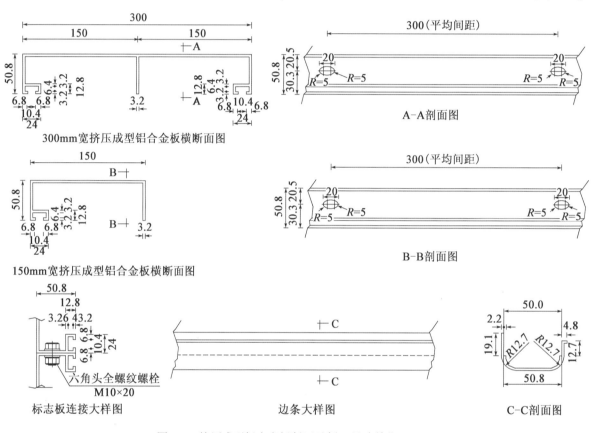

图4-3 挤压成型标志底板断面示例（尺寸单位：mm）

4.4.9 交通标志的支撑结构采用的材料应满足下列规定：

1 交通标志立柱、横梁等可采用钢管、H型钢、槽钢、木材、合成材料及钢筋混凝土等材料制作，立柱、横梁在长度方向不应拼接，立柱、横梁端部应设置柱帽。

2 交通标志的钢构件必须进行除锈防腐处理。

3 交通标志基础宜采用扩大基础；当基础过大或基础设置处土质不良时，可采用桩基础。

条文说明

本条对交通标志支撑结构常用的材料进行了规定：

1 钢管、H型钢、槽钢等型钢作为标志的立柱、横梁，具有强度高、加工性能好的优点，但易腐蚀，要进行防腐处理。钢管混凝土兼具钢管和混凝土的优点，强度高、变形小，在标志立柱高度大于10m以上时具有较大优点。等级较低、交通量很小的公路或临时性的交通标志可以采用木柱。

2 钢构件经防腐处理才能使用，可采用热浸镀锌的工艺。

3 交通标志一般采用钢筋混凝土扩大基础。位于软基路段的落地式交通标志可采用桩基础。标志立柱的埋设深度，取决于板面承受外力的大小和地基承载力。位于桥梁段的单柱式交通标志可采用钢支撑结构作为基础，附着在桥梁上。

4.5 支撑方式和结构

4.5.1 警告、禁令、指示标志和小型指路标志宜采用单柱式支撑方式，中、大型指路标志可采用双柱或多柱式支撑方式；采用立柱式支撑，当地形条件受限时，在满足行车安全和标志使用功能的情况下，标志板可采用不对称安装。

4.5.2 当符合下列条件时，交通标志应采用悬臂式或门架式等悬空支撑方式：

1 路侧交通标志视认受到遮挡或影响；
2 路侧交通标志影响视距或交通安全；
3 路侧空间受限，无法安装柱式交通标志；
4 单向有三条或三条以上车道；
5 交通量达到或接近设计通行能力，或大型车辆所占比例很大；
6 枢纽型互通式立体交叉、形式复杂或出口间距较近的互通式立体交叉的出口指引标志；
7 互通式立体交叉出口匝道为多车道，或左向出口；
8 平面交叉预告和告知标志；
9 车道变换频繁的路段；
10 交通标志设置较为密集的路段；
11 位于城市区域的高速公路路段。

4.5.3 当互通式立体交叉出口匝道位于上跨桥梁后且距离较近时，应在上跨桥梁上采用附着方式增加设置出口预告标志。

条文说明

出口标志设置在互通出口三角端内，起着标识出口位置，使驾驶人确认出口的作用。当互通式立体交叉出口匝道位于上跨桥梁后且距离较近时，容易造成对匝道出口及三角端出口标志的遮挡，因此通常将三角端出口标志附着于上跨桥梁，或在上跨桥梁上增设一处附着式出口标志（图4-4）。

图 4-4 互通出口前跨线桥附着出口标志设置示例

4.5.4 出口编号标志与其附着的主标志板之间的连接方式应进行受力计算，选择合适的连接方式。

4.5.5 标志结构上可采用可拆卸式防松防盗螺母，其平均防卸、防松力矩不宜小于 200N·m。

4.5.6 交通标志立柱采用解体消能结构时，其设计应符合下列规定：
1 充分考虑立柱解体后对其他车辆及行人可能造成的危险，公交车站和行人集中区域不宜使用。
2 不宜设置在排水边沟、陡边坡及其他易导致碰撞时车辆跳跃的位置。
3 确保可解体装置不影响其在风荷载等作用下的受力安全和耐久性。
4 车辆碰撞解体消能结构后，残留在路面或地面以上的不可解体部分高度不宜超过10cm。
5 当解体消能结构中设有用电设备时，应采取有效措施防止车辆碰撞后引发火灾和触电事故。
6 解体消能结构的安全性能应通过实车碰撞试验验证，试验方法和安全性能评价标准可参照现行《公路护栏安全性能评价标准》（JTG B05-01）的规定。

条文说明

设置在路侧的交通标志（尤其是立柱）对驶出路外的车辆来说，是一种障碍物。从路侧安全角度考虑，路侧交通标志距离公路越远越好，因此标志的视认性和路侧安全要求是一对矛盾，在设计时要兼顾这两方面的需求。由于土地短缺等原因，我国公路的交通标志大多数将位于路侧计算净区宽度范围内。高速公路、一级公路路侧计算净区宽度范围内的交通标志要根据标志结构的规格采用解体消能结构或设置护栏加以防护；位于其他公路路侧计算净区宽度内的交通标志宜进行必要的警告提示，以保证行车安全。

解体消能结构，是指各类标志立柱、照明灯杆、交通信号灯柱在受到车辆撞击时，通过自身的解体来吸收碰撞能量，从而达到减轻交通事故严重性的目的。作为减小损失的解体消能结构最早出现于20世纪60年代的美国,现已成为宽容性设计的基础。到目前为止,解体消能结构在美国和欧洲应用较为广泛,美国已经建立了碰撞试验标准 *Manual for Assessing Safety Hardware*(AASHTO 2009)和结构设计标准 *Standard Specifications for Structural Supports for Highway Signs, Luminaires, and Traffic Signals*(AASHTO 2013)。我国尚无具体的针对解体消能结构的试验标准,在实际工作中可参照现行《公路护栏安全性能评价标准》(JTG B05-01)的规定。

5 交通标线

5.1 一般规定

5.1.1 交通标线包括各类路面标线、导向箭头、文字标记、立面标记和突起路标等，其分类、定义及颜色等应符合现行《道路交通标志和标线》（GB 5768）的有关规定。

5.1.2 交通标线的设计应符合下列总体要求：
1 交通标线的设计应充分考虑人、车、路、环境等各方面因素，并进行全面的调查和分析，以保证设计具有针对性和系统性。
2 交通标线的设计应能正确引导交通，确保车辆有序行驶。
3 交通标线与交通标志应配合使用，其含义不得相互矛盾。
4 交通标线所用材料应具有良好的耐久性、抗滑性、施工方便性和经济性，在正常使用年限内，均应具有良好的视认性。

5.1.3 交通标线的设计可按下列顺序实施：
1 收集公路横断面、互通式立体交叉、平面交叉、服务设施、桥梁隧道、气候条件等基础资料。
2 综合考虑公路条件、交通条件、环境条件、交通管理需要和标线材料特点等因素，科学、合理地设置交通标线。

条文说明

公路上设置的交通标线，在为公路使用者提供出行诱导和信息服务方面具有很重要的作用。在一些情况下，交通标线可用来作为交通标志、交通信号的补充。交通标线还可单独使用，来提供其他设施所无法表达的禁令、警告和指路信息。

当然交通标线也有局限性。它的可视性会受到雪、碎屑、路面积水等的限制。交通标线的耐久性受到材料特性、交通量、气象和所在位置的影响。因此在进行交通标线的设计时，要综合考虑公路条件、交通流特性、交通管理的需要和材料特点等因素，进行科学、合理的设置。

交通标线设计时,需要收集相关资料并进行针对性设计,如对于南方雨水较多的地区,为减少交通标线阻水,需设计排水缝。

5.2 设置原则

5.2.1 一般路段的交通标线设计应符合下列规定:

1 高速公路和一级公路的一般路段应设置车行道边缘线、同向车行道分界线,如图5.2.1所示;二级及以下的双车道公路,除单车道外,应设置对向车行道分界线;二级及以下公路的下列路段应设置车行道边缘线:
　　1)公路的窄桥及其上下游路段;
　　2)采用最低公路设计指标的曲线段及其上下游路段;
　　3)交通流发生合流或分流的路段;
　　4)路面宽度发生变化的路段;
　　5)路侧障碍物距车行道较近的路段;
　　6)经常出现大雾等影响安全行车天气的路段;
　　7)非机动车或行人较多的机非混行路段。

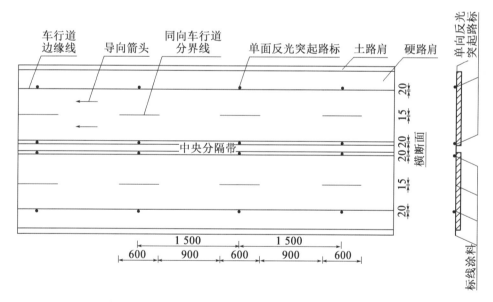

图5.2.1 设计速度100km/h的高速公路一般路段标线设计示例(尺寸单位:mm)

2 二级公路设置慢车道时,应设置对向车行道分界线、同向车行道分界线和车行道边缘线。

3 车行道边缘线应设置于公路两侧紧靠车行道的硬路肩内,未设置硬路肩的公路车行道边缘线应设置于公路两侧紧靠车行道的外边缘处。同向车行道分界线应设置于同向行驶的车行道分界处。

4 交通标线宽度宜符合表5.2.1的规定。

表 5.2.1 路面标线宽度

设计速度（km/h）		车行道边缘线（cm）	同向车行道分界线（cm）	对向车行道分界线（cm）
120、100		20	15	—
80、60	高速、一级公路	20	15	—
	二级公路	15	10	15
40、30		15	10	15
20	双车道	10	—	10
	单车道	10	—	—

条文说明

现行《道路交通标志和标线》（GB 5768）对对向车行道分界线、同向车行道分界线和车行道边缘线的宽度有一定范围。本细则根据设计速度的大小，在表5.2.1中作了规定。

5.2.2 特殊路段的交通标线设计应符合下列规定：

1 经常出现强侧向风的桥梁路段、急弯陡坡路段、车行道宽度渐变路段、平面交叉驶入路段、接近人行横道线的路段，应设置禁止跨越同向车行道分界线，线宽与车行道分界线一致。

2 二级及以下的公路桥梁段与路基段同宽时，对向车行道分界线在桥梁长度范围应设置双黄实线或单黄实线，在桥梁引道两端大于160m范围应设置黄色虚实线，如图5.2.2-1a）所示。公路桥梁窄于路基段且宽度小于6m时，在桥梁及两端渐变段范围内不划对向车行道分界线，如图5.2.2-1b）所示。

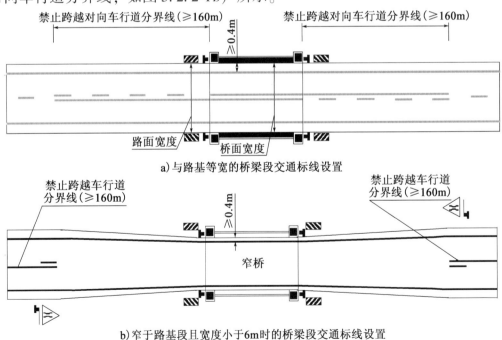

a) 与路基等宽的桥梁段交通标线设置

b) 窄于路基段且宽度小于6m时的桥梁段交通标线设置

图 5.2.2-1 二级及二级以下公路在桥梁段的标线设置示例

3 隧道出入口路段应作为独立的设计单元，交通标线的设计应与交通标志、护栏、视线诱导等设施统筹考虑，综合设置，见附录 A。

4 爬坡车道处交通标线应连续设置，沿行车方向左侧渐变段处设置长 100cm、间距 100cm 的虚线，正常段设置实线，沿行车方向右侧应设置车行道边缘线，在渐变段处过渡到与标准路段的车行道边缘线相接。虚线、实线的宽度与标准路段的车行道边缘线相同，如图 5.2.2-2 所示。

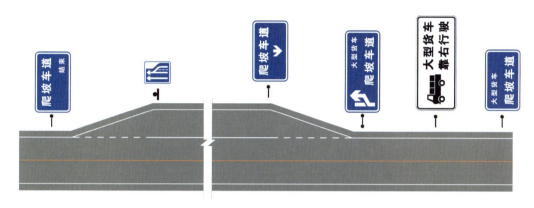

图 5.2.2-2　爬坡车道处交通标线设置示例

5 在靠近公路建筑限界范围的跨线桥、渡槽等的墩柱立面、隧道洞口侧墙端面及其他障碍物立面上，应设置立面标记。立面标记为黄黑相间的倾斜线条，线宽均为 15cm，设置时应把向下倾斜的一边朝向车行道，宜施画至距路面 2.5m 以上的高度。

6 位于公路建筑限界范围内的上跨桥梁的桥墩、中央分隔墩、收费岛、实体安全岛或导流岛、灯座、标志基座及其他可能对行车安全构成威胁的立体实物表面上，应设置实体标记。实体标记为黄黑相间的倾斜线条，线宽均为 15cm，由实体中间以 45°角向两边施画，宜涂至距路面 2.5m 以上的高度。

7 学校、幼儿园、医院、养老院门前的公路没有行人过街设施的，可参考现行《中小学与幼儿园校园周边道路交通设施设置规范》（GA/T 1215）的规定，施画人行横道线、设置指示标志等。人行横道线的设置间距根据实际需要确定，但路段上设置的人行横道线之间的距离宜大于 150m。在无信号灯控制的路段中设置人行横道线时，应在到达人行横道线前的路面上设置停止线和人行横道线预告标识，并配合设置人行横道指示标志，视需要也可增设人行横道警告标志。

下列情况下不应设置人行横道线：

1）在视距受限制的路段、急弯、陡坡等危险路段和车行道宽度渐变路段；

2）设有人行天桥或人行地道等供行人穿越公路的设施处，以及其前后 200m 范围路段内。

8 需要车辆减速或提醒驾驶人注意安全行车处，可根据需要设置纵向或横向减速标线。设置减速标线时，应注意标线的排水和防滑。横向减速标线可用振动标线的形式。减速标线的设置宜与限速标志或解除限速标志相互配合。

9 二级及二级以下公路上设置减速丘设施时，应在距其前后各 30m 的范围内设置减速丘预告标线。减速丘预告标线应与减速丘标志配合设置。

10　路面文字标记应按由近到远的顺序排列，字数不宜超过 3 个，设置规格应符合表 5.2.2 的规定。最高限速值应按一个文字处理。

表 5.2.2　公路路面文字标记规格

设计速度（km/h）	字高（cm）	字宽（cm）	纵向间距（cm）
120、100	900	300	600
80、60	600	200	400
40、30、20	300	100	200

条文说明

1　禁止跨越同向车行道分界线用于禁止车辆变换车道和借道超车。一般情况下，禁止跨越同向车行道分界线与禁止超车标志同时设置。

2　本款引自加拿大不列颠哥伦比亚省运输部 1994 年 6 月出版的《路面标线手册》，适用于二级及二级以下公路桥梁段交通标线的设置。

3　设计速度 120km/h、100km/h 的高速公路、一级公路隧道宽度窄于路基时，在隧道入口前 50m 范围内的右侧硬路肩内设置斜向行车方向的斑马线，其他公路在隧道入口前 30m 范围内设置。

5　紧急停车带、客运汽车停靠站处交通标线的设置参见现行《道路交通标志和标线》（GB 5768）。

8　很多交通事故是由于驾驶人超速驾驶引起的，尽管驾驶人需要承担主要责任，但对于一些需要引起驾驶人注意的路段如急弯陡坡或长直线路段等，作为公路管理部门有必要采取一定的限速或提醒设施。减速标线就是设计中经常用到的一种方法，具体设置原理可参见本细则第 5.2.5 条的条文说明。

10　路面文字标记主要是利用路面文字，指示或限制车辆行驶的标记，如最高限速、车道指示（快车道、慢车道）等。当公路同向车道数大于 2 条或因地形条件等的限制无法设置交通标志时，可采用设置路面文字标记的方法。为增加视认效果，可选择上坡路段设置，考虑到交通量增加后车辆之间的互相影响，条文规定文字按由近到远的顺序排列。

5.2.3　互通式立体交叉、服务区、停车区出入口的交通标线设计应符合下列规定：

1　互通式立体交叉、服务区、停车区出入口交通标线应根据互通式立体交叉、服务区、停车区的形式，准确反映交通流的组织原则。

2　互通式立体交叉出入口处，应设置导向箭头。出口导向箭头的规格、重复设置次数可参考表 5.2.3 选取。出口导向箭头应以减速车道渐变点为基准点，间距 50m。入口导向箭头应以加速车道起点为基准点，视加速车道长度而定，可设三组或二组。

表 5.2.3 导向箭头的尺寸及设置次数

设计速度（km/h）	120、100	80、60	40、30、20
导向箭头长度（m）	9	6	3
重复设置次数	≥3	3	≥2

3 服务区、停车区场区范围内，应根据场区交通组织设计及功能规划，分别设置停车位标线、车行道分界线、导向箭头等交通标线。

5.2.4 平面交叉处的交通标线设计应符合下列规定：

1 三级及三级以上公路之间形成的平面交叉应进行渠化设计，并设置渠化标线，有条件时宜设置渠化岛，路缘石高度不宜超过10cm；其他公路形成的平面交叉应设置与停车或减速让行标志配合使用的让行线。导向箭头的规格、重复设置次数可参考本细则表5.2.3选取。

2 平面交叉渠化标线应结合平面交叉实际情况和交通流实际特点进行设计和设置；有条件时宜开辟左、右转弯专用车道。

3 平面交叉渠化应以减少冲突点、使车辆安全快捷通过为原则，进行科学合理的渠化。

4 平面交叉交通标线的设置应明确主次公路路权，完善停车让行、减速让行等与路权相关的标线的设置，并加强交通标志和交通标线的综合设置。

5 平面交叉处实体岛周边应设置完善的交通安全设施。

条文说明

3 平面交叉渠化要兼顾交通安全和通行效率两大方面。平面交叉渠化设计需要注重以下几个方面：

（1）充分体现平面交叉的形式、交通流特点，合理分配主、次公路，明确优先通行权，使主要公路或主要交通流畅通、冲突点少、冲突区小且分散。

（2）减少驾驶人在平面交叉处操作的复杂程度，尽量减小平面交叉的通过距离。

（3）使车辆较平稳地到达平面交叉处，减少车辆之间的速度差。

（4）充分考虑弱势群体的需求，使其安全通过平面交叉。人行横道线的设置要充分考虑行人流量、公路等级和交通管理方式等因素。

4 路权管理是平面交叉交通标线设置的重要内容。

5 大面积渠化标线使驾驶员违规较容易，加强实体岛的应用，可有效改变这一状况。由于实体岛有对安全有一定影响，故要加强实体岛周边交通安全设施的设置。

5.2.5 收费广场处的交通标线设计应符合下列规定：

1 收费广场入口端应设置减速标线、岛头标线等，各条减速标线的设置间距应根据驶入速度、广场长度经计算确定。

2 收费广场出口端可设置部分车行道分界线。在收费广场空间允许的情况下，车行道分界线可适当延长。

3 有ETC收费车道的收费站应设置ETC相关标线，包括ETC车道边缘线、ETC车道限速标线、ETC车道路面文字标记等。

4 单向收费车道数大于5条的收费广场，交通标线应进行单独设计。

条文说明

收费广场横向减速标线的间距要根据驶入速度、广场长度利用牛顿第二定律进行计算（末速度可取为期望值），控制指标为车辆经过各条减速标线的时间相同，由于间距越来越密，驾驶人会以为速度越来越快，从而主动减速。

ETC收费车道要施画相应的标线，以使车辆到达ETC车道前将车速降到相应的速度，确保车辆安全。ETC收费车道可通过设置振动型标线、路面文字标记等促使驾驶人减速慢行。

5.2.6 隧道出入口路段的交通标线设计应符合下列规定：

1 隧道入口应设置立面标记；宽度窄于路基或桥梁的隧道入口前30~50m范围的右侧硬路肩内应设置导流线；隧道入口前150m范围应设置禁止跨越同向车行道分界线，线宽与车行道分界线一致；可根据需要设置振动型减速标线或彩色防滑标线。见附录A.1.1。

2 隧道出口后100m范围应设置禁止跨越同向车行道分界线，线宽与车行道分界线一致；隧道出口后一定长度的硬路肩可设置导流线；可根据需要设置彩色防滑标线。见附录A.1.2。

条文说明

隧道洞口路段往往是事故多发路段，隧道洞口路段交通标线的设置重点是确保隧道洞口的行车安全。主要包括：通过设置隧道洞口立面标记，使隧道洞口更加醒目；在洞口设置导流线，促使驾驶人按标线行驶。对于隧道洞口内外3s行程范围内路面材料不一致的，可设置彩色防滑标线，将路面材料不一致对驾驶人的影响降到最小。

5.2.7 长大下坡路段的交通标线设计应符合下列规定：

1 长大下坡路段交通标线可结合实际情况设置彩色防滑标线、横向或纵向减速标线、振动型标线等新型标线。

2 长大下坡路段交通标线应与交通标志配合设置。

3 长大下坡路段交通标线的设置应避免对驾驶人行车产生不利影响。

条文说明

长大下坡路段交通标线的设置一般有两种目的：其一是促使驾驶人减速慢行，这类标线主要包括视觉减速标线、横向减速标线等；其二是提醒驾驶人注意，这类标线主要包括振动型减速标线、振动型车行道边缘线等。振动型减速标线一般设置于危险点前方，提醒驾驶人注意安全，避免设置于危险点处，以免对驾驶人安全行车产生不利影响。

5.2.8 服务设施场区内的交通标线设计应符合下列规定：
1 服务设施场区交通标线的设置应根据房建工程中相关场区规划及设计确定。
2 服务设施场区交通标线的设计应与交通流流向相匹配。
3 应加强与分隔带或隔离设施的配合使用。

条文说明

服务设施场区内交通标线的设置对于提高公路服务水平至关重要。服务设施场区内交通标线设置前要做好交通流线规划和停车位规划，在此基础上进行交通标线的设置。

交通流线规划和停车位规划要遵循以下基本原则：
（1）要在驾驶人需求分析的基础上进行交通流线规划。
（2）不同车型宜设置不同停车位，停车位的形式宜便于车辆停放。
（3）服务设施场区交通标志和标线宜按行人指路系统和车辆指路系统分别设计，以满足车辆和行人的交通指引。

交通流线规划要考虑的因素主要包括：
（1）交通流线规划要充分考虑驾驶人加油、休息、餐饮等需求。
（2）交通流线宜采用与进出口行驶方向一致的行驶路线，避免迂回、折返。
（3）人流和车流等交通流线要清晰明确，要避免人流对主要车流的干扰。
（4）交通流线规划要考虑不同车辆的技术要求，如车行道宽度、转弯半径等。
（5）要避免交通流线对后勤服务专用通道的影响。

停车位规划要考虑的因素主要包括：
（1）停车位规划要充分考虑驾驶人的需求，并考虑交通量、交通构成等因素。
（2）停车位的设置宜集中，不宜分割成多个小停车位。大中型车和小型车停车位宜分开，小型车、大客车停车位宜布置在距餐饮、休息等设施较近的位置。
（3）停车位形式宜根据通道宽度、车型、交通量等合理选用。

5.2.9 突起路标的设置应符合下列规定：
1 下列情况下，宜在路面标线的一侧设置突起路标，并不得侵入车行道：
1）高速公路的车行道边缘线上；

2）一级公路互通式立体交叉、服务区、停车区路段的车行道边缘线上；

3）互通式立体交叉匝道出入口路段。

2 隧道的车行道分界线上宜设置突起路标。

3 下列情况下，可设置突起路标：

1）高速公路的车行道分界线上；

2）一级公路的车行道边缘线、车行道分界线上；

3）纵向减速标线上；

4）二级、三级公路的导流线及小半径平曲线、公路变窄、路面障碍物等危险路段。

4 突起路标可单独设置成车行道边缘线和车行道分界线。

5 隧道路段、雾区路段等可根据需要设置主动发光型突起路标。冬季积雪路段可不设置突起路标。

6 突起路标的壳体颜色、设置位置、间距应符合现行《道路交通标志和标线》（GB 5768）的规定。

条文说明

突起路标是安装于路面上用于标示车行道分界、边缘、分合流、弯道、危险路段、路宽变化、路面障碍物位置的反光和不反光体。当车辆偏离车行道时，突起路标可给驾驶人以振动提示，以避免交通事故的发生。反光突起路标在夜间能起到视线诱导的作用。条文中根据不同的公路条件，提出了突起路标的设置原则，如高速公路、一级公路由于车速较高，驾驶人疲劳时易发生驶出路外的事故，故建议高速公路车行道边缘线及一级公路互通式立体交叉等处的车行道边缘线上要予以设置。雾区路段、隧道路段等可根据需要设置主动发光型突起路标。

5.3 材料选择

5.3.1 交通标线涂料可分为液态溶剂型、固态热熔型、液态双组分、液态水性和抗滑型等，其技术指标应符合现行《路面标线涂料》（JT/T 280）和《道路交通标线质量要求和检测方法》（GB/T 16311）的要求。

5.3.2 交通标线应采用反光标线，在正常使用年限内，白色反光标线的逆反射亮度系数不应低于$80\text{mcd} \cdot \text{m}^{-2} \cdot \text{lx}^{-1}$，黄色反光标线的逆反射亮度系数不应低于$50\text{mcd} \cdot \text{m}^{-2} \cdot \text{lx}^{-1}$。

5.3.3 选用标线材料时，应综合考虑标线材料的逆反射亮度系数、防滑值、抗污性能、环保性能、与路面的附着力、性价比等因素。

5.3.4 标线的厚度应根据其种类、使用位置和施工工艺从表5.3.4中选取。

表 5.3.4 标线的厚度范围（mm）

序号	标线种类		标线厚度范围	备注
1	热熔型	普通型、反光型	0.7~2.5	干膜
		突起型	3~7	干膜。若有基线，基线的厚度为 1~2
2	双组分		0.4~2.5	干膜
3	水性		0.3~0.8	湿膜
4	树脂防滑型		4~5	骨材粒径 2.0~3.3
5	预成型标线带		0.3~2.5	—

条文说明

5.3.1~5.3.4 选取标线材料时，可考虑下列因素：

（1）高速公路的车行道边缘线、斑马线等处可采用热熔喷涂型（涂层厚度 0.7~1.0mm），能满足反光要求，且性价比最高。

（2）高速公路的车行道分界线可采用耐久性标线涂料，如热熔刮涂型（涂层厚度 1.5~2.5mm）。

（3）为提高车辆夜间行驶的安全性，包括普通公路在内的所有公路均需要采用反光标线，并在正常使用年限内，交通标线的亮度需满足最低逆反射亮度系数的要求。

（4）公路事故多发路段可采用树脂防滑型涂料和热熔突起型涂料。

（5）水泥路面可采用热熔喷涂型涂料，以提高性价比。

（6）德国联邦公路研究所（BAST）的标线使用性能模拟试验表明，采用双组分涂料施画的标线使用性能满意率最高。这种标线反光性能优良，使用寿命最长，缺点是价格偏高、施工要求严格。

（7）对环保要求高的公路，水性涂料将是最佳选择，同时该种标线性能价格比好、反光性能优良。

5.3.5 突起路标的技术指标应符合现行《突起路标》（GB/T 24725）的要求。

5.3.6 突起路标与涂料标线配合使用时，应选用定向反光型，其颜色应与标线颜色一致。设置于对向车行道分界线或隧道内的突起路标，应选用双面反光型。

条文说明

考虑到在发生交通事故、火灾等紧急事件时，隧道内的车辆有可能变成逆向行车，故要选用双面反光型。

6 护栏和栏杆

6.1 一般规定

6.1.1 护栏是一种障碍物。实际净区宽度小于计算净区宽度，且驶出路外车辆碰撞护栏的后果比不设置护栏的后果轻时，应考虑设置护栏。护栏的设置还应考虑工程经济性。净区宽度计算方法如附录 B。

条文说明

通过合理的公路工程设计将驶出路外的事故影响降至最低，消除那些可能产生致命后果的因素，设置护栏只是降低驶出路外事故后果的方法或手段之一，并且护栏并不是设置得越多越好、强度越高越好，因为护栏本身也是一种障碍物。只有驶出路外车辆碰撞障碍物与碰撞护栏相比，后果更严重，才考虑设置护栏。人的生命无价，但即使是发达国家，是否设置护栏也是基于工程经济分析结果。

需要指出的是，对于满足计算净区宽度要求的路段，如存在悬崖等危险条件，仍需根据公路路线线形、交通量、车型构成以及计算净区宽度外风险源的位置等因素进行交通安全综合分析，以确定是否需要设置护栏。此外，路侧有高速铁路、高压输电线塔等时，护栏的设置还需要符合国家相关法律法规的规定。

6.1.2 设置护栏的主要目的是阻挡碰撞能量小于或等于设计防护能量的碰撞车辆并导正其行驶方向。设计时应考虑下列因素：

1 路侧或中间带实际净区宽度是否满足计算净区宽度要求；
2 不能满足计算净区宽度要求时，路侧或中央分隔带障碍物的情况；
3 不能满足计算净区宽度要求时，设计交通量、设计速度、总质量大于或等于25t的货车比例、路段线形条件等；
4 满足计算净区宽度要求时，路侧邻近位置是否存在悬崖、深谷、深沟等危险地形，中央分隔带是否采取了防止车辆驶入对向车行道的处置措施；
5 护栏的成本效益比；
6 与周边环境相协调。

条文说明

护栏设计时考虑的因素，主要是预估车辆驶出路外事故的风险所需要的。驶出路外的风险与事故概率及事故严重程度有关。具体的驶出路外的风险评估，各地可根据已有公路的条件、事故的情况进行论证分析，逐步建立和使用本地的风险评估模型及参数。

6.1.3 护栏设计流程宜符合下列规定：

1 收集公路平纵面线形、填挖方数据、交通量及组成、运行速度和设计速度等数据。

2 收集项目交通安全性评价报告，调研关于线形的评价结论及线形调整的资料。

3 收集或调研公路计算净区宽度范围内的各种障碍物分布及与其他公路、铁路等交叉的资料。

4 改扩建公路收集至少3年的相关运营数据，如交通量及组成、气象、交通事故资料等。

5 根据类似公路的调研分析，分析车辆驶出路外的风险。

6 根据成本效益分析，确定是否设置护栏、防护等级及形式。

7 所选用的护栏结构，应通过现行《公路护栏安全性能评价标准》（JTG B05-01）规定的安全性能评价。部分缆索护栏、波形梁护栏、混凝土护栏一般构造图见附录C。

6.2 路基护栏

6.2.1 对位于计算净区宽度范围内的各类行车障碍物，宜按下列顺序进行处理：

1 去除计算净区宽度范围内的障碍物。

2 重新设计障碍物，使障碍物不构成危害。

3 将障碍物移至不易被驶出路外的车辆碰撞的位置。

4 采取措施减少事故伤害，如采用解体消能结构等。

5 在以上措施不能实施而导致驶出路外车辆产生的事故严重程度高于碰撞护栏的严重程度时，考虑设置护栏。

6 如不能实施上述措施，则应对障碍物加以警示、对行车进行诱导。

条文说明

因护栏也是障碍物，基于宽容设计理念，最好是保证计算净区需要的宽度，所以前3种措施都是保证计算净区需要的宽度、使位于计算净区宽度范围内的障碍物不对驶出车辆造成伤害；第4种措施，是减少事故伤害后果的措施。如果这4种措施都不能实施，驶出车辆产生的事故后果比碰撞护栏更严重时，才考虑设置护栏。没有条件设置护栏，或者通过经济分析不需要设置护栏的，对障碍物要进行警示，或设置视线诱导设施。

6.2.2 路侧护栏的设置及防护等级的选取应符合下列规定：

1 按照现行《公路交通安全设施设计规范》（JTG D81）的规定，事故严重程度可分为三个等级：高、中、低，应按表6.2.2-1的规定设置路侧护栏并选取路侧护栏的防护等级。

2 存在下列情况时，导致事故发生可能性增加或后果更严重的路段，路侧护栏的防护等级宜在表6.2.2-1的基础上提高1个等级。

表6.2.2-1 路侧护栏设置原则及防护等级选取条件

事故严重程度及护栏设置原则	路侧计算净区宽度范围内有以下情况	公路技术等级和设计速度（km/h）	防护等级（代码）
高，必须设置	高速铁路、高速公路、高压输电线塔、危险品储藏仓库等设施	高速公路120	六（SS）级
		高速公路、一级公路 100、80	五（SA）级
		一级公路60	四（SB）级
		二级公路80、60	四（SB）级
		三级公路40	三（A）级
		三、四级公路30、20	二（B）级
中，应设置	1 二级及以上公路边坡坡度和路堤高度在图6.2.2的Ⅰ区、Ⅱ区阴影范围之内的路段，三、四级公路路侧有深度30m以上的悬崖、深谷、深沟等路段； 2 江、河、湖、海、沼泽等水深1.5m以上水域； 3 Ⅰ级铁路、一级公路等； 4 高速公路、一级公路路外设有车辆不能安全越过的照明灯、摄像机、交通标志、声屏障、上跨桥梁的桥墩或桥台、隧道入口处的检修道或洞门等设施	高速公路、一级公路 120、100、80	四（SB）级
		一级公路60	三（A）级
		二级公路80、60	三（A）级
		三级公路40	二（B）级
		三、四级公路30、20	一（C）级
低，宜设置	1 二级及以上公路边坡坡度和路堤高度在图6.2.2的Ⅲ区阴影范围之内的路段；三、四级公路边坡坡度和路堤高度在图6.2.2的Ⅰ区阴影范围之内的路段； 2 二级及以上等级公路路侧边沟无盖板、车辆无法安全越过的挖方路段； 3 高出路面或开挖的边坡坡面有30cm以上的混凝土砌体或大孤石等障碍物； 4 出口匝道的三角地带有障碍物	高速公路、一级公路 120、100、80	三（A）级
		一级公路60	二（B）级
		二级公路80、60	二（B）级
		三、四级公路 40、30、20	一（C）级

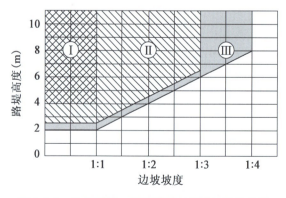

图6.2.2 边坡坡度、路堤高度与设置护栏的关系

1）二级及以上公路纵坡等于或接近于现行《公路工程技术标准》（JTG B01）规定的最大纵坡值的下坡路段；二级及以上公路圆曲线半径等于或接近现行《公路工程技术标准》（JTG B01）规定的最小半径的路段外侧。

2）设计交通量中，总质量大于或等于25t的车辆自然数所占比例大于20%时。

3 年平均日设计交通量（AADT）小于2 000辆小客车且设计速度小于或等于60km/h的公路，宜进行交通安全及经济综合分析确定是否设置护栏及护栏的防护等级。需要设置护栏时，其防护等级可在表6.2.2-1的基础上降低1个等级，但不得低于一（C）级。年平均日设计交通量（AADT）小于400辆小客车的单车道四级公路，宜采取诱导和警示的措施。

4 迎交通流的护栏端头应按下列方法进行外展或设置缓冲设施：

1）外展至土路肩宽度范围外，外展斜率不宜超过表6.2.2-2的规定值。护栏距车行道边缘线越近，外展斜率取值宜越小。具备条件时，宜外展至计算净区宽度外。

表 6.2.2-2 上游护栏端头外展斜率

设计速度（km/h）	刚 性 护 栏	半刚性护栏
120	1:22	1:17
100	1:18	1:14
80	1:14	1:11
60	1:10	1:8

2）半刚性护栏外展时，端部应进行加固处理。

3）位于填挖交界时，应外展并埋入挖方路段不构成障碍物的土体内。半刚性护栏外展埋入土体时，在土体内应延长一定长度并进行锚固。

4）无法外展时，高速公路、一级公路及作为干线的二级公路应按本细则第6.5.1条和第6.5.2条的规定设置防撞端头，或在护栏端头前设置防撞垫；作为集散的二级公路及三、四级公路宜采用地锚式端头，并进行警示提醒或设置立面标记。

5）作为干线的二级公路，对向车行道分界处未设置护栏的，宜考虑车辆碰撞对向车行道护栏下游端头的可能性。

5 高速公路、一级公路及作为干线的二级公路的隧道出入口处，护栏应进行过渡段设计；作为集散的二级公路及三、四级公路的隧道出入口处，护栏宜进行过渡段设计。入口处过渡设计应符合下列规定：

1）宜通过混凝土护栏渐变或采用混凝土翼墙进入隧道洞口处。

2）护栏进入隧道洞口的渐变率不宜超过表6.2.2-2的规定值。

3）混凝土护栏或翼墙迎交通流一侧在隧道洞口处宜与检修道内侧立面平齐。

4）混凝土护栏或翼墙进入隧道洞口前可根据需要适当渐变加高，在隧道洞口处不得低于检修道高度。

6 作为集散的一级、二级公路的非机动车、行人密集路段，如已设置了侧分隔带并需要设置护栏时，护栏宜设置在侧分隔带上。未设置侧分隔带时，护栏宜设置在土路肩上。

7 路侧护栏设置在边坡上时，宜注意下列条件：

1）可设置在等于或缓于1:6的边坡上。

2）特殊情况下，也可设置于坡度在1:4～1:6的边坡上，护栏距离路面的高度不变，护栏迎撞面距离变坡点的距离最大不应超过0.75m，且应保证护栏立柱外侧的土压力。

3）护栏迎撞面前的路面和边坡平整，没有突起部分。

条文说明

1～2 驶出路外事故的严重程度与路侧危险等级和运行速度有关，路侧越危险，事故后果越严重；运行速度越高，事故后果越严重。

车辆驶出路外的可能性主要考虑下列因素：

（1）交通量和组成。交通流中重型车的比例高，事故的可能性高。

（2）不利线形组合。主要考虑的是平曲线外侧，车辆驶出的可能性较大，尤其是长下坡底和平曲线外侧的组合，车辆驶出的可能性更大。

上述因素通常又组合在一起，如：重型车穿过护栏后后果严重，如多层互通式立体交叉的匝道、环境高度敏感区、高速公路的关键路段（国家高速公路路网上重要的大桥或长隧道），车辆驶出路外的可能性和事故严重程度都将大幅增加。

按现行《公路交通安全设施设计规范》（JTG D81）的规定，设计人员可以根据交通安全综合分析或交通安全评价结果并结合其经验，论证分析具体路段车辆驶出路外的可能性及可能产生的事故后果，合理设置护栏并选取防护等级。

3 年平均日设计交通量非常小的路段，设置护栏是不经济的。澳大利亚的《路侧设计手册》规定：在交通量低、速度受道路线形影响（如山区），并且在道路净区内连续存在潜在的安全隐患的路段，如果按手册要求需要连续设置价格高昂的护栏，对于现实来说是不合理的。

挪威的《路侧设计手册》规定：限速≤60km/h 且 $AADT$≤12 000；限速≥70km/h 且 $AADT$≤1 500，护栏等级选用 N1（碰撞能量为43.3kJ）。

美国的《路侧设计指南》（2011版）建议，平均小时交通量小于或等于400时，对于1:1.5边坡，填土高度高于15m才考虑是否设置护栏。

本细则建议：年平均日设计交通量小于2 000且设计速度小于或等于60km/h的公路，宜具体分析经济性确定是否设置护栏。年平均日设计交通量小于400的单车道四级公路，宜采取诱导和警示的措施。

4 此次修订第一次要求上游端头要具备一定的防撞性能。鉴于国内开发的防撞端头较少，应用经验有限，此次修订借鉴国外的规范，给出了护栏端头处理的一些原则，供开发及设计参考。

护栏通过渐变段外展，要根据现场路侧的情况进行。外展可以避免驶出车辆撞击端头，但外展斜率较大时，驶出车辆撞击护栏的角度也较大，不利于防护。条文中给出的外展斜率，是最大外展率，护栏离车行道越近，外展宜越平缓。

符合防护等级的护栏端头的使用和安装按供货商提出的要求，需要按照其开发并通过实车碰撞验证的处理方式进行。外展时端部的加固处理，可以通过端部立柱混凝土基础或其他方式实现。

5 隧道入口处经常成为事故多发点，入口处理不当是原因之一。护栏设置要注意的是隧道入口处，路基护栏向隧道内的过渡设计。高速公路、一级公路和作为干线的二级公路进入隧道前，一般路基宽度比隧道洞口要宽，而洞口是刚性结构，路基护栏向洞口的刚度过渡至关重要。依据刚度过渡的原则，本细则给出了一些原则规定。

6 如果设置了侧分隔带，根据交通量及组成、线形、速度的情况，确定是否设置护栏。如果设置护栏，宜设置在侧分隔带上。如果没有侧分隔带，护栏设置在土路肩上的原因有二：一是根据现行《公路工程技术标准》（JTG B01）规定建筑限界的要求，二是设置在机非分隔之间，车辆发生故障时，占用车道，影响通行，也不利于安全。

7 我国公路尤其是山区的公路，填土边坡为陡坡的较多，如果路基宽度不足，护栏是很难设置于边坡上的。本细则给出了护栏设置于较缓的边坡上要注意的条件。

6.2.3 中央分隔带护栏的设置及防护等级的选取应符合下列规定：

1 高速公路和作为干线的一级公路，整体式断面中间带宽度小于或等于12m，或者12m宽度范围内有障碍物时，必须设置中央分隔带护栏。根据中央分隔带的条件，事故严重程度可分为三个等级：高、中、低。中央分隔带护栏的防护等级应符合表6.2.3的规定。

表6.2.3 中央分隔带护栏防护等级选取

事故严重程度等级	中央分隔带条件	公路技术等级和设计速度（km/h）	防护等级（代码）
高	高速公路、一级公路中央分隔带宽度小于2.5m并采用整体式护栏形式	高速公路120	六（SSm）
		高速公路、一级公路100、80	五（SAm）
		一级公路60	四（SBm）
中	对双向6车道高速公路，或未设置左侧硬路肩的双向8车道及以上高速公路，中央分隔带宽度小于2.5m并采用分设式护栏形式，同时中央分隔带内设有车辆不能安全穿越的障碍物①的路段	高速公路120、100、80	四（SBm）
	对双向6车道及以上一级公路，中央分隔带宽度小于2.5m并采用分设式护栏形式，同时中央分隔带内设有车辆不能安全穿越的障碍物①的路段	一级公路100、80	四（SBm）
		一级公路60②	三（Am）

续表 6.2.3

事故严重程度等级	中央分隔带条件	公路技术等级和设计速度（km/h）	防护等级（代码）
低	不符合上述条件的其他路段	高速公路、一级公路 120、100、80	三（Am）
		一级公路 60[②]	二（Bm）
		二级公路[③] 80、60	二（Bm）

注：①障碍物是指照明灯、摄像机、交通标志的支撑结构，上跨桥梁的桥墩等设施。
②设计速度为 60km/h 的一级公路一般为作为集散的一级公路受地形、地质等条件限制的路段，本表适用于其需要设置中央分隔带护栏的情况。
③适用于设置了超车道，未设置隔离设施，且有驶入对向车行道可能性的二级公路。

2 存在下列情况时，中央分隔带护栏的防护等级宜在表 6.2.3 的基础上提高 1 个等级：

1）二级及以上公路纵坡等于或接近现行《公路工程技术标准》（JTG B01）规定的最大纵坡值的下坡路段；二级及以上公路右转圆曲线半径等于或接近现行《公路工程技术标准》（JTG B01）规定的最小半径的路段。

2）设计交通量中，总质量大于或等于 25t 的车辆自然数所占比例大于 20% 时。

3 作为集散的一级公路，整体式断面中间带应设置保障行车安全的隔离设施。根据交通安全综合分析结果，可考虑是否设置中央分隔带护栏，事故严重程度等级可参考本条第 1 款的规定选取。

4 二级公路设置超车道的路段，可根据驶入对向车行道事故的风险及经济分析，确定是否设置中央分隔带护栏或隔离设施。事故严重程度等级可参考本条第 1 款的规定选取。设置中央分隔带护栏时，应根据需要加宽路基；设置隔离设施时，应避免对行车安全造成隐患。

5 中央分隔带护栏的设置位置宜综合考虑中央分隔带的宽度、开口、地形及设置于中央分隔带内的管线、桥梁墩柱及各类设施结构立柱等因素。

6 整体式断面中央分隔带护栏端部，宜结合中央分隔带开口护栏处理；分离式断面行车方向左侧应按路侧护栏设置。

7 中央分隔带护栏在隧道出入口处的处理方法同路侧护栏。

8 一级公路平面交叉两端设置中央分隔带护栏和绿化设施时，不得影响通视三角区停车视距。

条文说明

1 公路分离式路基段，护栏等级选取同路侧护栏的规定。整体式路基段，同样是考虑车辆驶出路外，碰撞中央分隔带护栏或越过中央分隔带进入对向车行道的事故可能性及事故后果的严重程度。

设置中央分隔带整体式护栏后，车辆穿越后容易诱发二次事故，故采用最高危险等级。

4 根据国内一些二级公路安全改善经验，通过增加中央分隔带护栏或隔离设施，可有效减少对撞事故；有些二级公路受条件限制，即使使用的中央分隔带护栏防撞性能的某些方面达不到二（Bm）级，对减少对撞事故也是有益的。因此，这此次修订增加了：二级公路设置超车道的路段，可根据需要设置中央分隔带护栏或隔离设施。

6.2.4 选取护栏形式时，除考虑护栏的防护性能外，还应考虑下列因素：

1 应考虑护栏受碰撞后的变形量。路侧或中央分隔带护栏面距其防护的障碍物的距离，应大于护栏最大横向动态位移外延值（W）或车辆最大动态外倾当量值（VI_n）。当防护的障碍物低于护栏高度时，宜选择护栏最大横向动态位移外延值（W）；当防护的障碍物高于护栏高度、公路主要行驶车型为大型车辆时，应选择车辆最大动态外倾当量值（VI_n）。

2 大型车辆所占比例较大的路段，除位于冬季风雪较大的地区外，中央分隔带护栏宜使用混凝土护栏。

3 冬季风雪较大的地区，宜选择少阻雪的护栏形式。

4 护栏及其端头、与其他形式护栏的过渡处理宜采用标准化材料、产品，个别地点特殊需要的护栏宜定制、加工。

5 应考虑护栏的初期成本、投入使用后的养护成本，包括常规养护、事故养护、材料储备和养护方便性等。宜结合路面养护方式采用经济适宜的形式，并预先考虑将来的路面养护需求。

6 选择护栏形式时应考虑沿线的环境腐蚀程度、气候条件和护栏本身对视距的影响等因素，并适当考虑美观因素。对景观有特殊要求的公路可选择外观自然、与周围环境相融合的护栏形式，但不得降低护栏防护等级。

条文说明

选择护栏形式时，除需要考虑护栏的防护性能和变形因素外，还需要综合考虑表6-1所列因素。

表6-1 选择护栏形式时需要考虑的因素

序号	考虑因素	说 明
1	通用性	护栏的形式及其端头处理、与其他形式护栏的过渡处理要尽量标准化，中央分隔带护栏形式还要考虑与其他设施（如灯柱、标志立柱和桥墩等）的协调。个别地点特殊需要的护栏需定制、加工。如在平面交叉转弯车道外侧、回头曲线外侧等转弯半径很小的地方，如果使用波形梁护栏，需要定制、加工

续表 6-1

序号	考虑因素	说　明
2	成本	在最终确定设计方案时，考虑最多的可能是各种方案的初期成本和将来的养护成本。一般情况下，护栏的初期成本会随着防护等级的增加而增加，但养护成本会减少。相反，初期成本低，则随后的养护成本会大大增加。发生事故后，柔性或半刚性护栏比刚性或高强度护栏需要更多的养护。交通量大、事故频发的路段，事故养护成本将成为必须考虑的因素，刚性护栏是较好的选择方案。 事故养护：一般情况下，事故后柔性或半刚性护栏比刚性护栏需要更多的养护。在交通量相当大、事故频率较高处，事故养护成本及事故对通行能力的影响可能会变为最需要考虑的因素。这种情况通常发生在城市附近的公路。在这种位置处，刚性护栏（如混凝土护栏）通常作为选择方案。 材料储备：种类越少，所需要的库存类别和存储需求越少。 方便性：设计越简单，成本越低，且越便于现场人员准确修复。 路面养护：有些路面养护时没有铣刨路面，导致路面养护后护栏高度不足。在新设护栏时就要考虑这种影响，采用护栏高度富余或护栏高度可变的形式，减少路面养护造成的影响
3	美观、环境因素	美观通常不是选择护栏形式的控制因素，但旅游公路或对景观要求高的公路可选择外观自然、能与周边环境融为一体而又具有相应防护等级的护栏形式。 护栏的选择还要考虑沿线的环境腐蚀程度、气象条件和其对视距的影响等，如积雪地区要考虑除雪的方便性。 因设置护栏对提升公路景观作用不大，因此旅游公路或对景观要求高的公路，要尽量寻找可以替代护栏的措施，如设置浅碟形边沟或挖方路段边沟上设置盖板等。经论证，需要设置护栏时，其外观要力求简洁，减少装饰并充分考虑通透性，降低刚性护栏的存在感，护栏色彩要与构造物及周边环境相协调

根据我国已通车高速公路和一级公路的运营经验，大型车辆尤其是大型货车所占比例较大的路段，车辆穿越中央分隔带与对向车辆发生碰撞造成恶性交通事故的事件时有发生，因此条文中规定"大型车辆所占比例较大的路段，除位于冬季风雪较大的地区外"，推荐选用混凝土护栏。风雪较大的路段，因混凝土护栏容易阻雪，因此不适合使用混凝土护栏。

至于具体采用整体型还是分设型混凝土护栏，主要根据中央分隔带内需要防护的设施或结构物类型确定。如中央分隔带内存在上跨桥梁中墩、交通标志、照明灯杆等障碍物，或者需要经常性地与桥梁或隧道过渡，或者与通信管道的协调较困难时，可采用分设型混凝土护栏的形式，如图 6-1a) 所示；否则可采用整体型混凝土护栏，如图 6-1b) 所示。

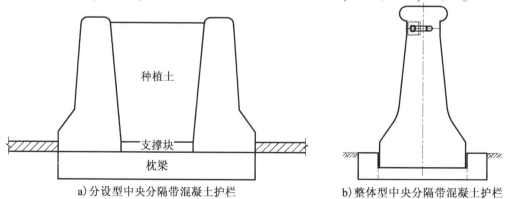

a) 分设型中央分隔带混凝土护栏　　　　b) 整体型中央分隔带混凝土护栏

图 6-1　中央分隔带混凝土护栏示例

采用整体型混凝土护栏,并不是为减小中央分隔带的宽度。从安全行车和视距保障的角度,混凝土护栏两侧最好有 50cm 及以上的余宽,或能满足平曲线路段内侧车道停车视距的需要,最小也要满足现行《公路工程技术标准》(JTG B01)中关于公路建筑限界"C"值的要求。

6.2.5 护栏最小结构长度应同时满足防护需求和结构要求:

1 发挥护栏整体作用的最小结构长度应符合现行《公路交通安全设施设计规范》(JTG D81)的相关规定,或根据护栏产品使用说明书确定。

2 护栏最小防护长度应根据车辆驶出路外的轨迹和计算净区宽度范围内障碍物的位置、宽度确定,如图 6.2.5 所示。护栏防护长度由 a_1、b_1、b_2、c_1 和 c_2 五部分组成。其中,a_1 是障碍物长度;b_1 和 b_2 是为了避免驶出路外车辆碰撞障碍物的延长部分;c_1 和 c_2 是护栏端头,包括锚固部分。各部分取值建议如下:

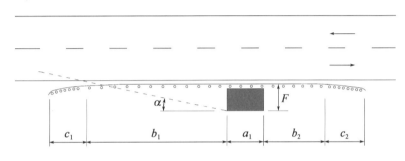

图 6.2.5 护栏防护长度示意图

1) b_1 和 b_2 与速度、驶出角度 α 有关。驶出角度可根据类似公路驶出路外事故调研获得,也可保守选用 5°;速度可取设计速度、运行速度或限制速度;F 是护栏面至障碍物外边缘距离,且为处于计算净区宽度范围内的障碍物宽度。

2) b_1 也可参照表 6.2.5 选取。

表 6.2.5 b_1 取值

速度(km/h)	b_1(m)	
	通常情况	事故严重程度较高的情况
≤40	8	25
50	30	40
60	40	55
70	50	70
80	60	85
90	75	100
100	90	120
≥110	110	150

3）当路外障碍物为交通标志、照明立柱、桥墩等时，若边沟不构成障碍物、边坡坡度缓于1:4，可简化取值，$b_1 = 10F$。特殊情况下也可采用其他的计算方法。

4）双车道公路，$b_2 = b_1$；四车道及以上公路，$b_2 = 0.5b_1$。

3 护栏最小结构长度取上述两款的大值。

4 相邻两段护栏的间距小于护栏最小结构长度时宜连续设置。

5 通过过渡段连接的两种形式护栏的长度之和不应小于两种形式护栏的最小结构长度的大值。

条文说明

此次修订，参考了美国、加拿大、澳大利亚、挪威等国护栏最小长度的要求，补充了"护栏防护长度"的要求，并给出了图示及计算公式。这是根据路侧障碍物情况得到的。

原细则中给出的护栏最小长度，是"护栏结构长度"，主要是考虑护栏结构整体发挥作用的长度。此次修订予以保留，并规定护栏设置的最小长度是两者选大值。

如果护栏产品的供货商提供的护栏结构形式，经过了实车试验验证，其结构长度小于条文中规定的最小结构长度，可以根据护栏防护长度和产品的结构长度来定设置长度。

6.2.6 缆索护栏是柔性护栏的主要代表形式，由端部结构、中间端部结构、中间立柱、托架、缆索和索端锚具等组成。路侧一（C）级、二（B）级和三（A）级缆索护栏一般构造见附录C.1。缆索护栏设计时，应符合下列规定：

1 端部结构由三角形支架、底板和混凝土基础组成，端部结构各部构造和尺寸应符合表6.2.6-1的规定。路侧一（C）级~三（A）级端部结构如图6.2.6-1~图6.2.6-3所示。

表6.2.6-1 缆索护栏端部结构各部构造和尺寸

防护等级	端部立柱			混凝土基础				最下一根缆索的高度（cm）	最大立柱间距（cm）（土中/混凝土中）
	规格（mm）	地面以上高度（cm）	埋入深度（cm）	形式	深度（cm）	长度（cm）	宽度（cm）	体积（m³）	
一（C）	$\phi114 \times 4.5$	74	40	三角形	100	300	60	1.8	43	700/400
二（B）	$\phi140 \times 4.5$	87	45	三角形	120	330	70	2.8	43	700/400
三（A）	$\phi168 \times 5$	100	50	三角形	150	420	70	4.4	43	700/400

2 中间端部结构由一对三角形支架、底板和混凝土基础组成，各部分构造和尺寸同端部立柱。符合下列条件时，应设置中间端部结构：

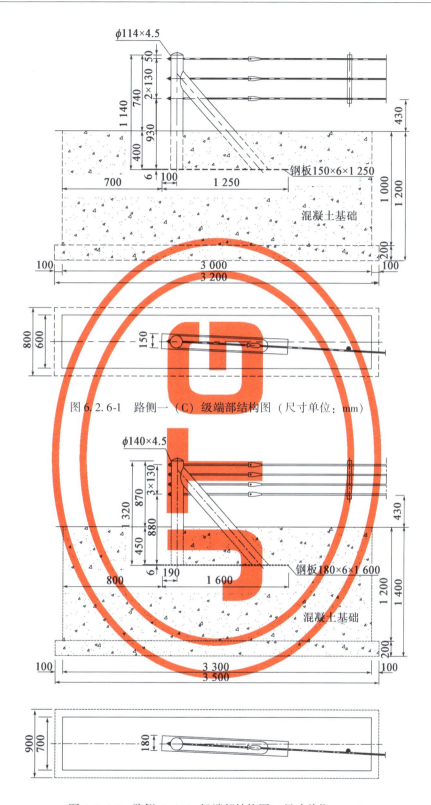

图 6.2.6-1 路侧一（C）级端部结构图（尺寸单位：mm）

图 6.2.6-2 路侧二（B）级端部结构图（尺寸单位：mm）

1) 采用机械施工方式，路侧缆索护栏的设置长度超过500m时；
2) 采用人工施工方式，路侧缆索护栏的设置长度超过300m时。

3 中间立柱的构造和尺寸应符合表6.2.6-2的规定。图6.2.6-4～图6.3.4-6为路侧一（C）级~三（A）级缆索护栏中间立柱的构造图。设置于土中的中间立柱的间距不宜大于6m/7m，设置于混凝土中的中间立柱间距不宜大于4m。设置于曲线路段的缆索护栏，应根据表6.2.6-3的规定调整立柱间距。在通过小桥、通道、明涵等无法打入的路段，有地下管线的路段或其他不能达到规定埋置深度的路段，中间立柱可设置于混凝土基础中。

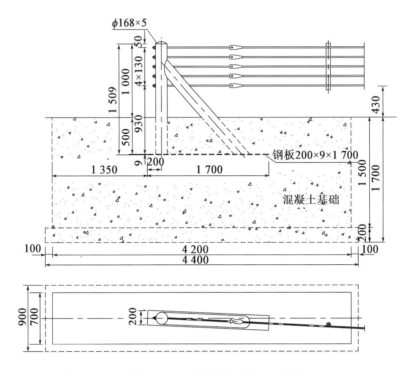

图6.2.6-3 路侧三（A）级端部结构图（尺寸单位：mm）

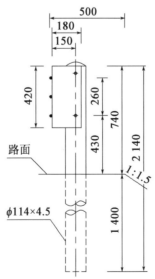

图6.2.6-4 一（C）级缆索护栏中间立柱的构造图（尺寸单位：mm）

4 托架的构造和尺寸如附录C图C.1.1~图C.1.3所示。
5 缆索和索端锚具应符合表6.2.6-4的规定。

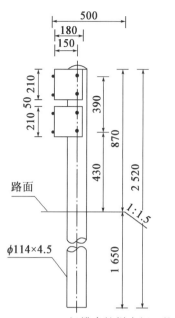
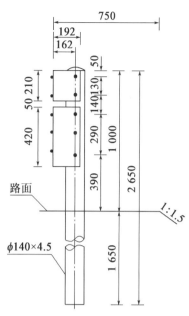

图 6.2.6-5 二（B）级缆索护栏中间立柱的构造图（尺寸单位：mm）

图 6.2.6-6 三（A）级缆索护栏中间立柱的构造图（尺寸单位：mm）

表 6.2.6-2 缆索护栏中间立柱的构造和尺寸

防护等级	中 间 立 柱					最大立柱间距（cm）
	埋置方式	埋入深度（cm）	地面以上高度（cm）	外径（mm）	壁厚（mm）	
一（C）	土中	140	74	φ114	4.5	700
	混凝土中	40				400
二（B）	土中	165	87	φ114	4.5	700
	混凝土中	40				400
三（A）	土中	165	100	φ140	4.5	600
	混凝土中	40				400

表 6.2.6-3 曲线部的立柱间隔

防护等级	立柱间隔（m）	4	5	6
一（C）、二（B）、三（A）	曲线半径 R（m）	120≤R≤200	200<R≤300	R>300

表 6.2.6-4 缆索护栏的缆索和索端锚具

防护等级（代码）	缆 索			索端锚具与钢丝绳整体破断拉力（kN）
	初拉力（kN）	缆索直径（mm）	缆索间隔（mm）	
一（C）、二（B）、三（A）	20	18	130	170

6 路侧缆索护栏应位于公路土路肩内，护栏面可与土路肩左侧边缘线或路缘石左侧立面重合，立柱外侧土路肩保护层厚度不应小于25cm；中央分隔带缆索护栏宜根据构造物、地下管线的分布确定护栏的横向设置位置；护栏的任何部分不得侵入公路建筑限界以内。

7 路侧、中央分隔带内护栏埋入深度范围内土压实度小于90%时，或路侧护栏立柱外侧土路肩保护层厚度小于25cm时，可根据本细则附录C.4进行处理。

条文说明

近十年高速公路、一至三级公路路侧和中央分隔带都有一些应用缆索护栏的经验和需求，国家、交通运输部和部分省份也开展了一些研究和实车碰撞试验。这次修订根据这些成果，对缆索护栏结构的规定进行了相应的修改。

1 缆索护栏的端部立柱系承受缆索张拉力和碰撞车辆碰撞力的主要结构，由三角形支架、底板和混凝土基础组成。缆索护栏的装配如图6-2所示，端部立柱如图6-3所示，各部构造和尺寸见表6.2.6-1。

①柱帽
②上支承架
③缆索
④下支承架
⑤固定支承架位置的螺孔
⑥固定缆索部件
⑦立柱

图6-2 缆索护栏装配图（示意）

图6-3 缆索护栏端部结构示意

注：h、L_3根据端部结构的地上高度来确定。

缆索和托架离地的高度，主要考虑与碰撞车辆的作用位置。缆索的高度既不致使大型车辆越出路外，又要防止小型车辆钻入缆索的下面。碰撞车辆在与缆索护栏作用过程中，希望通过护栏的吸能和导向，使碰撞车辆逐步恢复到正常行驶方向。立柱表面至缆索外表面的距离，由托架的宽度来保证。托架的作用，首先在于固定缆索的位置，其次就是能把缆索从立柱面横向悬出一定距离，来防止碰撞车辆在立柱处绊阻。在细则中立柱至缆索外边的距离定为110mm，就是考虑了上述因素。

缆索与缆索之间的距离，主要从碰撞力均匀分布入手，根据车型、碰撞角度等因素，既要使缆索间隔构成一定的高度，防止车辆越出和钻入，又要使尽可能多的缆索共同承受碰撞力，避免冲击力过分集中在少数几根缆索上，缆索间距定为130mm比较合适。

2 端部结构可以采用埋入式和装配式两类。埋入式端部结构是与混凝土基础连成一体的，端部立柱的埋入深度根据不同的类别从400~500mm不等。三角形支架的斜立柱与地面成45°角，底部焊接一块钢板，一方面可以使三角形支架构成稳定的框架，另一方面，通过底部的钢板可以大大增加与基础混凝土的黏结力，通过钢板也易于控制高程的位置。装配式端部结构通过预埋件与混凝土基础连成一体，端部结构的预埋件因不同的结构、不同的类别而有所差别。考虑到施工的方便性和实际使用效果，推荐埋入式端部结构。为减小车辆对端部立柱的碰撞，需要尽量对端部立柱进行外展。

端部结构安装在缆索护栏起终点位置。为了保持缆索的初拉力和简化安装施工时的张拉设备，维持一定的缆索水平度，防止挠度的产生，一般把缆索的安装长度定为300~500m，也就是说每根缆索的长度不超过500m。这里也考虑了方便维修养护的因素。

3 缆索护栏的安装长度受缆索搬运、施工、维修等的限制，机械施工时缆索长度可达500m，人工施工时长度则以300m为限。当护栏的安装长度超过300m（人工）或500m（机械）时，在设计上要采用中间端部结构。

（1）中间端部结构为三角形，需要成对安装。也就是说，从缆索护栏的起点设置端部结构开始，通过中间立柱把缆索一跨一跨地延伸出去，直到缆索的另一端设置中间端部结构。由于缆索护栏的长度还要继续延伸出去，作为另一根缆索的起点，即一对中间端部结构中的另一个，则需要倒退12~21m（三跨）再设置。这样，两段缆索护栏通过中间端部结构形成交替，在两个中间端部结构之间设置2根中间立柱。弓形中间端部结构适用于保护非机动车和行人的缆索护栏，不需要成对安装。也就是说，可以通过一个弓形中间端部结构把两段缆索护栏连接起来。因此，中间端部结构可以作为护栏长度延伸的中间过渡结构，一旦设置后，其作用实际和端部立柱一样要承受缆索初拉力和碰撞车辆的冲击力，因此，保证其强度和稳定性也是非常重要的。

中间立柱可采用焊接钢管。埋入土中或埋入混凝土中的立柱，因其埋设条件不同而有不同的深度。埋入土中的立柱由于与公路边缘的距离较近，边坡附近的土压力较小，为保证缆索护栏的强度，要保证一定的埋置深度。埋置于混凝土中的立柱，考虑到混凝土结构物对立柱的锁结作用，埋置深度定为40cm。

立柱上安装的托架，通过贯通孔用螺栓定位，最上端的孔位距柱顶要不小于50mm。

（2）立柱间隔与缆索根数、立柱直径、埋入深度有密切的关系。虽然间隔越大越经济，但从使用效果角度考虑，一（C）、二（B）级缆索护栏立柱间距最大值定为

6m，三（A）级缆索护栏立柱间距最大值定为7m。不过，若是立柱埋设在混凝土中时，则可与波形梁护栏一样采用4m为最大值。若在曲线部分设置缆索护栏时，为保证缆索在曲线部分的圆滑过渡，确保曲线段护栏发挥正常的功能，要按公路曲线半径和缆索护栏的类别来确定立柱的间隔。

缆索护栏的中间立柱是端部立柱之间或中间端部立柱之间的支承结构，它除了有埋置于土中、埋置于混凝土中的安装方式外，还有一种套管式结构。这种结构拆装方便，适用于寒冷多雪地区，为便于除雪而设计。

5 缆索和索端锚具是护栏的重要部件。缆索采用具有一定刚度，且具有优良耐腐蚀性的镀锌钢丝制造，构造为3×7右捻，缆索的外径由于强度的需要而采用18mm。缆索的外径指的是横断面的外接圆直径。

索端锚具是缆索与端部立柱（或中间端部立柱）连接的部件，包括锚头、拉杆螺栓、紧固件等。首先要把缆索在锚头中固定，采用的方法有注入合金法和楔子固定法，可根据施工条件选择采用。然后，可用拉杆螺栓固定在立柱上。端部立柱拉杆螺栓沿行车方向外露部分不宜过长，并要进行适当的安全防护处理。

为保持缆索护栏安装后缆索的初拉力，可以采用先张拉后释放再张拉的方法。缆索护栏投入使用后，每隔一段时间需要对缆索的张拉力进行检测，不符合要求时需要及时调整，以避免因张拉力不足导致缆索护栏功能失效。

6 关于路侧缆索护栏位置的规定，同第6.2.7条第3款。中央分隔带需要设置缆索护栏时，考虑到强度、运营养护的方便性和绿化、地下管线的设置等，护栏以分设型为好。考虑到美观的需要，一般对称布设，缆索的外缘面至中央分隔带边缘的距离要满足公路建筑限界的要求。

7 详见第6.2.7条第10款的条文说明。

6.2.7 波形梁护栏是半刚性护栏的主要代表形式，部分防护等级的路侧和中央分隔带护栏一般构造详见附录C.2。波形梁护栏设计时，应符合下列规定：

1 部分路侧波形梁护栏的构造和尺寸应符合表6.2.7-1规定，横断面布置如图6.2.7-1所示。

表6.2.7-1 部分波形梁护栏结构构造和尺寸

防护等级	代码	梁板（mm）	立柱（mm）	托架/防阻块（mm）	横梁（mm）	梁板高度① （mm）	立柱埋深（mm）	立柱间距（mm）（土中/混凝土中）
一	C	310×85×2.5	φ114×4.5	300×70×4.5	—	600	1 400	4 000/2 000
二	B	310×85×3	φ114×4.5	300×70×4.5	—	600	1 400	2 000/1 000
三	A	506×85×3	φ140×4.5	196×178×400×4.5	—	697	1 400	4 000/2 000
三	A	506×85×4	φ140×4.5	300×270×35×6	—	697	1 650	4 000/2 000
四	SB	506×85×4	φ130×130×6	300×200×290×4.5	—	697	1 650	2 000/1 000

续表 6.2.7-1

防护等级	代码	梁板 (mm)	立柱 (mm)	托架/防阻块 (mm)	横梁 (mm)	梁板高度① (mm)	立柱埋深 (mm)	立柱间距 (mm)（土中/混凝土中）
五	SA	506×85×4	φ130×130×6 和 φ102×4.5	300×200×290×4.5	φ89×5.5	697	1 650	3 000/1 500
六	SS	506×85×4	φ130×130×6 和 φ102×4.5	350×200×290×4.5	φ89×5.5	697	1 650	2 000/1 000
七	HB	506×85×4	φ130×130×6 和 φ102×4.5	400×200×290×4.5	φ89×5.5	697	1 650	2 000/1 000

注：①梁板高度是指护栏板中心距设计基准线的高度，以护栏面与路面的相交线为设计基准线。如路侧护栏面靠近公路中心线方向有路缘石，且路缘石左侧立面与护栏面不重合，则梁板高度还应增加路缘石的高度。

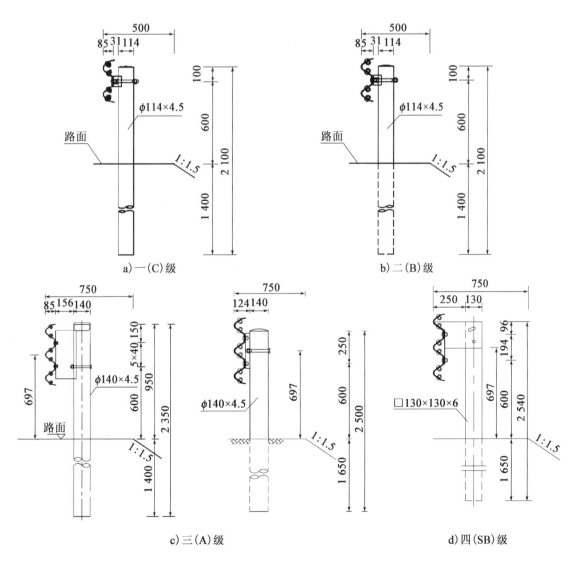

图 6.2.7-1

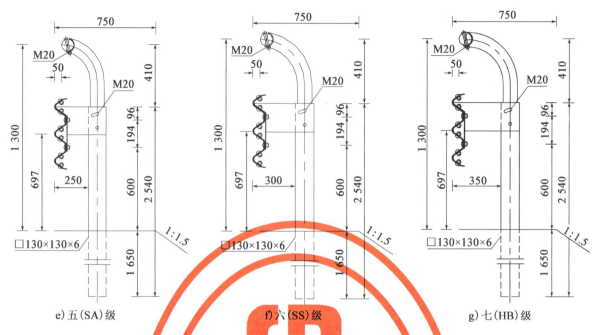

e) 五(SA)级　　　　f) 六(SS)级　　　　g) 七(HB)级

图6.2.7-1　路侧波形梁护栏横断面布置图（尺寸单位：mm）

2　部分中央分隔带波形梁护栏采用分设型或组合型，可根据中央分隔带的宽度、构造物和管线的分布加以确定：

1）分设型波形梁护栏规格和尺寸应符合表6.2.7-1的规定，横断面布置如图6.2.7-2所示。

2）组合型波形梁护栏规格和尺寸应符合表6.2.7-2的规定，横断面布置如图6.2.7-3所示。

表6.2.7-2　中央分隔带组合型波形梁护栏各部构造和尺寸

防护等级	代码	梁板（mm）	立柱（mm）	横隔梁（mm）	梁板高度①（mm）	立柱埋深（mm）	立柱间距（cm）（土中/混凝土中）
三	Am	2（310×85×4）	φ140×4.5	480×200×50×4.5	600	1 400	200/100

注：①梁板高度是指护栏板中心距设计基准线的高度，以护栏面与路面的相交线为设计基准线。如护栏面靠近公路右侧车行道方向有路缘石，且路缘石右侧立面与护栏面不重合时，则梁板高度还应增加路缘石的高度。

3　波形梁护栏沿公路横断面设置的位置应符合下列规定：

1）路侧波形梁护栏应位于公路土路肩内，护栏面可与土路肩左侧边缘线或路缘石左侧立面重合，立柱外侧土路肩保护层厚度不应小于25cm。

2）当中央分隔带内有构造物、地下管线时，可适当调整护栏的横向设置位置或改变护栏形式。

3）护栏的任何部分不得侵入公路建筑限界以内。

4　以护栏面与路面的相交线为设计基准线，波形梁护栏横梁中心高度应符合下列规定：

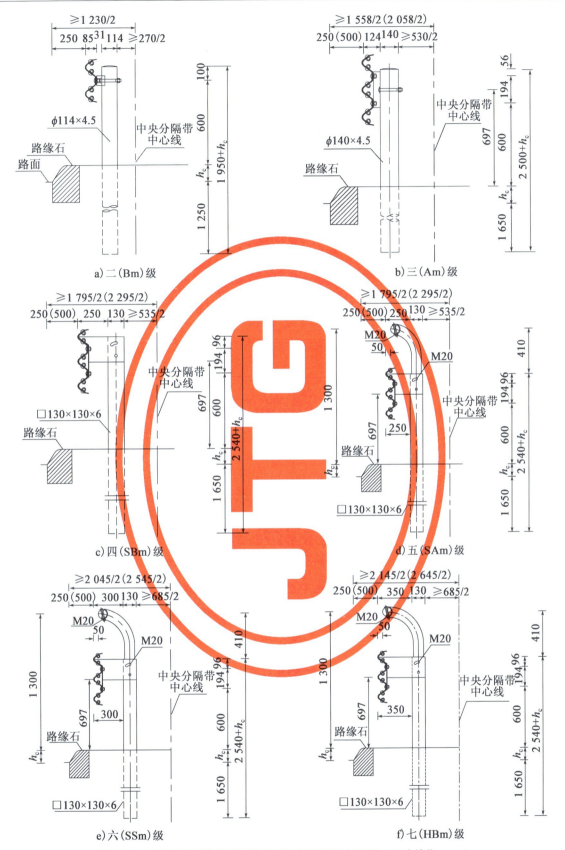

图 6.2.7-2 中央分隔带分设型波形梁护栏横断面布置图（尺寸单位：mm）

注：1. h_c 为路缘石高度；
2. 三（Am）级仅示出一种形式。

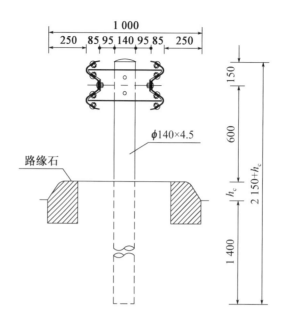

图 6.2.7-3 中央分隔带组合型波形梁护栏三（Am）级横断面布置图（尺寸单位：mm）

注：h_c 为路缘石高度。

1) 二波形梁板中心的高度为 600mm；

2) 三波形梁板中心的高度为 697mm；

3) 靠近车流方向路缘石面宜位于护栏面后，否则梁板高度还应增加路缘石的高度。

5 从路面算起，波形梁护栏立柱的埋深应符合下列规定：

1) 设置于土基中的波形梁护栏，立柱埋深不应小于表 6.2.7-1 和表 6.2.7-2 的规定，当有缘石时，还应加上路面以上缘石的高度；

2) 设置于小桥、通道、明涵等钢筋混凝土基础内的波形梁护栏，立柱埋深不应小于 30cm；

3) 设置于石方、地下有管线等路段钢筋混凝土基础内的波形梁护栏，立柱埋深不应小于 40cm。

6 路侧波形梁护栏的起、讫点应进行端头处理，并应符合下列规定：

1) 行车方向的上游端头宜设置为外展圆头式、外展埋入式或吸能式，见附录 C 图 C.2.13，端头与护栏标准段之间应设置渐变段。

2) 行车方向下游端头可采用圆头式，附录 C 图 C.2.1~图 C.2.7 所示，可与标准段护栏成一直线设置。二级公路考虑对向交通驶出路外碰撞的可能性，也可做成外展圆头式。

3) 在填挖路基交界处护栏起点端头的位置，应从填挖零点向挖方路段外展延伸一定长度至不构成障碍物的土体内并进行锚固。

4) 当护栏立柱外侧保护土路肩宽度不足时，可根据本规范附录 C.4 的规定对立柱进行加固。

7 设置于中央分隔带起点、终点及开口处护栏的端头处理，应符合下列规定：

1）标准路段采用分设型波形梁护栏时，其圆形端头及过渡段线形应与中央分隔带相一致，立柱间距为标准路段间距之半，见附录C图C.2.14所示。

2）标准路段采用组合型波形梁护栏时，可以圆头式端头开始或结束，见附录C图C.2.8b），但端部应根据本细则的规定设置缓冲设施或立面标记。

8 交通分流处三角地带波形梁护栏的端头处理，应符合下列规定：

1）交通分流处三角地带的护栏，其构造应与路侧波形梁护栏相一致，并根据三角地带的线形和地形进行布设，其中靠公路主线一侧的8m范围内和靠匝道一侧的8m范围内立柱间距应减半，并用圆形端头把三角地带两侧的护栏连接起来，如附录C图C.2.15所示。

2）在迎交通流方向的危险三角地带内，存在大型道路交通标志时，在三角地带范围应设置缓冲设施；存在小型交通标志立柱时，宜设置成解体消能结构，否则在三角地带范围内宜设置缓冲设施。缓冲设施的防护等级选取参见本细则第6.5节。

9 隧道出入口处波形梁护栏的端头处理应符合下列规定：

1）隧道入口处的路侧波形梁护栏宜渐变向隧道延伸，在隧道洞口处设置与检修道断面相匹配的过渡翼墙，如附录C图C.2.16所示。

2）隧道出口处的路侧波形梁护栏可采用与隧道壁搭接的方式，端部护栏板应进行斜面焊接处理。

10 路侧、中央分隔带内护栏埋入深度范围内土压实度小于90%时，或路侧护栏立柱外侧土路肩保护层厚度小于25cm时，可根据本细则附录C.4的规定对立柱进行加固。

条文说明

路侧常用的波形梁护栏主要有一至八（代码分别为C、B、A、SB、SA、SS、HB、HA）等八个等级，八（HA）级尚未有相应的波形梁护栏产品。按照现行《公路工程技术标准》（JTG B01）的规定，高速公路、一级公路整体式断面必须设置中间带，根据中央分隔带的危险程度，常用的中央分隔带护栏按防护等级可分为二至八（代码分别为Bm、Am、SBm、SAm、SSm、HBm、HAm）等七级，位于分离式断面内侧的护栏按路侧护栏处理。

如何利用新的护栏碰撞条件，选用适合我国公路特点的波形梁护栏结构形式是本细则修订的重点。编写组在确定护栏结构形式时，考虑了下列因素：

（1）尽量吸收当代国外成熟的护栏结构形式作为参考标准，课题组收集了日本、美国、德国等发达国家的最新护栏标准设计图。

（2）充分考虑我国的公路条件和车辆条件，依据现行的《公路工程技术标准》（JTG B01）确定公路几何参数。

（3）借鉴最新的科研成果，如针对中央分隔带土质较疏松的特点，考虑护栏立柱的处理方式等。

(4) 参考国内护栏足尺碰撞试验成果。

(5) 现有护栏使用情况调研结果，改进原有一些处理不当的设计。

(6) 考虑经济条件。

发达国家大多根据足尺碰撞试验的结果来确定护栏的结构形式。本次细则修订，一方面根据"十一五"国家科技支撑项目"山区公路网安全保障技术体系研究与示范工程"、交通运输部2013年度建设科技项目"高速公路波形梁护栏防撞能力提升改造技术研究"和广东省交通运输厅2014年度科研项目"A级波形梁护栏防护性能分析和新产品研发"等项目开展的实车碰撞试验验证及改进结果，另一方面参考公路条件与我国较接近的日本《车辆用护栏标准图·同解说》（2008年1月），经考虑我国的公路条件、材料规格等因素后，确定了我国波形梁护栏的结构形式。

(1) 路侧波形梁护栏一（C）级可吸收的碰撞能量为40kJ，与日本的C级护栏能量相当。日本C级护栏由二波形梁板（350mm×50mm×2.3mm）、立柱（φ114mm×4.5mm）和托架（300mm×70mm×4.5mm）等组成，立柱间距为4E/2B。本细则所采用的一（C）级护栏结构与日本相比，变化如下：二波形梁板采用（310mm×85mm×2.5mm），根据我国钢板的国家标准，采用2.5mm板厚的标准产品。

(2) 路侧波形梁护栏二（B）级可吸收的碰撞能量为70kJ，其结构来自于1994版中强度最弱的A级无防阻块、立柱为φ114mm×4.5mm规格的路侧护栏。本细则规定二（B）级护栏主要适用于二至四级公路和部分一级公路，但在进行护栏横断面布置时，由于现行《公路工程技术标准》（JTG B01）规定"二、三、四级公路的侧向宽度为路肩宽度减去0.25m"，因此如设置护栏，需要将土路肩宽度让出25cm，才能不侵占原有公路建筑限界。

(3) 路侧波形梁护栏三（A）级可吸收的碰撞能量为160kJ，与日本的SC级（160kJ）护栏能量相当。日本SC级护栏由三波形梁板（500mm×85mm×4mm）、立柱（φ140mm×4.5mm）和托架（300mm×270mm×35mm×6mm）等组成，立柱间距为4E/2B。本细则提供了两种三（A）级护栏结构：

一种是三波形梁采用符合现行《波形梁钢护栏 第2部分：三波形梁钢护栏》（GB/T 31439.2）中的梁板形式，规格为506mm×85mm×3mm；立柱采用φ140mm×4.5mm规格；防阻块采用196mm×178mm×400mm×4.5mm。

另一种是三波形梁采用符合现行《波形梁钢护栏 第2部分：三波形梁钢护栏》（GB/T 31439.2）中的梁板形式，规格为506mm×85mm×4mm；立柱采用φ140mm×4.5mm规格；托架采用300mm×270mm×35mm×6mm。

(4) 路侧波形梁护栏四（SB）级可吸收的碰撞能量为280kJ，与日本的SB级（280kJ）护栏能量相当。日本SB级护栏由三波梁板500mm×85mm×4mm、防阻块300mm×200mm×290mm×4.5mm和方管立柱φ125mm×125mm×6mm组成，本细则所采用的四（SB）级护栏结构与日本相比，变化如下：

①三波形梁采用符合现行《波形梁钢护栏 第2部分：三波形梁钢护栏》（GB/T

31439.2）中的梁板形式，规格为 506mm×85mm×4mm。

②立柱采用 φ130mm×130mm×6mm 规格，符合现行《结构用冷弯空心型钢尺寸、外形、重量及允许偏差》（GB/T 6728）的规定（我国 GB/T 6728 标准中无 φ125mm×125mm×6mm 规格）。

③防阻块采用 300mm×200mm×290mm×4.5mm，根据采用的三波形梁护栏、立柱的形式进行了适当的调整。

（5）路侧波形梁护栏五（SA）级可吸收的碰撞能量为 400kJ，与日本的 SA 级护栏能量（420kJ）相当。日本 SA 级护栏由三波梁板 500mm×85mm×4mm、横梁 φ89.1mm×5.5mm、防阻块 300mm×200mm×290mm×4.5mm 和方管立柱 φ125mm×125mm×6mm、圆管立柱 φ101.6mm×4.2mm 组成，本细则所采用的五（SA）级护栏结构与日本相比，变化如下：

①三波形梁采用符合现行《波形梁钢护栏 第 2 部分：三波形梁钢护栏》（GB/T 31439.2）中的梁板形式，规格为 506mm×85mm×4mm。

②横梁、套管采用我国标准中规定的规格为 φ89mm×5.5mm 和 φ73mm×6.0mm 的热轧无缝钢管，上段立柱采用 φ102mm×4.5mm 规格的普通碳素结构钢焊接钢管。

③下段立柱采用 φ130mm×130mm×6mm 规格，符合现行《结构用冷弯空心型钢尺寸、外形、重量及允许偏差》（GB/T 6728）的规定（我国 GB/T 6728 标准中无 φ125mm×125mm×6mm 规格）。

④防阻块采用 300mm×200mm×290mm×4.5mm，根据采用的三波形梁护栏、立柱的形式进行了适当的调整。

（6）路侧波形梁护栏六（SS）级可吸收的碰撞能量为 520kJ，比日本 SS 级护栏碰撞能量（650kJ）低 1/4 左右。日本 SS 级护栏由三波梁板 500mm×85mm×4mm、横梁 φ89.1mm×5.5mm、防阻块 400mm×200mm×290mm×4.5mm 和方管立柱 φ125mm×125mm×6mm、圆管立柱 φ101.6mm×4.2mm 组成。本细则所采用的六（SS）级护栏结构与日本相比，变化如下：

①三波形梁采用符合现行《波形梁钢护栏 第 2 部分：三波形梁钢护栏》（GB/T 31439.2）中的梁板形式，规格为 506mm×85mm×4mm。

②横梁、套管采用我国标准中规定的规格为 φ89mm×5.5mm 和 φ73mm×6.0mm 规格的热轧无缝钢管，上段立柱采用 φ102mm×4.5mm 规格的普通碳素结构钢焊接钢管。

③下段立柱采用 φ130mm×130mm×6mm 规格，符合现行《结构用冷弯空心型钢尺寸、外形、重量及允许偏差》（GB/T 6728）的规定（我国 GB/T 6728 标准中无 φ125mm×125mm×6mm 规格）。

④防阻块采用 350mm×200mm×290mm×4.5mm，长度比日本规格短 50mm，主要考虑到碰撞能量、我国公路土路肩宽度、三波形梁护栏和立柱的形式等因素作了相应调整。

（7）路侧波形梁护栏七（HB）级可吸收的碰撞能量为 640kJ，与日本 SS 级护栏碰撞能量（650kJ）相当。

（8）试验过的部分波形梁护栏的变形值见表6-2，供参考。

表 6-2 部分波形梁护栏变形值

护栏形式	测试项目	车型	测试结果
一（C）级波形梁	护栏最大横向动态位移外延值 W, m	小型客车	0.23
		中型客车	0.25
		中型货车	0.56
	车辆最大动态外倾当量值 VI_n, m	中型客车	0.19
		中型货车	0.91
二（B）级波形梁	护栏最大横向动态位移外延值 W, m	小型客车	0.79
		中型客车	0.64
		中型货车	—
	车辆最大动态外倾当量值 VI_n, m	中型客车	1.15
		中型货车	—
三（A）级波形梁[①]	护栏最大横向动态位移外延值 W, m	小型客车	1.10
		中型客车	1.15
		中型货车	1.35
	车辆最大动态外倾当量值 VI_n, m	中型客车	1.55
		中型货车	2.73
四（SB）级波形梁	护栏最大横向动态位移外延值 W, m	小型客车	0.85
		中型客车	1.34
		中型货车	—
	车辆最大动态外倾当量值 VI_n, m	中型客车	2.27
		中型货车	—
四（Am）级组合型波形梁[②]	护栏最大横向动态位移外延值 W, m	小型客车	0.88
		中型客车	1.32
		中型货车	—
	车辆最大动态外倾当量值 VI_n, m	中型客车	1.88
		中型货车	—

注：①A级结构与附录C图C.2.3a）类似，立柱高度略短。
②Am级组合型波形梁护栏结构与图6.2.7-3不一致，供参考。这里试验护栏的规格：护栏板壁厚4mm，立柱直径140mm，打入深度1 400mm，横隔梁宽度500mm。

2 中央分隔带波形梁护栏从构造上可分为分设型和组合型两种。中央分隔带宽度大于或等于2m，中央分隔带内构造物较多，或在中央分隔带下埋设有管线的路段，可采用分设型护栏；中央分隔带宽度小于2m，中央分隔带内构造物不多或埋设管线较少的路段，可采用组合型护栏。

防护等级为二至七（代码分别为 Bm、Am、SBm、SAm、SSm、HBm）级的分设型中央分隔带护栏的构造形式与二至七（代码分别为 B、A、SB、SA、SS、HB）级的路侧护栏基本相同，组合型波形梁护栏适用于中央分隔带宽度小于2m的路段，通过横隔梁将两个方向的护栏板连接起来。组合型主要有三（Am）级等。

3 波形梁护栏沿公路横断面设置的位置考虑如下：

（1）路侧护栏在公路横断面上设置位置的确定主要考虑两个因素：①路侧护栏不要侵入现行《公路工程技术标准》（JTG B01）规定的公路建筑限界以内；②要考虑到护栏立柱在受到撞击后的变形范围，使车辆的外侧车轮能停止在土路肩以内。基于上述两点原因，本款规定护栏面可与土路肩左侧边缘线或路缘石左侧立面重合，如因公路线形等原因，护栏的横向设置位置可适当外移，但立柱外侧土路肩保护层宽度要大于25cm。如遇到与桥梁护栏过渡或采用外展式端头时，可通过设置混凝土基础、加深立柱等措施加强护栏的整体强度。

（2）中央分隔带波形梁护栏的横断面布设，一般首先根据中央分隔带的宽度和地下管线的布设位置来确定。《公路工程技术标准》（JTG B01—2014）中，对中央分隔带宽度规定的一般值为3m和2m，考虑到强度、运营养护的方便性和绿化、地下管线的设置等，护栏以分设型设置为好。如中央分隔带采用1m的最小值时，则要设置组合型护栏或其他形式的护栏，如混凝土护栏等。

中央分隔带护栏在中间带内一般要对称布设，波形梁护栏板的外缘至中央分隔带边缘的距离要满足公路建筑限界的要求。

组合型波形梁护栏，原则上要沿公路中心线布设。当公路中心线位置内有构造物、地下管线时，护栏立柱的中心线可以向一侧偏移，或将组合型改变成分设型，以便绕过中心线位置的构造物。

4 一旦车辆与护栏发生碰撞，当然希望护栏能作用于车辆的有效部位，既不使车辆越出护栏，也不使车辆钻入护栏横梁的下面。理想的情况是通过护栏的整体作用迫使车辆逐步转向，一直恢复到正常的行驶方向。但目前世界上生产的汽车从大吨位的重型汽车到很小的微型汽车，其质量相差非常悬殊，车辆外形变化很大。现代的小轿车有向微型化发展的趋势，其质量变得越来越轻，为了减少空气阻力，前车盖更符合流线型而变低。这种车辆在与护栏相碰时，很容易钻入护栏的横梁下面而造成严重的后果。另一种情况是车辆的吨位越来越大，也就是车辆日趋大型化和重型化。这种大型车在与护栏碰撞时，可能产生跳跃问题。特别在与 W 型波形梁护栏相撞时，由于车辆的保险杠碰撞波形梁护栏的横梁顶部而可能使其拧扭成为斜面，尤其在碰撞角度很大、速度很高时危险性更大。一旦出现这种情况，就有可能使保险杠向下往后倾斜，汽车在冲撞力的作用下很容易滑上护栏的斜面，从而发生跃出护栏的事故。上面说的两种情况——车辆钻入护栏横梁下面和车辆从护栏横梁上越出，当然是不希望发生的。这就要求很好地研究确定护栏的合理安装高度。

1994版中护栏高度的确定主要参考了美国的经验：①大量的不同重心高度车辆与护栏的足尺碰撞试验；②投入使用中的护栏碰撞事故调查资料；③现代车辆的几何特性分析。通过这三个方面确定了护栏的安装高度。

护栏安装高度关系到对大部分车辆碰撞点的有效保护，因此护栏的安装高度在没有经过充分试验验证的情况下，不得随意改变。设计时可根据路侧具体情况，将碰撞中心点即连接螺栓孔中心距路面的高度控制为600mm。若路侧或中央分隔带有路缘石，而路缘石与护栏面又不齐平时，碰撞中心点的高度要从路缘石顶面算起。对于三波形梁钢护栏，最下二波的梁板中心高度也控制为600mm，这样可更有效地对大型车辆实施保护。对五（SA、SAm）、六（SS）级的护栏来说，由于要求的碰撞能量高，因此在三波梁的上部增设了横梁，这样可更有效地防止大型车辆穿越护栏并增加诱导效果。横梁与三波波形梁板板之间的净距为305.5mm，增加了护栏的通透性并提高了护栏的美观程度。

5 波形梁护栏的强度主要决定于立柱的刚度、土的承载力及梁的抗拉强度，特别是立柱的水平承载力与位移的关系是决定立柱强度的重要因素。为此，日本土木研究所等单位对护栏立柱的强度进行了专门的试验研究。试验用护栏立柱为圆钢管，规格ϕ114.3mm×4.5mm、ϕ139.8mm×4.5mm，立柱长度为1200mm、1500mm、1800mm三种，埋设条件分为：土中，混凝土密封，附加地锚，填焦油沥青，沥青铺装。采用两种加载方法：静载——用25t推土机加载，杠杆式倒链张紧器；动载——用20t卡车，27km/h速度行进。

（1）常磐公路柏子区静载试验结果

①荷载与位移的关系：埋于土中的立柱，加荷后的弯曲位置与柱径、埋深无关，大约位于地表下40cm处。该位置正好在上部路基面处。

根据荷载位移曲线，位移在5cm左右之前，属地基反力发挥作用的阶段。位移在5~50cm，正好是立柱弯曲阶段，曲线平缓，位移增加很快。

②立柱尺寸与强度的关系：立柱的强度明显受立柱直径大小的影响。位移在5~50cm之间时，立柱弯曲不断发展，反应变形增大，立柱截面系数的差别反映在强度上。相反，立柱的埋深不同，并没有出现强度的差别。在三种情况下，立柱的最大弯矩都发生在地面下40cm的地方，而与埋深无关。这说明试验立柱均被埋置在具有足够强度的下部路基中，并已具有足够的立柱埋深。

③加混凝土封层后的立柱强度取决于截面系数。

④加混凝土封层的立柱，其最大力矩发生在地表处。埋入土中的立柱，其最大力矩发生在地面下40cm处。

（2）土木研究所的试验结果

①静载试验：根据荷载-位移曲线，当立柱埋深为1.8m时，位移10cm以前，系地基承载力发挥作用阶段；位移10~80cm时，立柱弯曲，其水平承载力取决于钢管的截面系数。当立柱埋深1.5m时，立柱没有弯曲，系地基屈服所造成，说明立柱的水平承载力与地基的密实度即地基承载力有很大关系。

②动载试验：加载初期，荷载-位移曲线陡急，最大水平承载力也比静载大。另外，动载使钢材产生应变速度加快，增加了钢材的屈服点，使立柱的承载力降低。

美国德克萨斯运输学院和州公路与公共运输部联合进行了一系列立柱静载试验，以确定护栏木柱和工字钢柱在埋深为18in、24in、30in、38in（45.72cm、60.96cm、76.20cm、96.52cm）和两种不同类型土壤中的性能。试验结果表明：钢柱比木柱吸收的能量小。当埋置深度为18in（45.72cm）和24in（60.96cm）时，黏性土壤比砂性土壤消耗更多的能量。当埋置深度30in（76.20cm）和38in（96.52cm）时，砂性土壤吸收更多的能量。

本细则参考了日本、美国等国家的护栏标准图，规定二波波形梁护栏二（B）级立柱埋置深度不要小于125cm，三（A、Am）级立柱埋置深度不要小于140cm，三波波形梁四（SB、SBm）级、五（SA、SAm）级和六（SS）级立柱埋置深度不要小于165cm，如存在路缘石时，立柱埋深还要考虑路缘石的高度。上述数据的确定充分考虑了我国土路肩较窄、立柱侧向土压力减小、土路肩填土压实度等因素。

当护栏立柱下方遇有地下管线或设置在石方路段及其他特殊情况时，立柱要设置于混凝土基础中。立柱置于混凝土基础中时，其埋深一般不要小于40cm。日本对立柱加混凝土封层和加锚的试验结果表明，埋于混凝土封层中的立柱均在地表面处产生弯曲，也就是说最大弯矩发生在地表处。所谓加混凝土封层就是把立柱埋入土中后，在地表面铺一层混凝土。所谓加锚的埋置方法就是采用混凝土封层再加 φ13mm × 400mm 圆钢锚固。当采用混凝土封层和加锚的埋置方法时，试验中立柱发生上拔力阶段，混凝土封层产生了裂纹。但这两组试验的荷载位移曲线几乎相同。由此可见，加混凝土封层中，立柱的最大弯矩产生在地表面，其立柱强度取决于截面系数，因此本细则规定在混凝土中埋深不要小于40cm是完全可以的。在设置混凝土基础的路段，通过基顶与土路肩顶面之间的土层可进行绿化、美化，以改善路容。需要指出的是，由于挡土墙的结构形式、采用的材料种类较多，位于挡土墙路段的护栏基础需进行专门设计。

当护栏立柱设置于桥梁、通道、明涵等无法打入的路段时，可采用两种方法：一种是在混凝土中预埋套筒，再用砂浆或混凝土封填；另一种是在混凝土中预埋地脚螺栓、采用法兰盘连接。

6　路侧波形梁护栏起、讫点的端头，路侧下游端即护栏设置结束端一般按圆头端梁处理。路侧上游端即护栏设置起始端可有三种处理方案：一种是采用外展地锚式，通过斜角梁逐渐伸向地面，在端部用混凝土基础锚固；车辆正面碰撞地锚式端头时，车辆会沿斜置波形梁爬上而吸能并避免了护栏板穿透车厢。第二种是外展圆头式，根据"山区公路网安全保障技术体系研究与示范工程"课题实车碰撞试验验证结果，圆头式对于碰撞车辆的乘员伤害风险较大。此次修订要求要么外展至土路肩宽度范围之外或计算净区宽度之外，要么在填挖交界处延伸，埋入土体并锚固。第三种是采用吸能式，给乘员以保护。

7　设置于中央分隔带起、终点及开口处的护栏要进行端头处理，否则受到车辆撞击时，有可能导致端梁穿刺车体造成重大伤亡事故。

车辆正面碰撞时，经过端头处理的防撞护栏不能带刺、产生拱起或使车辆翻滚，车辆在碰撞过程中产生的加速度不能超过要求的限度。当车辆在端头和标准段之间发生碰撞时，端头结构要具有与中央分隔带标准段护栏相同的改变车辆方向的性能。

本细则规定的端头形式，是按分设型和组合型护栏来考虑的，基本上是用圆头把两侧的护栏连接起来，而没有采用解体消能立柱或滑动基座，也没有采用吸能、变位等设计。因此端头的吸能效果不会很好，但这种结构制造安装容易，造价较低。

8 高速公路、一级公路互通式立体交叉匝道进出口及服务区、停车区进出口处的三角地带，符合护栏设置条件的，要进行特殊设计。该处的护栏构造，要与路侧波形梁护栏相一致。在布设时，靠高速公路、一级公路主线一侧的8m范围内，和靠匝道一侧的8m范围内，立柱间距要加密一倍，三角区的顶端用圆形端头把两侧护栏连接起来。这是一种最简易的处理办法。

原细则规定："在迎交通流方向的危险三角地带应设置缓冲设施"。在迎交通流方向的危险三角区范围内通常存在指路标志，如果是设计速度较高的高速公路，英国的规范建议：如果标志立柱直径超过90mm、壁厚超过3.2mm，车辆碰撞时，会对乘员造成伤害。本细则条文规定迎交通流方向的危险三角地带，如果存在大型交通标志，要设置缓冲设施。这样可有效地吸收碰撞能量，降低正面碰撞车辆速度。侧面碰撞时，能改变车辆碰撞角度，导向正确方向。缓冲设施可广泛用于交通分流的危险三角地带，上跨式桥墩的迎车面，中央分隔带混凝土护栏的起始端部，用来保护三角地带内的构造物，防止车辆发生正面碰撞。设置的缓冲设施要具有相应的保护能力。如果是小型交通标志，可以设成解体消能的结构；如果没有设成解体消能的，也建议设置缓冲设施。

9 隧道出入口处，由于隧道内、外路面宽度、亮度等差别较大，往往成为事故多发路段，因此对隧道出入口处的护栏进行适当的端部处理十分必要。

如条件允许，在隧道入口侧还可以根据需要设置防撞缓冲设施。

10 目前国内高速公路、一级公路中央分隔带种植土和回填土的存在影响了护栏立柱承载力的充分发挥，路侧有时也存在这种情况，尤其是路侧护栏立柱外展时，往往达不到规定的土路肩保护层厚度，影响了护栏功能的发挥。附录C.4提供了一些变更方法。此次修订删去了立柱侧面焊接钢管的方法。这种方法施工打入困难，工程上成功应用经验有限。

6.2.8 混凝土护栏的混凝土强度等级、配筋量和基础设置应通过设计计算确定。高速公路、一级公路混凝土强度等级不应低于C30。混凝土护栏设计应符合下列规定：

1 路侧混凝土护栏按构造可分为F型、单坡型等，应结合路侧危险情况、车辆构成比例和远期路面养护方案等因素选用：

1) F型路侧混凝土护栏构造要求如图6.2.8-1、表6.2.8-1所示。可根据需要在护栏顶部设置阻坎，如图6.2.8-2所示。其构造要求除H_1减去20cm外，其他规格同表6.2.8-1。

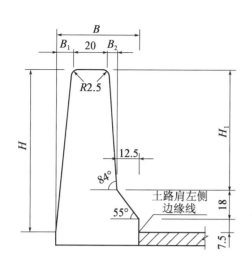

图 6.2.8-1 F型混凝土护栏（尺寸单位：cm）

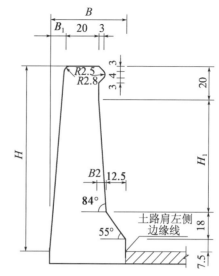

图 6.2.8-2 加强型混凝土护栏（尺寸单位：cm）

注：图中 H、B 等应满足表 6.2.8-1 的规定。

表 6.2.8-1 F型混凝土护栏构造要求（单位：cm）

防护等级	代码	H	H_1	B	B_1	B_2
三	A	81	55.5	46.4	8.1	5.8
四	SB	90	64.5	48.3	9	6.8
五	SA	100	74.5	50.3	10	7.8
六	SS	110	84.5	52.5	11	8.9
七	HB	120	94.5	54.5	12	9.9
八	HA	130	104.5	56.5	13	10.9

2）单坡型路侧混凝土护栏构造要求如图 6.2.8-3、表 6.2.8-2 所示。

表 6.2.8-2 单坡型混凝土护栏构造要求（单位：cm）

防护等级	代码	H	B	B_1	B_2
三	A	81	42.1	8.1	14.0
四	SB	90	44.5	9	15.5
五	SA	100	47.2	10	17.2
六	SS	110	49.9	11	18.9
七	HB	120	52.6	12	20.6
八	HA	130	55.5	13	22.5

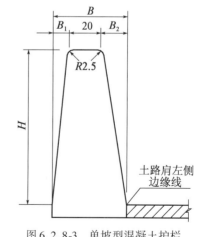

图 6.2.8-3 单坡型混凝土护栏（尺寸单位：cm）

3）路侧混凝土护栏的基础可采用座椅方式和桩基方式：

座椅方式是将护栏基础嵌锁在路面结构中，借助路面结构对基础腿部位移的抵抗力来提高护栏的抗倾覆稳定性,如图6.2.8-4、图6.2.8-5。地基的承载力应不小于150kN/m²,基础应配置适量的构造钢筋,并与护栏钢筋牢固焊接,基础混凝土强度等级与护栏相同。

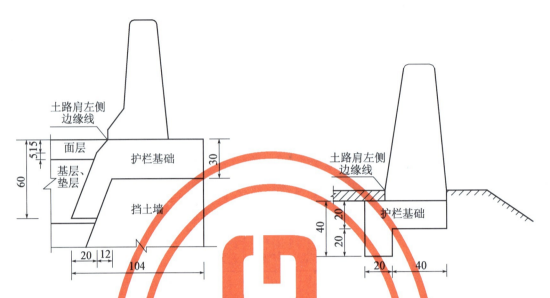

图6.2.8-4 挡土墙上的座椅式基础(尺寸单位:cm)
注:本图适用于防护等级为三(A)级的混凝土护栏基础设置。

图6.2.8-5 土基上的座椅式基础(尺寸单位:cm)
注:本图适用于防护等级为三(A)级的混凝土护栏基础设置。

桩基方式是在现浇路侧混凝土护栏前先打入钢管桩,如图6.2.8-6。钢管桩规格为$\phi 140\mathrm{mm} \times 4.5\mathrm{mm}$,长90~120cm,纵向间距为100cm。钢管桩必须牢固埋入基座中,并与混凝土护栏连成整体。地基的承载力应不小于150kN/m²。

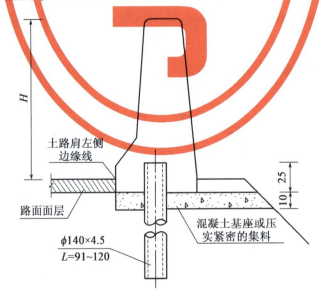

图6.2.8-6 桩基基础方式(尺寸单位:cm)

4)一(C)级、二(B)级混凝土护栏一般构造详见附录C.3,横断面构造要求如图6.2.8-7、图6.2.8-8所示。

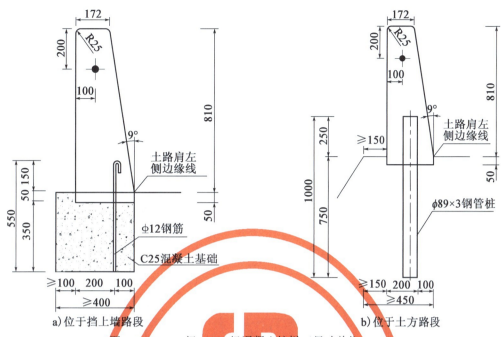

图 6.2.8-7 一级（C）级混凝土护栏（尺寸单位：mm）

2 中央分隔带混凝土护栏可采用整体式或分离式，可根据中央分隔带的宽度、构造物和管线的分布加以确定。整体式或分离式混凝土护栏按构造可分为 F 型和单坡型两种：

1）整体式 F 型中央分隔带混凝土护栏构造要求如图 6.2.8-9、表 6.2.8-3 所示。防护等级较高的路段可根据需要在护栏顶部设置阻坎。

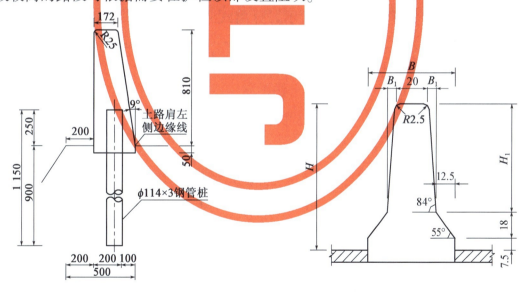

图 6.2.8-8 二（B）级混凝土护栏　　　　图 6.2.8-9 F 型中央分隔带混凝土护栏
　　　　（尺寸单位：mm）　　　　　　　　　　　　（尺寸单位：cm）

表 6.2.8-3 F 型中央分隔带混凝土护栏构造要求（单位：cm）

防护等级	代码	H	H_1	B	B_1
三	Am	81	55.5	56.6	5.8
四	SBm	90	64.5	58.6	6.8

续表6.2.8-3

防护等级	代码	H	H_1	B	B_1
五	SAm	100	74.5	60.6	7.8
六	SSm	110	84.5	62.8	8.9
七	HBm	120	94.5	64.8	9.9
八	HAm	130	104.5	66.8	10.9

2）整体式单坡型中央分隔带混凝土护栏构造要求如图6.2.8-10、表6.2.8-4所示。

表6.2.8-4 单坡型中央分隔带混凝土护栏构造要求（单位：cm）

防护等级	代码	H	B	B_1
三	Am	81	48	14.0
四	SBm	90	51	15.5
五	SAm	100	54.5	17.2
六	SSm	110	57.8	18.9
七	HBm	120	61.2	20.6
八	HAm	130	65	22.5

3）分离式混凝土护栏F型和单坡型的断面形状应与对应的路侧混凝土护栏相同。混凝土护栏背部每隔2m应设置一处宽40cm、厚10cm的钢筋混凝土支撑块，中间可填充种植土进行绿化，如图6.2.8-11所示。分离式混凝土护栏顶部间距不应小于40cm，余宽C值应满足现行《公路工程技术标准》（JTG B01）的规定。分离式混凝土护栏中间的积水可通过纵向盲沟再由横向排水管排出。基础压实度小于90%时，每隔4m应设置一处宽40cm、厚10cm的钢筋混凝土枕梁。

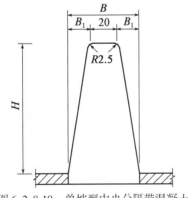

图6.2.8-10 单坡型中央分隔带混凝土护栏（尺寸单位：cm）

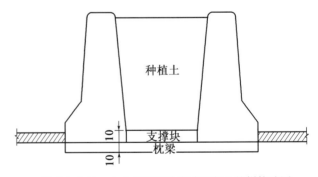

图6.2.8-11 中央分隔带分离式混凝土护栏构造图（尺寸单位：cm）

4）中央分隔带混凝土护栏需保护桥墩、标志立柱、照明灯柱等设施时，可用现浇混凝土护栏在构造物处作围绕包封处理，但加宽部分不得侵入公路建筑限界。在加宽段与标准段之间应设置渐变段，加宽段与渐变段的侧面形状应与标准段保持一致。加宽段的长度不应小于20倍的加宽宽度，且过渡段偏角不宜大于2°，如图6.2.8-12所示。

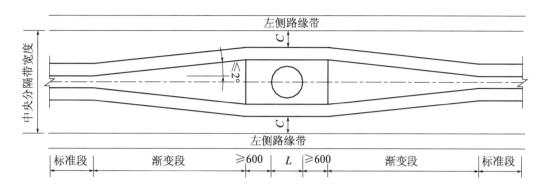

图 6.2.8-12　中央分隔带混凝土护栏加宽段（尺寸单位：mm）
注：L 为标志立柱等设施的长度；C 为中央分隔带建筑限界值。

5）中央分隔带混凝土护栏的基础可采用以下两种方式：整体式混凝土护栏基础可直接支承在土基上，土基的承载力不应小于 $150kN/m^2$，混凝土护栏嵌锁在基础内，埋置深度宜为 10~20cm。混凝土护栏两侧应铺筑与车行道相同或强度高于车行道的路面材料；分离式混凝土护栏下设置枕梁，护栏之间应设置支撑块，如图 6.2.8-11 所示。

6）在中央分隔带混凝土护栏的起、终点和开口处，应进行端头处理。混凝土端头的构造如图 6.2.8-13、图 6.2.8-14 所示。端头的基础处理方式应与其连接的混凝土护栏相一致，端头与标准段混凝土护栏的结合部，其断面形状应统一。

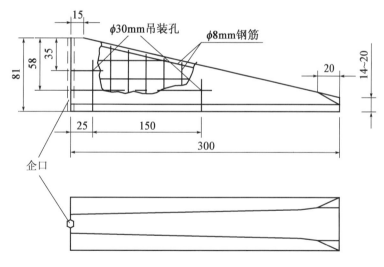

图 6.2.8-13　混凝土护栏端头构造（尺寸单位：cm）

3　超高路段设置混凝土护栏时，应根据超高率和曲线半径的大小作特殊的设计。护栏的截面形状、中心高度应保持不变，可按护栏的竖向中心轴垂直水平面或垂直超高面的方式进行设置。超高路段的路面排水应通过设置于中央分隔带护栏一侧的纵向排水沟流向集水井再横向排出，也可通过混凝土护栏底部设置一定间距的排水孔排出。

4　混凝土护栏与防眩设施同时设置时，应对停车视距可能有影响的路段进行验算。混凝土护栏上附设轮廓标时，可将轮廓标安装于混凝土护栏的侧墙或顶部。

5　同一条公路混凝土护栏的构造形式宜保持一致。

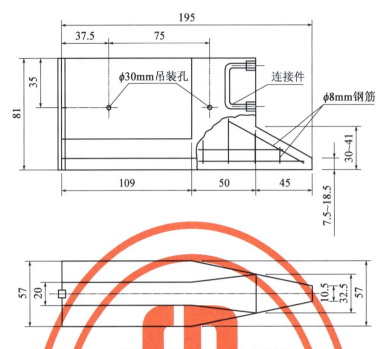

图 6.2.8-14 混凝土护栏端头构造示意（尺寸单位：cm）

6 每节混凝土护栏的纵向长度，在浇筑、吊装条件允许时，应采用较长的尺寸。预制混凝土护栏长度宜为4～6m；现浇混凝土护栏的纵向长度应按横向伸缩缝的要求确定，宜为15～30m。现浇混凝土护栏每3～4m应设置一道假缝。

7 预制的混凝土护栏其配筋应满足防护等级的要求，还应考虑预制块长度、吊装方式的影响。现浇的混凝土护栏，可根据防护等级要求配置受力钢筋或构造钢筋。

8 现浇混凝土护栏块之间的纵向连接，可按平接头加传力钢筋处理。

9 预制混凝土护栏块之间的纵向连接，应按下列方法处理：

1）纵向企口连接：适合于防护等级为三（A）级的路侧护栏和三（Am）级的中央分隔带护栏，如图 6.2.8-15 所示。

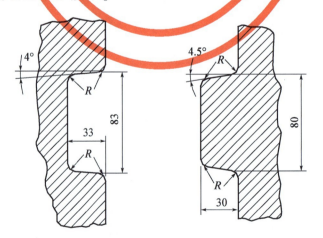

图 6.2.8-15 纵向企口连接（尺寸单位：mm）

注：$R=5$。

2）纵向连接栓方式：在混凝土护栏端头上半部竖向预埋连接栓挡块，两块混凝土护栏对齐就位后，插入工字形连接栓，将混凝土护栏连成整体，如图6.2.8-16所示。这种连接方式适合于除三（A）和三（Am）级外的其他较高防护等级混凝土护栏。

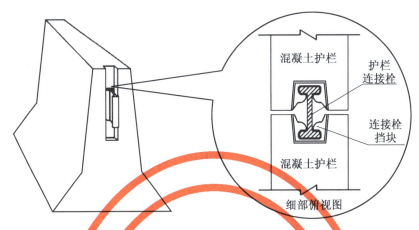

图6.2.8-16 纵向连接栓方式

3）纵向连接钢筋方式：在混凝土护栏中预留钢套管，以钢筋插入套管中将混凝土护栏连成整体，钢套管间距不宜大于35cm。图6.2.8-17所示为三（A）级预制混凝土护栏。

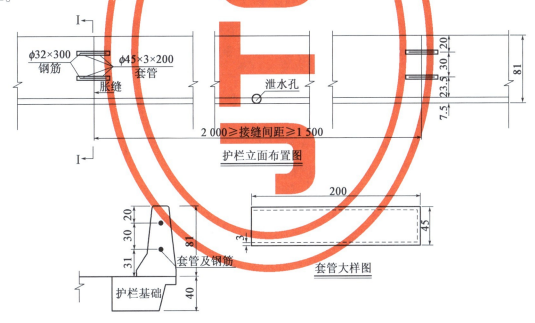

图6.2.8-17 纵向连接钢筋方式（尺寸单位：mm）

10 隧道入口处的混凝土护栏宜按表6.2.2-2规定的外展率向隧道延伸，在隧道洞口处设置与检修道断面相匹配的过渡翼墙，如附录图C.2.16所示。隧道出口处的混凝土护栏可采用正常线形延伸至隧道洞口的处理方式。

条文说明

1 美国在20世纪70年代中和90年代末曾对混凝土护栏结构形式进行了大量的实

车碰撞试验，比较了 NJ 型和 F 型混凝土护栏的优缺点，并开发出单坡型的混凝土护栏。这些研究成果被欧美和日本等国家广泛采用。研究成果归纳如下：

（1）美国对 F 型混凝土护栏进行实车碰撞试验。评价结果表明，对碰撞车辆来说，F 型比 NJ 型有更好的车辆稳定性。

（2）混凝土护栏的高度是确定其防护等级的重要因素。

（3）根据对混凝土护栏断面形状的对比试验，从 NJ 型、F 型、单坡型直到直墙型的试验，后几种护栏断面形状对车辆稳定性表现更好，但对乘员的响应即加速度趋于不利。

（4）单坡型混凝土护栏从车辆稳定性和乘员伤害两方面的综合评价表明，它优于其他形状的混凝土护栏。

（5）单坡型混凝土护栏已通过美国 NCHRP 第 350 号报告第四级别（8t，82km/h 和 10°）的实车碰撞试验评价，并已纳入美国和日本标准。

（6）日本规范已经取消了 NJ 型护栏。

基于国外的成果和国内的使用经验，《公路交通安全设施设计规范》（JTG D81—2006）已经取消了 NJ 型护栏。关于混凝土护栏也进行了许多有益的试验研究，如深华达交通工程技术有限公司曾开展了路侧加强型护栏的研究。本细则确定的几种混凝土护栏构造形式，如 F 型、单坡型、加强型，主要参照了美国、日本和我国的研究成果及日本《车辆用护栏标准图·同解说》（2004 年 3 月）。

1)~2) F 型和单坡型混凝土护栏的构造是根据美国计算机模拟和足尺碰撞试验结果，参考日本《车辆用护栏标准图·同解说》（2004 年 3 月）并结合我国土路肩的宽度确定的。

原细则中的"加强型混凝土护栏"，其结构形式以 F 型护栏为基础，在护栏顶部设一阻挡坎，对抑制大型车顺混凝土护栏爬高有一定作用。考虑到 F 型护栏可以满足同一防护等级的碰撞试验条件，为方便施工，本次修订时，将阻挡坎的设置列为可选项，即防护等级较高的路段可根据需要在护栏顶部设置阻挡坎。

3) 设计路侧混凝土护栏的基础时，需通过验算路侧混凝土护栏的抗倾覆稳定性来确定混凝土基础的尺寸。根据路侧混凝土护栏所处的位置及路堤形式、施工工序，路侧混凝土护栏的基础可选用以下两种方式：

①座椅方式：根据交通部 2001 年度西部交通建设科技项目"公路陡崖峭壁护栏的开发研究"的成果，对于修建在高挡墙、高路堤上的护栏，其安全性主要取决于护栏基础的稳定性。通过理论分析和模型试验结果，经过方案优选，确定了座椅式的基础形式。座椅式基础的腿部伸入到路面基层中，利用路面基层对基础腿部位移产生的抗力来提高护栏的抗倾覆稳定性，受力形式较为合理，如本细则图 6.5.5-1、图 6.5.5-2 所示。地基的承载力要不小于 $150kN/m^2$，基础要配置适量的构造钢筋，基础主筋要与护栏钢筋焊接，基础混凝土强度等级与护栏相同。

②桩基方式：对高填土路堤路段可采用桩基方式。在现浇路侧混凝土护栏前先打入钢管桩，或钻孔插入钢管桩，或开挖埋入钢管桩。地基的承载力要不小于 $150kN/m^2$。钢管桩的规格为 $\phi140mm \times 4.5mm$，长 90~120cm。钢管桩的纵向间距为 100cm。钢管

桩必须牢固埋入基座中，并与混凝土护栏连成整体。

4）根据国家"十二五"科技支撑计划项目"低等级公路安全防控关键技术研发与集成示范"成果，开发了适用于三、四级公路的一（C）级混凝土护栏，构造如图 6.2.8-7 所示，该护栏已通过了《公路护栏安全性能评价标准》（JTG B05-01—2013）的实车碰撞试验验证。

2　中央分隔带混凝土护栏从构造上可分为整体式和分离式两种。中央分隔带宽度较窄或中央分隔带内通信、电力管线较少的路段可采用整体式混凝土护栏；当中央分隔带较宽且需要设置监控、通信、电力管线等设施时，可采用分离式混凝土护栏。

1）～2）根据美国计算机模拟和足尺碰撞试验结果，并参考日本《车辆用防护栅标准图·同解说》（2004 年 3 月），基于我国中央分隔带的实际情况，确定了 F 型和单坡型混凝土护栏的构造形式，如图 6.2.8-7 和图 6.2.8-8 所示。中央分隔带混凝土护栏的纵向中心线要与中央分隔带中心线保持一致，或适当偏移，但偏移后不要侵占公路建筑限界。

3）为了解决中央分隔带混凝土护栏中设置监控、通信、电力管线等设施的问题，中央分隔带可采用分离式 F 型或单坡型混凝土护栏。这种分离式护栏，适用于中央分隔带宽度大于 2m 时的情况。因造价偏高、通透性较差，采用时要慎重。另外，设计时，要对其强度和稳定性进行验算。分离宽度可按中央分隔带的宽度计算得到。条文中推荐的护栏顶部间距值，属于最小值，实际设计宽度，可根据具体情况确定。

关于混凝土护栏侧向净空 C 值的计算，有些国家规定以混凝土护栏变坡点作为限界进行计算。但是，近几年由于单坡型混凝土护栏的大量使用，对侧向净空 C 值规定以混凝土护栏与路面交界点计。

伸缩缝和假缝位置处要设置素混凝土枕梁，其强度等级宜与混凝土护栏相同。

4）在中央分隔带内有桥墩、标志立柱、照明灯柱等设施时，混凝土护栏要做特殊处理。护栏迎车行道一侧的断面保持不变，宽度要根据构造物的大小与特点确定，并满足公路建筑限界的要求。为避免车辆碰撞混凝土护栏时，将碰撞力传递到中央分隔带内的构造物，并保证混凝土护栏变形的需要，要避免将混凝土护栏与中央分隔带内的构造物浇筑成整体。为使护栏线形平顺，减少对车辆的冲击，标准段护栏与桥墩、标志立柱、照明灯柱等设施处的护栏之间要设置渐变段，渐变段的角度 α 宜符合图 6.2.6-10 的要求。条件具备时，α 尽可能按下述方法计算（摘自美国俄勒冈州 1999 年混凝土护栏标准图，编号 RD535）：

$$\alpha = \arctan\ (1.667/v)$$

式中：v——设计速度（km/h）。

5）中央分隔带混凝土护栏靠自重放置在基层上，在汽车碰撞力的作用下往往会移位，严重时甚至会危及对向车行道车辆的安全。本款引用日本护栏标准的规定和国内研究成果，对于整体式混凝土护栏，基础的承载力必须达到 150kN/m² 以上，然后将混凝土护栏嵌锁在砌体中，即混凝土护栏需要镶嵌在下面的砌体中。在混凝土基础的下面，需先做一层厚度不小于 20cm 的半刚性基层，可按路基施工规范的有关规定控制。在基层的上面是一层厚度为 10~20cm 的混凝土基层或级配碎石层。施工时可先按规定高程铺筑混凝土基层或级配碎石层，然后吊装或现浇混凝土护栏。对于分离式混凝土护栏，要在混凝土护栏下设置枕梁，护栏之间要设置支撑块。

6）护栏端头处属于特殊地带，因汽车在端头处碰撞时，几乎是直角正面碰撞，如果设计合理，当汽车与其碰撞时，有利于碰撞车辆的爬高来吸收碰撞过程中的能量，从而减少车辆的损伤和车上乘员的伤亡。因此，护栏端头属于特殊结构，要做专门设计。条文中提出的两种形式是目前世界上使用较多、效果较好的两种形式，是国外通过大量的研究并在实际应用中不断改进得到的，因此，本细则直接采用。这两种混凝土护栏端头，均适用于中央分隔带混凝土护栏的起、终点和开口处。图 6.2.6-11 的构造为斜坡式，正面碰撞车辆可以爬高吸能；图 6.2.6-12 的构造为尖头式，正面碰撞不能爬高，但侧撞会有较好的导向效果，可根据设置地点的不同进行选择。

3 在超高路段，中央分隔带混凝土护栏的设置会使排水受到一定影响，这取决于横坡变化的基准点（旋转轴）所处的位置。如果中央分隔带宽度范围内没有受横坡旋转的影响，则其混凝土护栏可按与直线路段同样的方法处理。如果中央分隔带受横坡变化的影响，则可有两种设置方式，即护栏的竖向中心轴垂直水平面或垂直超高面。这两种方式可根据横向排水、美观等要求选用，但混凝土护栏的功能不能削弱，中心高度和截面形状保持不变。

中央分隔带混凝土护栏要与排水设施一并考虑。当中央分隔带采用纵向排水时，一般排水沟要设置在混凝土护栏的一侧。采用横向排水时，可在护栏侧面下缘设泄水孔。考虑到我国幅员辽阔，各地降雨量差别很大，公路几何条件也有很多不同，因此，条文中没有对护栏泄水孔尺寸、间距做出详细规定。各地可根据公路排水设计的要求，结合降雨量的大小和具体的公路条件确定。

4 中央分隔带混凝土护栏的高度一般为 81~100cm，作为防眩设施高度不够。因此，凡需设置防眩设施的路段，在护栏顶部适当位置宜安装预埋连接件，预埋件的位置、数量要与防眩设施的结构相配合。对停车视距可能有影响的路段，要对停车视距进行验算。达不到规范要求时，要采取相应措施，如向内移动防眩设施、采取限速措施等。

在混凝土护栏上附设轮廓标时，需根据轮廓标的设置高度、间距、轮廓标类型考虑附着于护栏上的连接方式。

5 考虑到美观的要求和模具制造的便利等因素，本条规定同一条公路上要采用相同的混凝土护栏构造形式。

6 混凝土护栏可采用预制和现浇两种方式进行施工。对预制混凝土护栏，每节的长度主要受吊装设备的制约，在曲线路段还受到曲率半径的限制。从增加混凝土护栏整体强度和稳定性的角度考虑，要求预制混凝土护栏的长度尽量长一些，但考虑到浇筑和安装的方便、伸缩缝的要求等预制块的长度不可能做得太长。条文中规定的 4~6m，就是根据我国目前的吊装条件，同时考虑到我国护栏防护等级有较大的提高，混凝土护栏主要依靠自重来挡阻车辆跨越，预制块长度过短会增加纵向锚固的难度等因素确定的。日本护栏标准中规定预制块最小长度为 5m。各地可根据实际条件，在规定范围内选用合适长度，并尽量采用较长的预制块。现浇混凝土护栏的纵向长度是根据横缝要求提出的，横缝设计在现行《公路钢筋混凝土及预应力混凝土桥涵设计规范》（JTG D62）中有明确规定，可参照执行。为减少混凝土的不均匀开裂，每隔3~4m要设置一道假缝，假缝可参考图6-4设置。

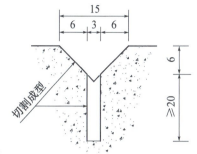

图6-4 假缝规格参考图
（尺寸单位：mm）

7 混凝土护栏要根据防护等级、吊装条件、温度应力变形、基础连接方式等要求进行配筋设计。设置在路侧构造物上的混凝土护栏，要按悬臂梁进行配筋设计；设置在中央分隔带的混凝土护栏，不论是预制还是现浇，配制一定数量的结构钢筋都是十分必要的。预制的混凝土护栏块是通过吊装就位的，吊装是施工过程中一个较重要的环节。为了能安全、方便、快速地起吊，需要合理地设计起吊孔位置。起吊孔一般设在预制块两端1/4护栏块长的位置上。当护栏块较长时，要验算吊装应力，以确定起吊孔位置。现浇的混凝土护栏，可根据防护等级要求配置受力钢筋或构造钢筋。

9 在我国的一些公路上，混凝土护栏块的端部是平的，每节护栏与相邻护栏之间没有连接，因此护栏的纵向稳定性很差。在汽车碰撞力的作用下，护栏块会脱开、错位，碰撞车辆不能利用护栏进行顺利的导向，因而，失去了护栏应有的功能。为了克服上述不足，根据防护等级，预制混凝土护栏有三种纵向连接方法：

（1）纵向企口连接法适用于三（A、Am）级防护等级。按图6.2.8-13做成企槽，以便在安装后相互咬住共同受力，企口槽要从护栏顶开到底。企口连接接触面处需配置一定数量的钢筋，以抵抗碰撞时产生的剪切和扭转。

（2）纵向连接栓方式，适用于防护等级三（A、Am）级以外其他较高防护等级混凝土护栏，如图6.2.8-14所示。具体设计时，还可采用其他能保证整体强度，护栏受撞击后不产生过大变形的连接方式。

（3）在预制混凝土护栏两端植入钢套管，安装时在钢套管里放入钢筋。图6.2.8-15为三（A）级预制混凝土护栏，三（A）级以上的钢套管的间距不宜大于35cm。

6.3 桥梁护栏和栏杆

6.3.1 桥梁护栏和栏杆的设置应遵循下列原则：

1 各等级公路桥梁必须设置路侧护栏。

2 高速公路、作为次要干线的一级公路桥梁必须设置中央分隔带护栏，作为主要集散的一级公路桥梁应设置中央分隔带护栏。

3 设置人行道的桥梁，可通过路缘石或桥梁护栏将人行道和车行道进行分离：

1）设计速度为不大于60km/h的公路桥梁，可采用路缘石将人行道（自行车道）和车行道分离，路缘石与人行道也可合并设置，路侧采用满足车辆防护和行人（自行车）通行需求的组合护栏，如图6.3.1a）所示。

2）设计速度大于60km/h的公路桥梁，应采用满足车辆防护和行人通行需求的组合护栏，路侧采用栏杆，如图6.3.1b）所示。

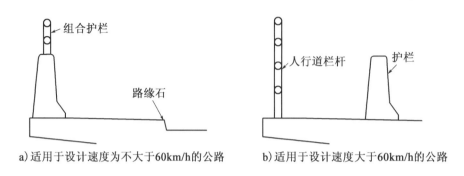

a）适用于设计速度为不大于60km/h的公路　　　b）适用于设计速度大于60km/h的公路

图6.3.1　带有人行道的桥梁护栏和栏杆设置示意图

3）设置人行道（自行车道）的高速公路、一级公路，行人交通量很大，或存在很多危险因素时，宜独立设置人行天桥。

条文说明

一般情况下，桥梁路侧危险程度明显比路基段高，车辆越出桥梁外往往会造成车毁人亡的重大恶性交通事故。考虑到公路的运行速度、交通量、投资费用等因素，根据公路的功能和技术等级及现行《公路工程技术标准》（JTG B01）的要求，作出了本条的规定。

对设置有人行道的公路，一般认为，可不必考虑车辆掉下桥梁的可能性，对设计速度较低的公路可设置路缘石对行人进行保护，如图6.3.1a）所示。但是，为预防从桥上掉下的车辆造成二次事故并考虑到在公路桥梁上设置人行道（自行车道），车辆和行人处于同一平面上，对交通量大、车速高的桥梁段，车辆碰撞行人和自行车（非机动车）的事故严重度增大，为保护行人和自行车（非机动车），同时把机动车和自行车（非机动车）在平面上分隔开，提高车辆与行人（非机动车）的安全性，按实际需要在人行道与车行道（自行车道）分界处设置组合护栏是适当的，如图6.3.1b）所示。

分隔人行道（自行车道）和相邻行车道的组合护栏在面向人行道的一侧可兼作人行道（自行车道）的栏杆。当这种组合护栏的总高度低于人行道（自行车道）栏杆的最低高度要求时，可以考虑增加一些附属构件，如在组合护栏顶部设置金属栏杆等。附加构件需要根据适当的人行道或自行车道的设计荷载来设计。

6.3.2 根据车辆驶出桥外或进入对向车行道可能造成的事故严重程度等级，应按表6.3.2的规定选取桥梁护栏的防护等级，并应符合下列规定：

1　二级及二级以上公路小桥、通道、明涵的护栏防护等级宜与相邻的路基护栏相同。

2　公路桥梁采用整体式上部结构时，中央分隔带护栏的防护等级可按路基中央分隔带护栏的条件来确定。

表 6.3.2 桥梁护栏防护等级的选取

公路等级	设计速度（km/h）	车辆驶出桥外或进入对向车行道的事故严重程度等级	
		高：跨越公路、铁路或城市饮用水水源一级保护区等路段的桥梁	中：其他桥梁
高速公路	120	六（SS、SSm）级	五（SA、SAm）级
	100、80	五（SA、SAm）级	四（SB、SBm）级
一级公路	60	四（SB、SBm）级	三（A、Am）级
二级公路	80、60	四（SB）级	三（A）级
三级公路	40、30	三（A）级	二（B）级
四级公路	20		

注：括号内为护栏防护等级的代码。

3 存在下列情况时，经综合论证，护栏的防护等级可在表 6.3.2 的基础上提高 1 个或以上等级：

1）位于连续长下坡路段；右转平曲线半径接近或等于现行《公路工程技术标准》（JTG B01）规定的最小半径值的路段（中央分隔带护栏）；左转平曲线半径接近或等于最小半径值的路段外侧（路侧护栏）。

2）桥梁高度在 30m 以上。

3）设计交通量中，总质量超过 25t 的车辆自然数所占比例大于 20%。

4 跨越大型饮用水水源一级保护区和高速铁路的桥梁以及特大悬索桥、斜拉桥等缆索承重桥梁，护栏防护等级宜采用八（HA）级。

6.3.3 选择桥梁护栏形式时，应考虑下列因素：

1 桥梁护栏的防护性能。所选取的护栏形式在强度上必须能有效吸收设计碰撞能量，阻挡小于设计碰撞能量的车辆越出桥外或进入对向车行道并使其正确改变行驶方向。

2 受碰撞后的护栏变形程度。桥梁护栏受碰撞后，其最大动态位移外延值（W）或大中型车辆的最大动态外倾当量值（VI_n）不应超过护栏迎撞面与被防护的障碍物之间的距离。最大动态位移外延值（W）或最大动态外倾当量值（VI_n）的选择可考虑下列因素：

1）桥梁通行的车辆以小客车为主时，可不考虑桥梁外障碍物的高度，选取小客车的最大动态位移外延值（W）为变形控制指标。

2）桥梁外侧有高于护栏的障碍物时，应选取各试验车辆最大动态外倾当量值（VI_n）中的最大值为变形控制指标。

3）桥梁外侧有低于或等于护栏高度的障碍物时，应选取各试验车辆最大动态位移外延值（W）中的最大值为变形控制指标。

3 环境和景观要求，包括：

1) 钢结构桥梁宜采用金属梁柱式护栏。
2) 对景观有特殊要求的桥梁宜选用金属梁柱式护栏或组合式护栏。
3) 积雪严重的地区，宜采用金属梁柱式护栏或组合式护栏。
4) 二级及二级以上公路小桥、通道、明涵的护栏形式宜与相邻的路基护栏相同。

4 结构要求。需要减小桥梁自重、减轻汽车碰撞荷载对桥面板的影响时，宜采用金属梁柱式护栏。

5 护栏的全寿命周期成本。除考虑护栏的初期建设成本外，还应考虑投入使用后的养护成本，包括常规养护、事故养护、材料储备和养护方便性等。

条文说明

桥梁护栏常用的结构形式包括刚性护栏、半刚性护栏和组合式护栏。刚性护栏中包括混凝土F型、单坡型、梁柱式等。其中，钢筋混凝土梁柱式护栏在我国使用较少，本次修订取消了该形式。半刚性护栏最常用的是金属梁柱式，以美观通透、强度高、变形小见长。双波形梁护栏和三波形梁护栏能否用作中桥及以上桥梁的护栏在国内还有一定的争议，主要反对的意见是变形过大，安全性无法保障，赞同的意见是只要经过相应等级的试验验证，具备阻挡、缓冲和导向功能即可用作桥梁护栏，而且波形梁护栏目前已经能做到七（HB）级，强度上没有问题。设计人员在具体选取时，要根据桥梁护栏的具体要求合理选用。组合式护栏兼顾了混凝土护栏的刚性和半刚性护栏的柔性及通透性，在大、中桥梁中使用较多。

在选取桥梁护栏形式时，还要考虑国家、行业或各地的一些具体规定，如铁道部和交通运输部2012年曾联合下发了《关于公铁立交和公铁并行路段护栏建设与维护管理相关问题的通知》（铁运〔2012〕139号），其中规定"公路跨越铁路立交桥要设置钢筋混凝土墙式护栏和防护网。"在选取跨越铁路的桥梁护栏形式时要予以考虑。

6.3.4 选取桥梁护栏材料时，应考虑其极限强度、延展性、耐久性、养护频率、更换方便性以及长期性能等因素。桥梁护栏所使用的钢筋、混凝土、钢材、木材、铝合金等材料应符合现行《公路钢筋混凝土及预应力混凝土桥涵设计规范》（JTG D62）、《公路圬工桥涵设计规范》（JTG D61）、《公路钢结构桥梁设计规范》（JTG D64）等规范的规定，采用其他特殊材料时，应符合国家和行业相关标准的要求。

条文说明

桥梁护栏由钢筋、混凝土、钢材、木材、铝合金等材料构成，这些材料的质量、品种、规格、性能、经济性和色彩等，都在很大程度上直接影响甚至决定着桥梁护栏的结构形式、功能、适用性、坚固性、耐久性、经济性和美观性，并在一定程度上影响着材料的运输、存放、施工工艺和养护频率。

为了使桥梁护栏能满足适用、坚固、美观等基本要求，在材料的选取方面要遵循一定的原则。本条提出了选取桥梁护栏材料要考虑的因素及要遵守的技术规范。

6.3.5 桥梁护栏的构造应符合下列规定：

1 金属梁柱式护栏的构造应满足下列规定：

1）护栏迎撞面应顺适、光滑、连续、无锋利的边角。

2）车辆与护栏的位置关系如图 6.3.5-1 所示。各防护等级护栏的高度应满足下列规定：

①所有横梁横向承载力距桥面的加权平均高度$\overline{Y}$不应小于表 6.3.5-1 的规定值，$\overline{Y}$的计算方法如式（6.3.5）：

$$\overline{Y} = \frac{\sum(R_i Y_i)}{\overline{R}} \qquad (6.3.5)$$

式中：R_i——第 i 根横梁的横向承载力（kN）；

Y_i——第 i 根横梁距桥面板的高度（m）。

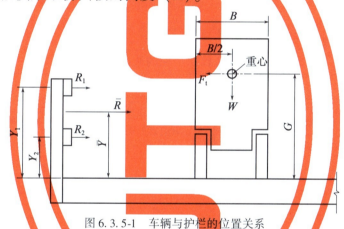

图 6.3.5-1 车辆与护栏的位置关系

注：$\overline{Y}$ 和 Y_i 的计算基线为护栏面与桥面板平面的相交线。如该处有路缘石，则应为护栏面与路缘石顶面的相交线。

表 6.3.5-1 金属梁柱式护栏横梁横向承载力距桥面的加权平均高度 $\overline{Y}$

防 护 等 级	最小高度（cm）	防 护 等 级	最小高度（cm）
二（B）	60	六（SS）	90
三（A）	60	七（HB）	100
四（SB）	70	八（HA）	110
五（SA）	80		

②四（SB）级及以下防护等级的金属梁柱式护栏总高度不应小于 1.00m；五（SA）级金属梁柱式护栏总高度不应小于 1.25m；六（SS）及以上防护等级的金属梁柱式护栏高度不应小于 1.5m。

3）横梁的总高度之和不应小于护栏总高度的 25%。与立柱的退后距离对应的横梁之间的净距宜位于图 6.3.5-2a）所示的阴影区以内或以下，与立柱的退后距离对应的横梁的总高度之和与立柱高度之比宜位于图 6.3.5-2b）所示的阴影区以内或以上。

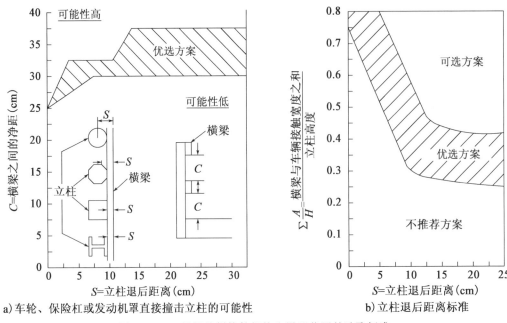

a) 车轮、保险杠或发动机罩直接撞击立柱的可能性　　b) 立柱退后距离标准

图 6.3.5-2　桥梁护栏构件规格和设置位置的选取标准

4) 护栏构件的截面厚度应根据计算确定，并不小于表 6.3.5-2 规定的最小值。

表 6.3.5-2　金属制护栏的截面最小厚度值

材料	截面形式	最小厚度值（mm）			
		主要纵向有效构件	纵向非有效构件和次要纵向有效构件	辅助板、杆和网	抱箍、辅助构件
钢	空心截面	3	3	3	3
	其他截面	4	3	3	3
铝合金	所有截面	3	1.2	3	1.2
不锈钢	所有截面	2	1.0	2	0.5

5) 横梁的拼接设计应满足下列要求：

①拼接套管长度应大于或等于横梁宽度的 2 倍，并不应小于 30cm，如图 6.3.5-3 所示。

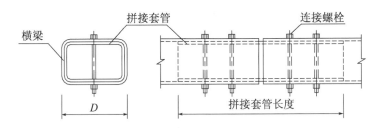

图 6.3.5-3　横梁的拼接

注：D 为横梁宽度。

②拼接套管的抗弯截面模量不应低于横梁的抗弯截面模量，连接螺栓应满足横梁极限弯曲状态下的抗剪强度要求。

③护栏迎撞面在横梁的拼接处可有凸出或凹入，其凸出或凹入量不得超过横梁的截

面厚度或 1cm。

6）高速公路、一级公路的桥梁不宜设置路缘石。为减少护栏受到撞击而对桥面板产生的影响需要设置路缘石时，其高度宜控制在 5～10cm 之间。路缘石内侧宜与横梁迎撞面保持在同一平面内，或位于立柱和横梁之间的适当位置。

7）带有路缘石的人行道（自行车道）只能用于设计速度小于或等于 60km/h 且防护等级为二（B）级的桥梁，路缘石高度宜为 15cm，不应超过 20cm。典型的人行道结构如图 6.3.5-4 所示。路基路缘石与桥梁路缘石高度不一致时，应在其高差的 20 倍及以上的距离内进行过渡。设计速度大于 60km/h 的桥梁，人行道（自行车道）与车行道之间应设置桥梁护栏来保护行人。

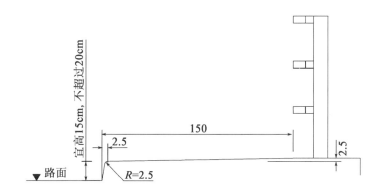

图 6.3.5-4　典型的采用路缘石与人行道合并设置的结构示意（尺寸单位：cm）

2　混凝土护栏和组合式护栏的构造应符合下列规定：

1）混凝土护栏按构造可分为 F 型、单坡型、加强型，组合式护栏的混凝土部分宜采用 F 型，如图 6.3.5-5a）～图 6.3.5-5c）所示。未经试验验证，不得随意改变护栏迎撞面的截面形状和连接方式，但其背面可根据实际情况采用合适的形状。防护等级较高的路段可根据需要在护栏顶部设置阻爬坎，如图 6.3.5-5d）所示。

2）各防护等级混凝土护栏的高度不应小于表 6.3.5-3 的规定值。

表 6.3.5-3　混凝土护栏的高度

防 护 等 级	高度（cm）	防 护 等 级	高度（cm）
二（B）	70	六（SS）	110
三（A）	81	七（HB）	120
四（SB）	90	八（HA）	130
五（SA）	100		

注：混凝土护栏高度的基线为内侧与路面的相交线。

各防护等级组合式护栏的高度可在表 6.3.5-3 规定的高度基础上增加 10cm。

F 型混凝土护栏内侧 7.5cm 垂直部分可供路面加铺用。路面加铺厚度超过 7.5cm 时，应调整混凝土护栏的高度或对混凝土护栏的防护性能进行评价。

3）护栏迎撞面混凝土的钢筋保护层厚度不得小于 4.5cm。

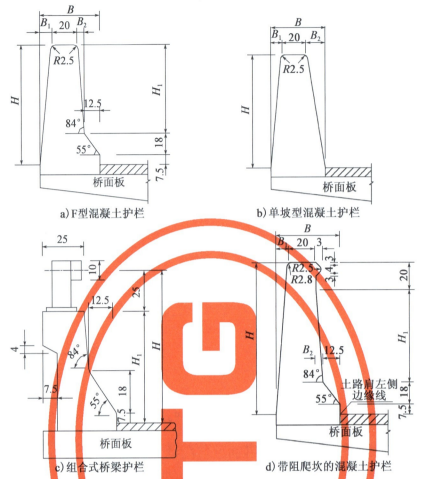

图 6.3.5-5 混凝土和组合式护栏的一般构造示例（尺寸单位：cm）

注：a)~c) 图中，B、B_1、B_2、H、H_1 等参数根据护栏总高度经计算确定。

4) 护栏的断面配筋量应根据计算确定，并应满足现行《公路钢筋混凝土及预应力混凝土桥涵设计规范》（JTG D62）中对最小配筋率的规定。

3 桥梁护栏应按下列规定随主体结构设置伸缩缝：

1) 金属梁柱式护栏。

①当伸缩缝处的纵向设计总位移小于或等于5cm时，伸缩缝应能传递横梁60%的抗拉强度和全部设计最大弯矩；伸缩缝处连接套管的长度应大于或等于横梁宽度的3倍，如图 6.3.5-6 所示。

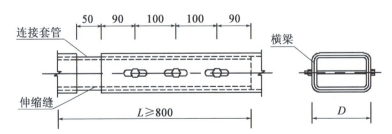

图 6.3.5-6 位移小于 5cm 的伸缩缝设计（尺寸单位：mm）

注：D 为横梁宽度。

②当伸缩缝处的纵向设计位移大于5cm时，伸缩缝应能传递横梁的全部设计最大弯矩；伸缩缝两侧应设置端部立柱，其中心间距不应大于2.0m；伸缩缝处连接套管的长度应大于或等于横梁宽度的3倍，如图6.3.5-7所示。

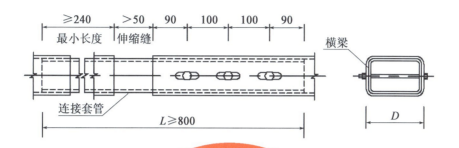

图6.3.5-7 位移量大于5cm的伸缩缝设计（尺寸单位：mm）

注：D为横梁宽度。

③当伸缩缝处发生竖向、横向复杂位移时，桥梁护栏在伸缩缝处可不连续，但应在伸缩缝两端设置端部立柱，其中心间距不应大于2.0m，两横梁端头的间隙不得大于伸缩缝设计位移量加2.5cm。横梁端头不得对碰撞车辆构成危险，如图6.3.5-8。

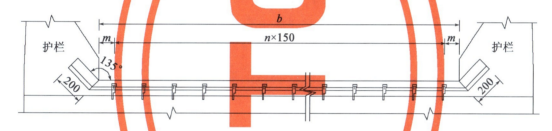

图6.3.5-8 伸缩装置横断面示例（尺寸单位：mm）

2）刚性护栏，在桥面伸缩缝处应断开，其间隙不应大于桥面伸缩缝的设计位移量。在桥梁伸缩缝处的刚性护栏上应预留桥梁伸缩缝安装孔，孔的大小根据伸缩缝的尺寸和弯起高度来确定。

3）组合式护栏，混凝土部分应符合混凝土护栏中有关伸缩缝设置的规定，金属结构部分应符合金属梁柱式护栏中有关伸缩缝设置的规定。

4 桥梁护栏根据需要可设置承受碰撞受力构件以外的辅助构件，并应符合下列规定：

1）辅助构件设计的一般要求：

①所有辅助构件应与桥梁护栏受力构件牢固连接。

②辅助构件不得侵入公路建筑限界以内，其平面投影不应超出主要受力构件的投影范围，如图6.3.5-9所示。

2）辅助构件的设计应符合下列规定：

①竖向杆件应在纵向有效构件之间等距设置，并与纵向有效构件牢固连接。纵向有效构件与竖向杆件的连接处，不应由于竖向辅助杆件受力而引起纵向有效构件产生局部弯曲变形。

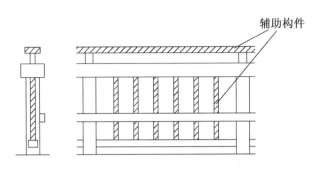

图 6.3.5-9 辅助构件的设置示例

②金属网根据使用功能可分别按防落物网和隔离栅的设计要求设置。金属网架设之前应去毛口和滚压，使丝梗保持在同一平面上。

③实体板块表面应平整，两板块之间的接缝间隙不应超过 3mm，其最小厚度应符合本细则表 6.3.5-2 的规定，其最大厚度不宜超过最小厚度加 1.0mm。当实体板块用于装饰图案或防止对向车的眩光时，其最大厚度不应超过最小厚度加 2.0mm。使用实体板块作为辅助构件时，应考虑风荷载对桥梁护栏的影响。

④隔音设施与桥梁护栏配合设置时，应考虑隔音设施对行车安全的影响。

5 金属构件的密封和排水应符合下列规定：

1）空心断面构件应设置排水孔或在所有的拼缝处完全密封。

2）镀锌孔、排水孔的直径不应大于空心截面周长的 1/12，镀锌前构件排水孔的孔径不应小于 8mm（非镀锌构件不应小于 6mm），并不大于 15mm，其间距应大于 70cm。镀锌孔、排水孔的位置应布设恰当。

条文说明

桥梁护栏形式中，属于半刚性护栏的双波形梁护栏、三波形梁护栏除基础需要与桥梁主体结构进行牢固连接外，其他构造要求同路基护栏。本条主要对半刚性护栏中的金属梁柱式护栏和混凝土护栏、组合式护栏的构造要求进行了必要的规定。

由于隔音设施的立柱等构件对碰撞护栏的车辆安全影响较大，因此隔音设施最好不要与桥梁护栏一并设置，否则需要采取措施，消除隔音设施对行车安全的影响。

6.3.6 位于桥梁人行道的栏杆构造应符合下列规定：

1 从人行道顶面起，人行道栏杆的最小高度应为 110cm。

2 栏杆构件间的最大净间距不得大于 14cm，且不宜采用横线条栏杆。采用金属网状栏杆时，网状开口不应大于 5cm。

3 栏杆结构设计必须安全可靠，栏杆底座应设置锚筋。其受力条件应满足现行《公路桥涵设计通用规范》（JTG D60）和本细则第 3.5.3 条的规定。

4 人行道栏杆构件之间的连接应采用能有效避免人员伤害且不易拆卸的方式。

5 兼具桥梁护栏与人行道栏杆功能的组合护栏应同时满足人行道栏杆和桥梁护栏的构造要求。

6.3.7 位于桥梁自行车道的栏杆构造应符合下列规定：

1 从自行车道顶面起，自行车栏杆的最小高度应为140cm。

2 自行车道栏杆的间距、构件连接、基础固定和组合护栏等应满足本细则第6.3.6条的规定。

3 根据需要，可在距自行车道顶面110cm处附着具有一定宽度的摩擦梁，以避免不同高度自行车把的绊阻。

6.3.8 桥梁护栏与桥面板应进行可靠连接。桥梁护栏与桥面板的连接方式可根据防护等级、结构形式以及强度计算结果从下列方式中进行选择：

1 金属梁柱式护栏立柱与桥面板的连接可采用直接埋入式或地脚螺栓的连接方式。有条件时，也可采用有特殊基座的抽换式护栏基础。

1）直接埋入式适用于桥面边缘厚度满足护栏立柱埋入30cm以上的情况。在结构物混凝土浇筑时，应预留安装立柱的套筒。其孔径宜比立柱直径或斜边方向宽4～10cm，套筒周围的结构物应配置加强钢筋，如图6.3.8-1所示。

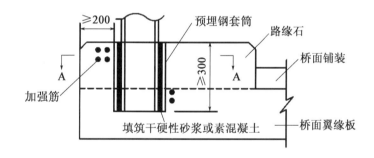

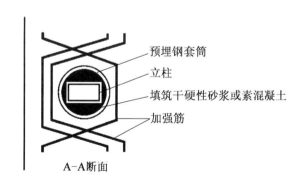

图6.3.8-1 直接埋入式连接方式（尺寸单位：mm）

2）地脚螺栓连接方式适用于立柱埋深不足30cm的情况。在结构物混凝土中预埋符合规定长度的地脚螺栓，立柱底部焊接加劲法兰盘，与地脚螺栓连接，如图6.3.8-2所示。

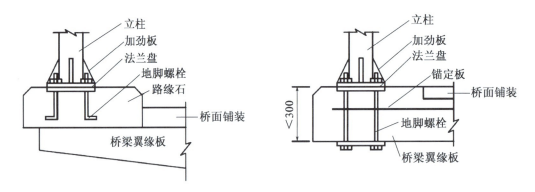

图 6.3.8-2 地脚螺栓连接方式（尺寸单位：mm）

2 混凝土护栏与桥面板的连接应符合下列规定：

1）采用现浇法施工时，应通过护栏钢筋与桥梁结构物中的预埋钢筋连接在一起的方式形成整体。

2）采用预制件施工时，通过锚固螺栓等连接件将桥梁结构物与护栏连接在一起形成整体，纵向连接应符合本细则第 6.2 节的相关规定。

3 组合式护栏应采用混凝土护栏与桥面板的连接方法。

6.3.9 端部处理和过渡段设计应符合下列规定：

1 设计速度大于 60km/h 的桥梁，相邻路基段未设置护栏时，桥梁护栏应适度外展，或在路基段增设一段护栏与桥梁护栏进行过渡，以避免车辆碰撞端部或从桥梁端部冲出路外。设计速度小于或等于 60km/h 的公路或不具备设置护栏条件时，桥梁两侧应设置缓冲设施或视线诱导设施。

2 设计速度大于 60km/h 的公路桥梁护栏与路基护栏的结构形式不同时，应进行过渡段设计；设计速度小于或等于 60km/h 的公路桥梁护栏与路基护栏的结构形式不同时，宜进行过渡段设计。过渡段的设计应符合下列规定：

1）过渡段应采用设置端部翼墙或将半刚性护栏搭接在刚性护栏上的方式。

2）端部翼墙可设置在桥梁端部，由桥梁护栏改造而成，也可在路基段独立设置。端部翼墙应根据路基护栏的要求设置预埋件，如附录 C 图 C.2.17a）所示。

3）采用搭接方式时，路基段护栏应进行加强处理，长度不宜短于 10m，如附录 C 图 C.2.17b）所示。

4）当桥梁护栏与路基护栏均采用刚性护栏时，刚性护栏在桥台伸缩缝处应断开，其他形式护栏之间的过渡段均不得在桥头处断开，但横梁应采取可伸缩措施。金属梁柱式护栏与路基波形梁护栏的过渡段设计示例如图 6.3.9 所示。

5）桥梁端部的排水设施应作为护栏过渡段设计的一部分来考虑。

3 高速公路、一级公路及作为干线的二级公路的桥梁与隧道衔接处，桥梁护栏应参照本细则第 6.2.2 条和 6.2.3 条的规定进行过渡段设计；作为集散的二级公路及三、四级公路的桥梁与隧道衔接处，桥梁护栏宜参照本细则第 6.2.2 条的规定进行过渡段设计。

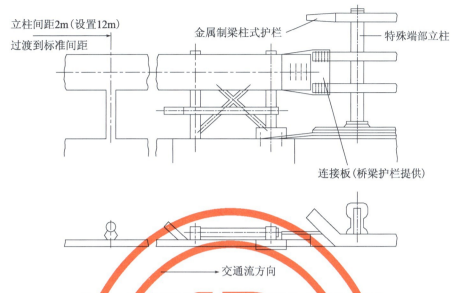

图 6.3.9 波形梁护栏与金属梁柱式护栏的过渡段设计示例

6.3.10 新型桥梁护栏试件的设计方法应符合下列规定：

1 新型桥梁护栏试件应按承载能力极限状态法进行设计，桥梁护栏所承受的各类荷载标准值详见本细则第 3 章，荷载分项系数、荷载组合值系数等应按现行《公路桥涵设计通用规范》（JTG D60）的规定采用。

2 附录 D 提供了基于屈服线理论的新型桥梁护栏试件的设计过程和方法。如试件预期的破坏模式不同于附录 D，则应建立严格的屈服线解决方案或采用有限元方法。因设置于挡土墙或扩大基础等刚性结构上的桥梁护栏破坏模式将延伸到支撑基础内，在这种情况下，不应采用附录 D 的方法。

条文说明

2 基于屈服线理论的新型桥梁护栏试件的设计过程和方法主要参考了美国 AASHTO LRFD Bridge Design Specifications（2012 版）。

屈服线理论是一种极限荷载分析方法。屈服线是指钢筋混凝土板上的一条裂缝，沿该裂缝的钢筋已经屈服，并产生了塑性旋转。根据屈服线理论可获得裂缝处构件的承载能力，该理论可用于很多类板构件。

如图 6-5 所示的一块方板，在四边简单支撑。该板将承受平均分布的荷载，并且荷载逐渐增加直至破坏。

开始时，在荷载作用下，板的反应是弹性的，钢筋的应力为最大，变形出现在板的中心。这一阶段在板底将出现很细的裂缝，跨中处混凝土的弯曲抗拉强度已被超过。

增加荷载将加速这些细裂缝的形成，进一步增加荷载将进一步增加裂缝的尺寸，导致钢筋的屈服，从最大变形点处放射出大的裂缝。

仍进一步增加荷载，这些裂缝将向板的自由边转移，这时所有穿过屈服线的钢筋将屈服。

在这种极限状态下，板将发生破坏。如图6-6所示，板将分为A、B、C和D四个刚性平面区。屈服线构成了这些刚性区之间的边界，而这些区域将围绕这些线旋转。这些区域也将绕沿支撑线的旋转轴转动，使得支撑荷载发生移动。在该结合点处，由旋转的屈服线的铰分担的功等于移动的区域上的荷载消耗的功。这就是屈服线理论。

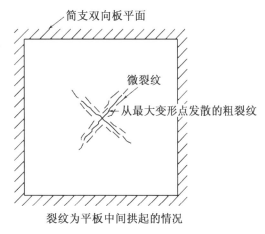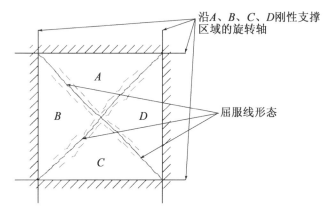

图6-5 简单支撑的双向板内最大变形点处底部钢筋开始屈服

图6-6 简单支撑的双向板底部钢筋沿屈服线屈服的机理示意

根据这个理论，可以忽略弹性变形；所有的变形均假定集中在屈服线处，为方便起见，最大变形给出统一值。

附录D提供了为达到某一防护等级，试验样品的设计过程。这一方法是以屈服线理论的应用为基础，对预期的破坏模式与图C.3.1-1和图C.3.1-2类似的试验样品以外的情况，要建立严格的屈服线或有限元解决方案。附录D的方法不适用于刚性结构上安装的护栏，如挡土墙或扩大基础。因为在这种情况下，裂缝将扩展到支撑构件。

桥梁护栏的性能不必与路基段相同，新的桥梁护栏的设计要与现场条件相匹配，并符合现行《公路护栏安全性能评价标准》（JTG B05-01）的规定。

以前经过试验验证的桥梁护栏防护等级不必重新进行试验验证。由于资源有限，新的标准施行后，现有桥梁护栏全部按照新标准进行更换并不合理。很多现有护栏实践证明功能合理，只需在桥梁加宽时予以更换。

6.4 中央分隔带开口护栏

6.4.1 中央分隔带开口护栏设置应遵循下列原则：

1 高速公路的中央分隔带开口处必须设置中央分隔带开口护栏。

2 作为次要干线的一级公路在禁止车辆掉头的中央分隔带开口处可设置中央分隔带开口护栏。

3 中央分隔带开口护栏宜设置在中央分隔带开口处的公路中心线位置，设置的长度应能有效封闭中央分隔带开口。

4 中央分隔带开口护栏的设置高度应与中央分隔带护栏的高度协调一致。

5 中央分隔带开口护栏上部应设置轮廓标或反射体。设置反射体时，规格不宜小于4cm×18cm，可由Ⅲ～Ⅴ类反光片或反光膜制作，颜色和设置高度宜与中央分隔带保持一致。

6 位于有防眩要求路段的中央分隔带开口护栏上宜设置防眩设施。

条文说明

5 本款中规定的反射体规格4cm×18cm与柱式轮廓标一致，符合或大于此规格的反光材料才能在高速行驶的条件下被驾驶人正确辨认。

6.4.2 中央分隔带开口护栏防护等级宜与相邻路段保持一致。线形良好路段经论证可低于相邻路段1~2个等级，但高速公路中央分隔带开口护栏不得低于三（Am）级。

6.4.3 选取中央分隔带开口护栏形式时，应符合下列规定：
1 应有效地阻止非紧急车辆在中央分隔带开口处的通行。
2 中央分隔带开口护栏应方便开启与关闭、具有可移动性，宜在10min内开启10m及以上的长度。
3 应与相邻中央分隔带护栏能合理过渡。
4 中央分隔带开口处活动护栏的两固定端安装应牢固，连接部分应具有防盗功能。
5 在发生碰撞时，中央分隔带开口护栏各结构组成部分不得飞散，不应对碰撞车辆、周围的行人及其他车辆产生损坏或伤害。

条文说明

2 中央分隔带开口护栏是设置在中央分隔带开口处，为方便特种车辆（如交通事故处理车辆、急救车辆等）在紧急情况下通行和一侧公路施工封闭时临时开启放行的活动设施。中央分隔带开口护栏在临时开放时要方便开启与关闭、具有可移动性，建议在10min内开启至少10m。

3 中央分隔带开口护栏与中央分隔带护栏标准段之间一般存在结构及刚度的变化，如果中央分隔带开口护栏端部没有经过安全处理，车辆碰撞此处易发生绊阻，可能导致比较严重的后果，所以中央分隔带开口护栏端部需要与中央分隔带护栏标准段在结构和刚度上进行合理过渡。在选取中央分隔带开口护栏形式时，其实车足尺碰撞试验时所连接的中央分隔带护栏标准段宽度不能小于实际工程相邻中央分隔带护栏标准段宽度。

5 中央分隔带开口护栏的移动要迅速、快捷，同时又要具有防撞性能，且在发生碰撞时，中央分隔带开口护栏各结构组成部分不能飞散，不能对碰撞车辆、周围的行人及其他车辆产生损坏或伤害。

6.5 缓冲设施

6.5.1 缓冲设施设置应遵循下列原则：

1 未进行安全处理的位于公路净区宽度内的路侧护栏，其上游端部应设置防撞垫或防撞端头。

2 高速公路主线分流端、匝道分流端、隧道入口等位置应设置可导向防撞垫。隧道入口与外侧护栏已经进行了护栏过渡处理的，可不设置防撞垫。

3 高速公路、作为干线的一级公路中央分隔带护栏起始端部，上跨高速公路的跨线桥中墩端部，宜设置可导向防撞垫。

4 收费站导流岛端部可采用非导向防撞垫。

5 高速公路路侧计算净区宽度范围内有特殊形式的危险障碍物，不能采用其他方式进行安全有效防护时，应设置可导向防撞垫或非导向防撞垫。

6 防撞垫的平面布设应与公路线形相一致，设置于主线分流端、匝道出口或收费站导流岛前端时，防撞垫的轴线宜与防撞垫两侧公路路线交角的中心线相重叠，并与所在位置的其他公路交通设施相协调。

条文说明

缓冲设施主要分为有两种：防撞端头和防撞垫。高速公路、一级公路的出口匝道三角端一般为事故多发地点，目前采用的防护措施一般为设置防撞垫。波形梁护栏起始端所设置的端头需进行特殊处理，避免车辆与端头发生正面碰撞时护栏板刺入车体，对乘员造成伤害，这些处理方式总称为防撞端头。目前我国波形梁常用的端头处理方式有两种：外展圆头式和外展地锚式。外展是通过将护栏板及端头以一定的曲率延伸至路侧净区，偏离车行道一定的距离来实现的。外展曲率的大小受到路侧净区的地形条件限制，当路侧净区空间有限时，多采用地锚式端头。地锚式端头通过斜角梁逐渐伸向地面，在端部用混凝土基础锚固。地锚式端头虽能避免波形梁护栏板穿透车厢，但可能发生车辆沿斜面爬升而翻车的事故。近些年，随着社会发展和国际交流的增多，一些国外的产品也被引进国内，如采用解体消能的护栏端头。现场调研的结果证实，有接近50%的被调查单位（47%）认为设置缓冲设施和防撞端头有比较好的应用效果。

由相关课题的实车碰撞试验结果可知，当护栏端头外展至路侧净区之外时，可对车辆进行安全导向；若外展程度不够，或不进行处理，发生碰撞后可能导致比较严重的后果。护栏端部位于路侧净区内，受地形条件限制不能进行外展处理时，若发生正面碰撞可能威胁车辆和乘员的安全。

针对上述情况，欧、美等国家通常采取设置防撞端头或防撞垫的处理方式，对于柔性和半刚性护栏可设置防撞端头，刚性护栏可设置防撞垫。已有多项成熟的产品得到推广应用。这些防撞处理措施的作用是使得碰撞车辆得到缓冲、减速并安全停止，或者将其导向至正确的行驶方向。

"十一五"国家科技支撑计划重大项目课题三中的专题3"多车道高速公路安全设施开发及设计技术",研究开发了一种吸能式护栏端头,经实车碰撞试验验证,在0°碰撞条件下,波形梁板从吸能式护栏端头出口处展开并弯曲,有效吸收车辆的动能,阻挡试验车辆并使其在可控范围内停止,护栏立柱在可预期的方式下倒伏,试验车辆未发生穿越、翻越、骑跨护栏以及绊阻的现象。在20°碰撞条件下,安装吸能式护栏端头的波形梁护栏段对小客车具有良好的防护能力和导向作用,试验车辆与护栏发生碰撞后能够保持正常的行驶姿态,未发生横转、掉头、翻车等现象,乘员的各项安全性能指标均符合评价标准。试验结果表明,吸能式护栏端头对于乘员的安全是非常有利的。

6.5.2 防撞端头、防撞垫的防护等级见表6.5.2,应根据公路的设计速度选取。因运行速度、交通量等因素易造成更严重碰撞后果的路段,应结合实际防护需求提高防撞端头、防撞垫的防护等级。

表6.5.2 护栏防撞端头和防撞垫防护等级适用条件

设计速度(km/h)	设计防护速度(km/h)	防护等级
120	100	三(TS)级
100	80	二(TA)级
80	60	一(TB)级

注:1. 括号内为护栏端头防护等级的代码。
2. 设计速度为60km/h的公路上游端头可根据实际情况确定是否设置防撞端头。

条文说明

护栏端头和防撞垫的防护等级和碰撞条件参考了美国MASH-2009及我国《公路护栏安全性能评价标准》(JTG B05-01—2013)的相关规定。

防撞端头、防撞垫的防护等级主要依据车辆正面碰撞的速度来确定,设计速度越高的高速公路,车辆撞击防撞垫的车速也就越高,因而所采用的防护等级也应该越高。考虑到国内防撞垫的研究、应用现状、运营经济成本等因素,本细则采用了较为宽松的规定。但是,高速公路的防撞垫防护等级不能低于一(TB)级。

6.5.3 选择缓冲设施形式时,应考虑下列因素:

1 防撞端头应考虑下列因素:

1)防护性能。所选取的防撞端头形式必须能有效阻挡碰撞车辆,并使其正确改变行驶方向。

2)碰撞变形。防撞端头及连接过渡段的最大碰撞动态变形量不得超过路侧空间容许的变形距离。

3)所在位置的现场条件。防撞端头的使用应适应公路线形、路肩宽度、边坡坡度等条件。

4)与护栏的协调性。所选取的防撞端头形式、所用材料应与护栏相协调,便于连接过渡处理。

5）环境因素。应满足多雨、潮湿的气候特点，具有可靠性和耐久性。

2 防撞垫应考虑下列因素：

1）防护性能。所选取的可导向防撞垫形式必须能有效阻挡碰撞车辆，并使其正确改变行驶方向。

2）碰撞变形。按照防撞垫的标称防护等级进行侧面碰撞后，可导向防撞垫的最大动态变形量不得超过相邻车道的限界。

3）所在位置的现场条件。防撩垫形式应适应道路纵横坡度、路面条件、防护对象的宽度、路肩宽度等。

4）环境因素。应满足多雨、潮湿的气候特点，具有可靠性和耐久性。对景观有特殊要求的公路可选择外观自然、与周围环境相融合的防撞垫形式，但不得降低防撞垫的防护性能。

6.5.4 缓冲设施的构造应符合下列规定：

1 防撞端头和护栏标准段应进行安全可靠连接。

2 防撞垫从路面到防撞垫顶面的高度宜为 80~110cm。

3 防撞垫末端的支撑结构可直接和路面基础相连接。在保证结构强度的前提下，也可和防撞垫后部的护栏端部或其他固定物相连接。

4 防撞垫所用的钢构件技术性能应符合现行《碳素结构钢》（GB/T 700）的规定。所用钢构件应进行金属防腐处理，防腐处理的方法及技术要求应符合现行《公路波形梁钢护栏》（JT/T 281）的规定。

5 防撞垫所用材料为橡胶或塑料时，其耐高温性能、耐低温性能、耐候性能应符合现行《公路防撞桶》（GB/T 28650）的规定。

6 护栏端头和防撞垫应设置视线诱导设施，包括轮廓标或反光膜。

条文说明

车辆侧面碰撞可导向防撞端头之后，有可能会沿着防撞端头的侧面滑行，如果防撞端头的导向结构没有和后部的护栏结构连为一体，防撞端头和护栏之间的间隙有可能形成新的事故隐患点，因此，防撞端头与护栏标准段要进行安全可靠连接。

6.6 应对运营需求和改扩建的技术措施

6.6.1 新建公路在运营阶段当有路面加铺、罩面等影响护栏高度的需求，在设计阶段选取护栏形式时，应考虑下列因素：

1 F 型和加强型混凝土护栏可允许最多 75mm 的路面加铺、罩面厚度。

2 单坡型混凝土护栏宜根据预期路面加铺、罩面的厚度作为护栏高度的增加值。

3 波形梁或缆索护栏立柱宜适当增加路面以上的高度并预留连接孔，或增加预留套筒内的长度，或采用混凝土抽换式混凝土基础的方式等，如附录 C 图 C.2.3a) 所示。

6.6.2 改扩建公路应充分利用现有材料，宜从护栏防护等级适用性和护栏实际防护等级两方面对其进行交通安全评价，根据评价结果确定再利用方案。

条文说明

改扩建公路护栏的设置及防护能力的选取需要满足改扩建后公路的安全防护需求，同时为节约造价、避免浪费，需要充分利用现有护栏材料。

对接近现行《公路交通工程及沿线设施设计通用规范》（JTG D80）中规定的设计使用年限的护栏，建议从护栏防护等级适用性和护栏实际防护等级两方面对其进行交通安全评价，以确定其防护能力需要提升还是继续保持，然后再确定对既有护栏是继续使用还是升级改造还是整体更换。

对未接近设计使用年限的护栏，或者护栏本身存在高度不足、护栏板规格和立柱间距不足、缺少防阻块、过渡段处理不当等问题，也需要根据上述两个方面的评价结果提出再利用方案。

7 视线诱导设施

7.1 一般规定

7.1.1 视线诱导设施的设计应符合下列规定：

1 视线诱导设施的反射体，在正常的入射角、观察角条件下，应保持恒定的、充足的亮度，并应能满足大、小型车在近光和远光灯照射下的识别和确认要求。

2 视线诱导设施的支撑结构应能支撑反射体，且应尽可能降低对误驶撞上的车辆和人员的伤害。

3 在设置多种视线诱导设施的路段，应协调不同视线诱导设施之间的间距和高度，宜保证视线上的一致性和连续性。

4 视线诱导设施应充分考虑降雨、降雪等特殊天气条件下的视线诱导功能。

7.1.2 视线诱导设施的设计可按下列顺序实施：

1 收集公路需要进行视线诱导的路段资料，包括各类护栏的设置资料、桥隧构造物的分布资料、沿线较小平面交叉的分布等。

2 确定视线诱导的类别。

3 确定视线诱导设施的形式及设置间距等参数。

7.1.3 在综合考虑使用效果、技术经济比较、耐久性分析等因素的基础上，应积极推广使用新型视线诱导设施。

条文说明

视线诱导设施主要通过轮廓标、合流提示类标志、线形诱导标、隧道轮廓带、示警桩、示警墩、道口标柱等设施，对公路沿线的路线走向、构造物、行车隐患路段、小型平面交叉等的分布等进行主动告知，尤其在夜间，通过逆反射材料或主动发光系统对驾驶人的行驶进行主动引导，是效益投资比较高的设施，在条件允许时，可以适当增加设置视线诱导设施，发挥其节能、价廉的优点。

目前新型视线诱导设施产品较多，本细则鼓励在综合考虑使用效果、技术经济比较、耐久性分析的基础上，推广使用新型视线诱导设施，但产品要满足安全和使用功能。

7.2 设置原则

7.2.1 轮廓标的设置应符合下列规定:

1 高速公路、一级公路的主线及其互通式立体交叉、服务区、停车区等处的进出匝道和连接道及避险车道应全线连续设置轮廓标,中央分隔带开口路段应连续设置轮廓标。二级及二级以下公路的视距不良路段、设计速度大于或等于60km/h的路段、车道数或车道宽度有变化的路段及连续急弯陡坡路段宜设置轮廓标,其他路段视需要可设置轮廓标。

2 隧道侧壁应设置双向轮廓标。隧道内设有高出路面的检修道时,在检修道顶部靠近车行道方向的端部或检修道侧壁应增设轮廓标,如图7.2.1-1所示。

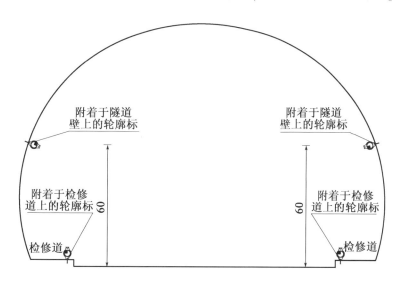

图 7.2.1-1 隧道内轮廓标设置示例(尺寸单位:cm)

3 轮廓标应在公路前进方向左、右侧对称设置。高速公路、一级公路按行车方向,配置白色反射体的轮廓标应安装于公路右侧,配置黄色反射体的轮廓标应安装于中央分隔带。二级及二级以下公路,按行车方向左右两侧的轮廓标均为白色。避险车道轮廓标颜色为红色。隧道路段、二级及二级以下公路,轮廓标宜设置为双面反光形式。

4 直线路段轮廓标设置间距不应超过50m,曲线路段和匝道处轮廓标设置间距不应大于表7.2.1的规定。公路路基宽度、车道数量有变化的路段及竖曲线路段,可适当加密轮廓标的间隔。

表 7.2.1 曲线路段轮廓标的设置间距

曲线半径(m)	≤89	90~179	180~274	275~374	375~999	1 000~1 999	≥2 000
设置间距(m)	8	12	16	24	32	40	48

在曲线段外侧的起止路段设置间隔如图7.2.1-2所示,图中S为曲线路段轮廓标的设置间距。如果两倍或三倍的间距大于50m则取为50m。

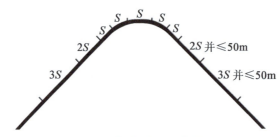

图 7.2.1-2 曲线路段轮廓标设置间距示例

注：图中 S 为曲线路段轮廓标的设置间距，当 2S（或 3S）>50m 时，取 50m。

5 设置于隧道检修道上的轮廓标应保持同一高度，设置于其他位置的轮廓标反射器中心高度宜为 60～75cm。有特殊需要时，经论证可采用其他高度。

条文说明

5 波形梁护栏横梁中心线距路面的高度为 60cm 左右，以此为基准，规定轮廓标反射体中心线距路面 60～75cm。路面积雪非常厚的路段，可适当加高。此外，本款提到的设置高度还考虑了轮廓标设置后的景观效果因素。

对于"有特殊需要时，经论证可采用其他高度"，则是从实际设置效果、造价等角度来考虑的。如轮廓标设置于立柱的护栏板下方，其高度与混凝土护栏的变坡点、检修道的高度基本一致，反光效果良好，由于距路面的高度较近，也可省去突起路标的设置，对于冬季有除雪需求的地区，这种设置方法有一定的应用前景。图 7-1 所示为日本新东名高速公路在波形梁护栏立柱、混凝土护栏和隧道检修道上设置的轮廓标。当然这种设置方法并不一定适用于降雨较多、植被茂盛的地区，因为植物的修剪养护工作量过大。

a)   b)

图 7-1 日本新东名高速公路轮廓标

7.2.2 合流提示类标志的设置应满足本细则第 4 章和现行《公路交通标志和标线设置规范》（JTG D82）的有关规定。

7.2.3 线形诱导标的设置应满足本细则第 4 章和现行《公路交通标志和标线设置规

范》(JTG D82) 的有关规定。

7.2.4 隧道轮廓带的设置应符合下列规定：
1　特长隧道、长隧道可每隔500m设置一处隧道轮廓带。视距不良等特殊路段宜适当加密。
2　无照明的二级及二级以下公路隧道可视需要设置隧道轮廓带。
3　紧急停车带、隧道横洞前适当位置宜设置隧道轮廓带。
4　隧道轮廓带应避免产生眩光。

7.2.5　对于达不到护栏设置标准但存在一定危险因素的路段，如三、四级公路位于图6.2.2中Ⅱ区阴影范围的路段，可设置示警桩、示警墩等设施。示警墩应设置基础。

7.2.6　未设置相应指路标志或警告标志的公路沿线较小平面交叉两侧应设置道口标柱。

条文说明

道口标柱设置在公路沿线较小交叉路口两侧，用来提醒主线车辆驾驶人提高警觉，防范小路口车辆突然出现而造成意外的情况发生。

道口标柱的设置原则和构造规格延续了现行《道路交通标志和标线》（GB 5768）的相关规定，颜色为红白相间的颜色。

7.3 设置位置

7.3.1　轮廓标反射体应面向交通流，其表面法线应与公路中心线成0°~25°的角度。位于隧道检修道上的轮廓标应设置于检修道顶部。

条文说明

轮廓标反射器的安装角度，无论在直线段或在曲线段上，要尽可能与驾驶人视线方向垂直。轮廓标反射体表面法线与公路中心线成25°角主要适用于柱式轮廓标。

7.3.2　合流提示类标志、线形诱导标的设置位置应满足本细则第4章和现行《公路交通标志和标线设置规范》（JTG D82）的有关规定。

7.3.3　隧道轮廓带的设置位置应与行车方向垂直。

7.3.4　示警桩、示警墩的颜色应为黄黑相间，其设置位置如图7.3.4所示。

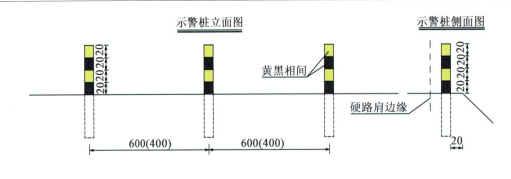

a) 示警桩

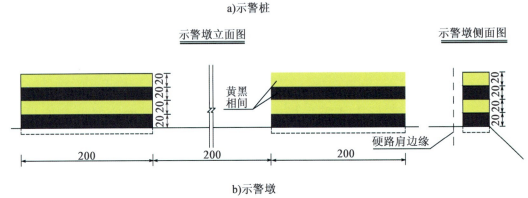

b) 示警墩

图 7.3.4 示警桩、示警墩设置示例（尺寸单位：cm）

注：图中数据带有括号的，括号外、内的数据分别适用于直线段、曲线段。

7.3.5 道口标柱的颜色应为红白相间，其设置位置如图 7.3.5 所示。

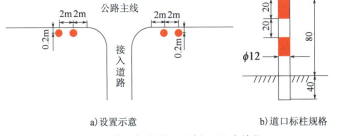

a) 设置示意　　　　b) 道口标柱规格

图 7.3.5 道口标柱设置示例（尺寸单位：cm）

7.4 形式选择

7.4.1 选取轮廓标形式时，应考虑下列因素：

1 轮廓标按设置条件可分为柱式轮廓标和附着式轮廓标两类，如图 7.4.1 所示。柱式轮廓标又可分为普通柱式轮廓标和弹性柱式轮廓标，应根据实际情况合理选用。

2 根据路侧设置的不同护栏形式及结构物的分布，轮廓标可分别附着于波形梁护栏、混凝土护栏、隧道侧壁和缆索护栏上，其他未设置护栏但需设置轮廓标的路段，可设置柱式轮廓标，其中设置示警桩、示警墩的路段除外。

3 在设置轮廓标的基础上，可辅助设置其他形式的轮廓显示设施，如在护栏立柱上粘贴反光膜等。

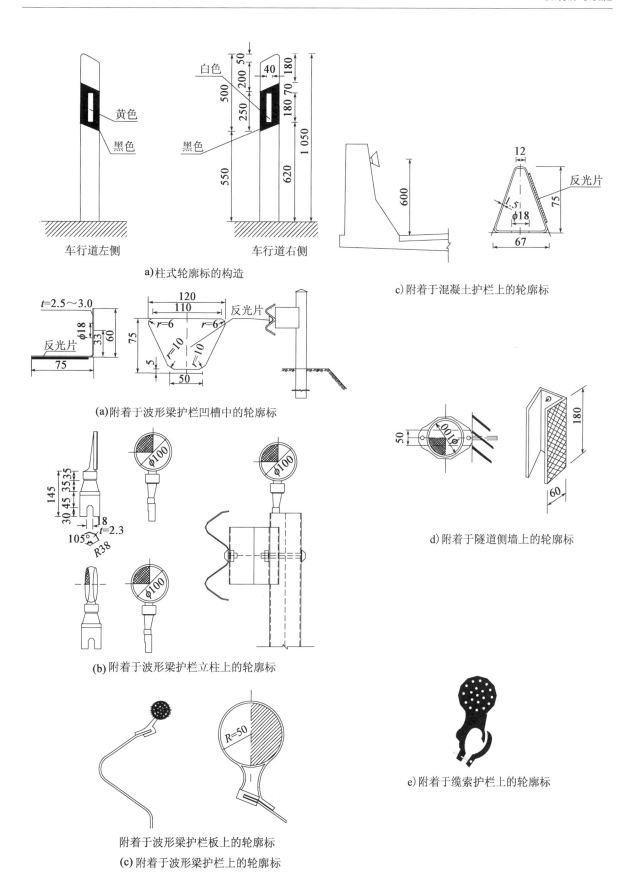

图 7.4.1 轮廓标形式示例（尺寸单位：mm）

4 双向行驶的公路和隧道两侧需要设置轮廓标时，应设置双向反光轮廓标。
5 在线形条件复杂的路段应设置反光性能高、反射体尺寸较大的轮廓标。
6 柱式轮廓标可采用柔性材料。

7.4.2 隧道轮廓带的颜色宜为白色，宽度宜为15~20cm。隧道轮廓带不应侵入建筑限界。

7.4.3 在气候恶劣或事故多发的路段宜采用自发光的视线诱导设施。自发光产品可分为太阳能自发光产品和外供电自发光产品两种。同一路段连续设置自发光产品时，自发光产品必须恒亮或同步缓慢闪烁。采用同步缓慢闪烁时，闪烁频率宜在40~60次/min之间，闪烁频率应可调可控。

条文说明

在一些气候条件较恶劣的地区，如经常有雾、风沙、雨、雪天气出现，或线形条件较复杂时，为了使轮廓标更加醒目，可以采用反光性能更高、更大的反射体。在事故多发路段可适当选用自发光产品。

7.5 构造要求

7.5.1 轮廓标的构造要求应满足现行《轮廓标》（GB/T 24970）的规定。

8 隔离栅

8.1 一般规定

8.1.1 隔离栅的设计应符合下列总体要求：

1 隔离栅应能有效阻止行人、动物误入需要控制出入的公路。

2 隔离栅顶部距地面的高度以 1.5~1.8m 为宜，靠近城镇区域的隔离栅高度可取高限值；在动物身高不超过 50cm 等人烟稀少的荒漠地区，经交通安全综合分析后隔离栅高度可降低至 1.3~1.5m。

3 隔离栅的设计应适应所在地区的地形、气候和环境特点；气候对金属的腐蚀性较强的地区，宜采用防腐性能较好的防腐涂料进行表层处理。

4 隔离栅应保证风荷载下自身的强度和刚度，不承担防撞的功能。隔离栅的结构设计可参考交通标志的相关内容。

条文说明

3 重工业城市或沿海对金属腐蚀较严重的地区，气候对金属的腐蚀性较强，隔离栅要采用较高防腐性能的涂层。

4 隔离栅的结构直接关系到使用效果和寿命，在设计中要以考虑风荷载的影响为主，对人、动物造成的破坏作用可通过结构手段如防盗措施等加以解决。具体计算方法，可参考交通标志结构设计的有关规定。需要指出的是，交通标志结构迎风面基本以实体结构受力为主，而隔离栅的迎风面为网孔结构，网孔结构的折减系数需要考虑网面孔隙率的大小及绿篱的覆盖面积等因素。

8.1.2 隔离栅的设计可按下列顺序实施：

1 收集公路路侧及公路用地范围内的地形资料和全线管理养护机构的位置、互通式立体交叉、桥梁涵洞、隧道、服务设施、沿线城镇村庄的分布的资料。

2 确定合理、有效、美观、经济的设计方案，设计代号见本细则第2章。

8.2 设置原则

8.2.1 除符合下列条件之一的路段外，高速公路、需要控制出入的一级公路沿线两侧必须连续设置隔离栅，其他公路可根据需要设置：
1　路侧有水渠、池塘、湖泊等天然屏障的路段；
2　填方路基路侧有高度大于1.5m的挡土墙或砌石等陡坎的路段；
3　桥梁、隧道等构造物，除桥头、洞口需与路基隔离栅连接以外的路段；
4　挖方路基边坡垂直挖方高度超过20m且坡度大于70°的路段。

8.2.2　隔离栅遇桥梁、通道、车行和人行涵洞时，应在桥头锥坡或端墙处进行围封。对于行人通过较多的路段，可选择强度高的结构进行围封。

8.2.3　隔离栅遇跨径小于2m的涵洞时可直接跨越，跨越处应进行围封，防止行人和动物误入。

8.2.4　隔离栅的中心线应沿公路用地范围界限以内20~50cm处设置。

8.2.5　为满足公路、桥梁和通道等养护管理的需要，可在进出高速公路、需要控制出入的一级公路的适当位置设置便于开启以满足车辆或人员进出的隔离栅活动门，隔离栅的立柱需要根据活动门的大小和开启情况进行加强。

8.2.6　在行人、动物无法误入分离式路基内侧中间区域的条件下，可仅在分离式路基外侧设置隔离栅；在行人、动物可以误入分离式路基内侧中间区域的条件下，宜在分离式路基内侧行人和动物误入的位置设置隔离栅。分离式路基段遇桥梁、通道、车行和人行涵洞时，应按本细则第8.2.2条的规定处理。

8.3　形式选择

8.3.1　隔离栅可选用焊接网、刺钢丝网、编织网、钢板网、隔离墙、绿篱、刺钢丝网和绿篱相结合等。设计时应根据隔离封闭的功能要求，对其性能、造价、美观性、与公路周围景观的协调性、施工条件及养护维修等因素进行综合比较。

条文说明

　　隔离栅形式的选择，要根据隔离封闭的功能要求，对其性能、造价、美观、与公路周围景观的协调、施工条件及养护维修等因素进行综合比较。
　　（1）造价比较：按单位造价由高到低排列其顺序依次为钢板网、电焊网、电焊卷网、编织网、刺钢丝网。
　　（2）后期养护维修的比较：钢板网、电焊网、刺钢丝网在网面及局部破坏后，易修补，维修费用低；编织网在局部破坏后，将影响整张网，不易修补，维修费用高。
　　（3）适应地形的性能比较：钢板网、电焊片网爬坡性能差，一般用于平坦路段；

在起伏较大的路段，如用钢板网、电焊片网，需将其设计成阶梯状，或将网片设计成平行四边形顺坡设置，施工较困难；电焊卷网和编织网爬坡性能较好；编织网网面的柔性、电焊卷网的波纹构造均可适应起伏地形，但其施工需要专门的机械设备；刺钢丝适应地形能力强，爬坡性能优，在地势起伏较大的地形条件下，无须特殊的施工机具，施工方便。

（4）外观比较：钢板网、电焊网、编织网结构合理、美观大方，是城镇沿线、互通区、服务区、风景旅游区等处首选的隔离栅形式；在远离城市等人烟稀少的路段可设置刺钢丝网。

（5）近年来，隔离栅被偷盗的现象时有发生，公路运营管理单位已经加强了管理，但是仍无法杜绝。考虑到隔离栅维护和管理的需要，可以采用隔离墙的形式进行隔离栅的设置，从而减少隔离栅被偷盗的情况。隔离墙隔离效果最好，坚固耐用，但造价高，经论证可在以下情况采用：①由于有些公路设置的位置远离城市，部分公路的电焊网和刺钢丝网等形式的隔离栅经常被破坏或者盗窃，对公路养护管理带来了较大的困难，因此，这些路段可以采用隔离墙的形式；②公路景观和公路文化受到更多重视，根据公路建设和管理的需要，可采用隔离墙作为公路景观设计的载体；③公路外侧存在人员活动较为集中的路段，易燃易爆等危险化学品生产、存储的路段和其他有可能对公路产生较大危害的路段。

8.3.2 下列路段可选择电焊网、编织网、钢板网的形式：
1 靠近城镇人口稠密地区的路段；
2 沿线经过风景区、旅游区、著名地点等的路段；
3 互通式立体交叉、服务区、停车区、管理养护机构两侧。

8.3.3 下列路段可选择刺钢丝网的形式；具备条件时，刺钢丝网可和绿篱结合使用：
1 人口稀少的路段；
2 公路预留地；
3 跨越沟渠而需要封闭的路段；
4 在小型动物出没较多的路段，可设置变孔的刺钢丝网；变孔的刺钢丝网可采用上部的刺钢丝间距较大而下部刺钢丝间距较小的形式。

8.3.4 下列路段可选择隔离墙的形式：
1 焊接网和刺钢丝网等形式隔离栅经常遭到破坏的路段；
2 需要采用隔离墙作为景观设计的路段；
3 公路外侧存在较大不安全影响因素的路段。

8.3.5 根据当地条件，在满足隔离的条件下可采用绿篱作为隔离栅。

8.4 构造要求

8.4.1 金属材料的隔离栅网片、立柱、斜撑、门柱、连接件等应符合现行《隔离栅》（GB/T 26941）的规定。绿篱可以采用灌木或小乔木等，应能阻止行人和动物误入。隔离栅所采用的钢构件均应采用热浸镀锌、锌铝合金涂层、浸塑以及双涂层等方法进行防腐处理，其防腐要求应满足现行《隔离栅》（GB/T 26941）的规定。

条文说明

隔离栅要保证风荷载下自身的强度和刚度，不承担防撞的功能。根据项目所在地区的风压进行隔离栅结构的设计，几种隔离栅形式中，焊接网可分为片网和卷网两种形式。片网用金属丝和卷网用横丝要采用低碳钢丝，其力学性能要符合现行《一般用途低碳钢丝》（YB/T 5294）的规定。卷网用纵丝要采用高强度钢丝，其强度不低于650MPa。刺钢丝网分为普通型和加强型，普通型刺钢丝网股线及刺线要采用低碳钢丝，其力学性能要符合现行《一般用途低碳钢丝》（YB/T 5294）的规定，加强型刺钢丝网股线及刺线要采用高强度低合金钢丝，其抗拉强度要不低于700MPa。刺钢丝的整股破断拉力要不低于4 230N。编织网钢丝及张力钢丝要采用低碳钢丝，其力学性能要满足现行《一般用途低碳钢丝》（YB/T 5294）的规定。钢板网要采用低碳钢板，其化学性能和机械性能要满足现行《碳素结构钢和低合金结构钢 热轧薄钢板和钢带》（GB 912）、《碳素结构钢冷轧薄钢板及钢带》（GB/T 11253）的规定。隔离墙可以采用钢筋混凝土结构形式和砌体结构形式等，分别要符合现行《混凝土结构设计规范》（GB 50010）和《砌体结构设计规范》（GB 50003）的规定。绿篱可以采用灌木或小乔木等，要能阻止行人和动物误入。

隔离栅所采用的钢构件均要采用热浸镀锌、锌铝合金涂层、浸塑以及双涂层等方法进行防腐处理，其防腐要求要满足现行《隔离栅》（GB/T 26941）的规定。

8.4.2 隔离栅具有多种形式和材料，采用的网孔尺寸可根据公路沿线动物的体型进行选择。焊接网和编织网常用的网孔尺寸包括100mm×50mm和150mm×75mm等，最小网孔不宜小于50mm×50mm。隔离栅网孔规格的选取应考虑下列因素：
1 不利于人和小动物攀爬并进入高速公路；
2 在小型动物出没较多的路段，可设置变孔的刺钢丝网；
3 结构整体和网面的强度；
4 与公路沿线景观的协调性；
5 性能价格比。

条文说明

综合考虑不利于人为攀越、结构整体的配合要求、网面的强度（绷紧程度）三个因素，网孔在保证封闭功能的要求下，在保证隔离网自身强度和刚度的条件下，可选用变孔网，以减少工程费用，提高隔离栅的性能价格比。

8.4.3 受地形限制、隔离栅前后不能连续设置时，可自然断开，并以此处作为隔离栅的端部。

条文说明

公路两侧的地形变化很大，有些地点（如陡坎、湖泊、河流、深沟等）隔离栅的设置前后不能连续，需要做好隔离栅的端部处理。

8.4.4 地形起伏较大的路段，隔离栅可沿地形顺坡设置卷网，或将地形整修成阶梯状，采用片网，如图8.4.4所示。

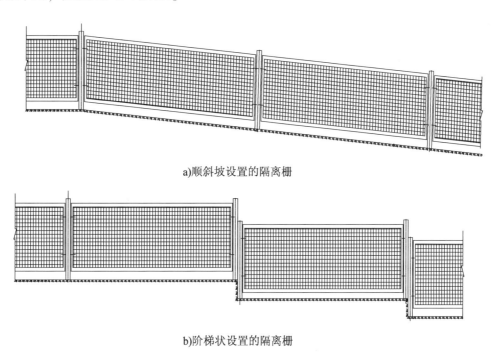

a) 顺斜坡设置的隔离栅

b) 阶梯状设置的隔离栅

图8.4.4 地形起伏较大的路段隔离栅的设置示例

条文说明

编织网、电焊卷网、刺钢丝网对起伏地形适应性较强。而钢板网、电焊网（片网）、编织网（卷网）较差，在起伏地形使用，需设置成阶梯状或将网片特制成平行四边形顺坡设置。如地形起伏过大，可考虑对地形进行一定的整修，尽可能使隔离栅起伏自然，避免局部地段的突然变化。

在地势起伏较大的地区，要尽量避免采用钢板网、焊接片网。这两种形式的隔离栅爬坡性能较差。

8.4.5 隔离栅改变方向处应做拐角设计。

条文说明

为保证隔离栅的有效性，在每段隔离栅的起点和终点，以及因地形条件需要断开的地段，都要针对不同的情况作专门的端头围封设计。在隔离栅需要改变方向的地点，要进行专门的拐角设计。设计时要力求结构稳定、施工方便，保持立柱和隔离网规格的统一性。

9 防落网

9.1 一般规定

9.1.1 防落网的设计应符合下列总体要求：
1 防落网应能阻止落物、落石等进入公路用地范围或公路建筑限界以内。
2 防落网包括防落物网和防落石网。除特殊要求外，防落物网以距桥面高1.8~2.1m为宜，防落石网应根据防护落石区域的面积并结合公路边坡的地形进行设置。
3 防落网的结构计算可参考交通标志的相关内容，其中防落石网应能承受设计边坡落石的冲击力作用。

条文说明

3 防落网的结构直接关系到其使用效果和寿命，在设计中要以考虑风载的影响为主，对人、畜造成的破坏作用可通过结构手段如防盗措施等加以解决。具体计算方法，可参考交通标志结构设计的有关规定。需要指出的是，交通标志结构迎风面基本以实体结构受力为主，而防落网的迎风面为网孔结构，网孔结构的折减系数需要考虑网面孔隙率的大小。对防落网而言，一般有野外攀藤植物依附，维护清除又有困难，使网片的透风性降低，计算风载时，要根据所在地区的不同取不同的孔隙率值。对于防落石网，除风载外，还要考虑边坡落石的冲击力作用。

9.1.2 防落网的设计可按下列顺序实施：
1 收集公路路侧至公路用地范围内的地质地形、桥梁、通道等资料。
2 确定合理、有效、美观、经济的设计方案，设计代号见本细则第2章。

9.2 防落物网

9.2.1 防落物网设置应遵循下列原则：
1 上跨铁路、饮用水水源保护区、高速公路、需要控制出入的一级公路的车行或人行构造物两侧均应设置防落物网。
2 公路跨越通航河流、交通量较大的其他公路时，应设置防落物网。
3 需要设置防落物网的桥梁采用分离式结构时，应在桥梁内侧设置防落物网。

4 已经设置声屏障的公路路段，可不设置防落物网。

5 防落物网应进行防腐和防雷接地处理，防雷接地的电阻应小于10Ω。

6 防落物网的设置范围为下穿铁路、公路等被保护区的宽度（当上跨构造物与下穿公路斜交时，应取斜交宽度）并各向路外分别延长10～20m，其中上跨铁路的防落物网的设置范围还应符合铁路部门的有关规定。

9.2.2 防落物网按网片形式可分为钢板网、编织网、电焊网、实体板等。选择防落物网形式时，必须考虑其强度、美观性、与公路周围环境的协调性、施工养护的方便性等因素。

9.2.3 防落物网的构造应符合下列规定：

1 防落物网所采用的金属网的形式可与隔离栅相同，其网孔规格不宜大于50mm×100mm，公路跨越铁路时网孔规格不宜大于20mm×20mm。

2 公路跨越铁路电气化区段的上跨立交桥防落物网应设置"高压危险"警示标志。

3 跨越高速铁路的立交桥防落物网距桥面的高度应不低于2.5m，跨越一般铁路的立交桥防落物网距桥面的高度应不低于2.0m。

9.3 防落石网

9.3.1 防落石网设置应遵循下列原则：

1 在高速公路或一级公路建筑限界内有可能落石，经落石安全性评价对公路行车构成影响的路段，应对可能产生落石的危岩进行处理或设置防落石网。

2 二级及二级以下公路有可能落石并影响交通安全的路段，宜处理危岩或设置防落石网。

3 防落石网应充分考虑地形条件、地质条件、危岩分布范围、落石运动途径及与公路工程的相互关系等因素后加以设置，宜设置在缓坡平台或紧邻公路的坡脚宽缓场地附近。

条文说明

高速公路及一级公路设置的防落石网要能避免落石对公路安全产生危害。其他公路存在落石危险的路段要进行综合考虑，充分考虑安全、经济、美观等因素，可设置防落石网、警告标志或其他设施，以保障安全。

9.3.2 防落石网的结构设计应包括下列内容：

1 根据落石的计算动能选择防落石网的型号。

2 根据计算落石的弹跳高度，确定防落石网的高度。

3 确定防落石网的布置方式，即确定防落石网的长度与走向。

4 选择合适的钢柱、柔性锚杆、基座、连接件等构件，计算确定钢柱间距。

5 通过分析确定基座及系统的铅直方位，必要时应采用防倾倒螺杆。

6 拉锚系统的设计。

7 选择和确定合适的支撑绳、减压环、钢丝绳网、缝合绳、格栅等相应配套设施的型号及规格。

条文说明

落石计算的内容包括腾越计算、弹跳计算和冲击力检算三个部分，但落石运动非常复杂，坡面地形因素、地质因素、石块强度和大小等影响因素众多，目前并没有公认适宜的方法。各种计算方法的计算结果仅是一种近似值，偏差往往很大。目前被动网的设计更多的是经验设计或保证一定体积、一定速度、一定高度范围以内的落石被被动拦截而不危害公路安全。

9.3.3 选择防落石网形式时，应符合下列规定：

1 防落石网可选择钢丝绳网和环形网，需拦截小块落石时可附加一层钢丝格栅，如图9.3.3-1所示。

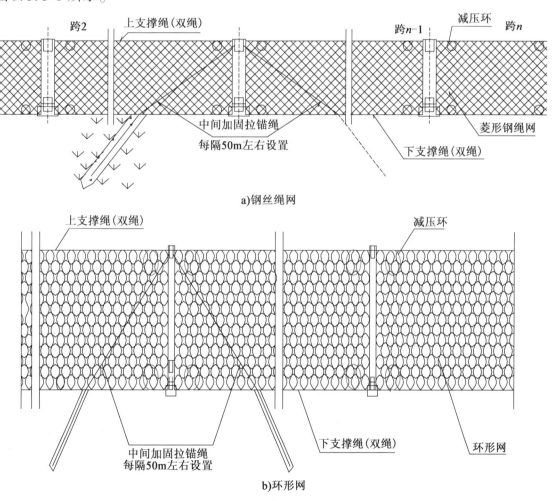

图9.3.3-1 防落石网设置示例

2 防落石网的选型及安装方式应考虑防落石网的防护能量、结构形式、美观性、与公路周围环境的协调性、施工养护的方便性等因素，如图9.3.3-2所示。

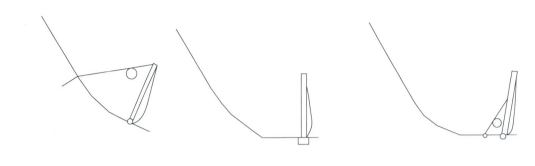

a) 三种基本安装方式

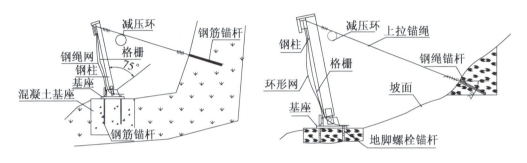

b) 钢丝绳网及环形网安装示意图

图9.3.3-2 被动型防落石网的常用安装形式示例

条文说明

1 对采取主动防护措施不使其产生落石病害的路基防护工程，包括主动防护网，属于路基防护工程的范围，其设置要符合现行《公路路基设计规范》（JTG D30）的规定。被动型防落石网按网片形式可分为钢丝绳网和环形网，其中环行网能力有限，极少使用，几乎所有被动网其主网均为钢丝绳网。设置实例如图9-1所示。

a) 钢丝绳网　　　　　　　　　　b) 环形网

图9-1 防落石网设置实例

2 防落石网的安装方式，根据其防护能量、结构形式、特征构成、与公路周围环境的协调性、施工养护的方便性的不同进行选用。

9.3.4 防落石网的构造应符合下列规定：
1 防落石网的网孔规格宜根据其防护的落石频率和规格合理确定。
2 防落石网应具有易铺展性和高防冲击能力，并便于工厂化生产。
3 所有钢构件均应按现行《公路交通工程钢构件防腐技术条件》（GB/T 18226）的规定进行防腐处理。

条文说明

1 防落石网的构造要求要根据实际情况具体分析，参考现行《铁路沿线斜坡柔性安全防护网》的规定，网块规格以展开张紧后的外边缘边长表示有2m×2m、4m×4m、4m×2m、5m×6m、5m×5m、5m×4m、5m×3m等规格的矩形、直角三角形和斜角菱形网块，网孔规格以其菱形边长表示有300mm、250mm、200mm、150mm、120mm、100mm等规格，要根据防护落石的尺寸进行确定。网眼尺寸问题并不代表其抗冲击能力，抗冲击能力主要由钢绳强度、减压环等确定。需拦截小块落石时附加一层钢丝格栅（环形网）即可。

2 防落石网的结构形式，要根据其防护能量进行确定。防落石网一般采用边坡柔性被动防护系统，该系统由钢丝绳网或环行网（需拦截小块落石时附加一层钢丝格栅）、固定系统（锚杆、拉锚绳、基座和支撑绳）、减压环和钢柱四个主要部分构成。被动防护网防护能力是有限的。资料表明，常用的三种型号RX-025、RX-050、RX-075其防护能量分别为250kJ、500kJ、750kJ，理论上防护能力可以更高。目前RX-075是常用型号中防护能力较强的一种，但该系统的原理决定了如其防护能量过大，并不适宜或并不经济。

常用防落石网的型号、网型、结构配置及防护功能见表9-1。

表9-1 常用防落石网

型号	网型	结构配置	防护功能
RX-025	DO/08/250	钢柱+支撑绳+拉锚系统+缝合绳+减压环	拦截撞击能250kJ以内的落石
RX-050	DO/08/200	同RX-025	拦截撞击能500kJ以内的落石
RX-075	DO/08/150	同RX-025	拦截撞击能750kJ以内的落石
RXI-025	R5/3/300	钢柱+支撑绳+拉锚系统+缝合绳	同RX-025
RXI-050	R7/3/300	同RXI-025	同RX-050
RXI-075	R7/3/300	同RX-025	同RX-075
RXI-100	R9/3/300	同RX-025	拦截撞击能1 000kJ以内的落石
RXI-150	R12/3/300	同RX-025	拦截撞击能1 500kJ以内的落石
RXI-200	R19/3/300	同RX-025	拦截撞击能2 000kJ以内的落石

续表 9-1

型号	网型	结构配置	防护功能
AX-015	DO/08/250	同 RX-025	拦截撞击能 150kJ 以内的落石
AX-030	DO/08/200	同 RX-025	拦截撞击能 300kJ 以内的落石
AXI-015	R5/3/300	同 RXI-025	同 AX-015
AXI-030	R7/3/300	同 RX-025	同 AX-030
CX-030	DO/08/200	同 RX-025	同 AX-030
CX-050	DO/08/150	同 RX-025	同 RX-050
CXI-030	R7/3/300	同 RXI-025	同 AX-030
CXI-050	R7/3/300	同 RX-025	同 RX-050

注：1. 型号中后边数字代表被动防护网的能量吸收能力。如"050"表示系统最大能量吸收能力为 500kJ，"150"表示系统最大能量吸收能力为 1 500kJ，依次类推。

2. 本表摘自《铁路沿线斜坡柔性安全防护网》。需要说明的是，尽管被动防护系统具有明显的柔性，但它不是无限的，当落石速度超过 25m/s 时，即便落石动能没有达到系统的防护能级，在系统的其他构件不发生明显变形破坏时，也可能会因子弹效应而使柔性网发生穿透性破坏。因此，当预计落石速度过大时，要考虑改用主动防护系统或在不同高程分段设置拦石网等。

10 防眩设施

10.1 一般规定

10.1.1 防眩设施主要包括防眩板、防眩网和植树防眩等形式。

10.1.2 防眩设施的设计应符合下列总体要求：
1 防眩设施应按部分遮光原理设计，直线路段遮光角不应小于8°，平、竖曲线路段遮光角应为8°~15°。
2 防眩设施设置时不得影响公路的停车视距。
3 防眩设施所用材料不得反光。
4 防眩设施结构计算可参考交通标志的相关内容。

条文说明

1 防眩设施既要有效地遮挡对向车辆前照灯的眩光，也要满足横向通视好、能看到斜前方，并对驾驶人心理影响小的要求。如采用完全遮光，反而缩小了驾驶人的视野，影响巡逻管理车辆对对向车行道的通视，且对驾驶人行车有压迫感。同时，无论白天或黑夜，对向车行道的交通状况是行车的重要参照系，其中很重要的一点是驾驶人在夜间能通过对向车前照灯的光线判断两车的纵向距离，使其注意调整行驶状态。从国外试验结果可知，相会两车非常接近（小于50m）时，光线不会影响视距，但当达到某一距离时，眩光会对视距产生较大的影响。防眩设施不需要很大的遮光角也可获得良好的遮光效果。所以，防眩设施不一定要把对向车灯的光线全部遮挡，而采用部分遮光的原理，允许部分车灯光穿过防眩设施，当然透光量不要使驾驶人感到不舒适。

2 在曲线半径较小且中央分隔带较窄的弯道上，设置防眩设施可能会影响曲线外侧车道的视距。因此，在设置防眩设施之前要进行停车视距的分析，保证设置防眩设施后不会减小停车视距。对停车视距的影响是随中央分隔带宽度和曲线半径的减小而趋于严重，故对在弯道上设置防眩设施可能引起的视距问题要予以足够的重视。

弯道上设置的防眩设施如果经检验影响了视距，则可考虑降低防眩设施的高度。降低高度后的防眩设施可阻挡对向车前照灯的大部分眩光，且驾驶人能看见本车道前方车流中最后一辆车的顶部，这个高度值一般在1.2m左右。另外也可考虑将防眩设施的设置位置偏向曲线内侧，但此方法对于较小半径的弯道来说，效果并不明显，景观效果也不好，因而主要在较大半径的曲线路段采用。

如采取上述方法仍不能得到较好的防眩效果和景观效果，则不宜在中央分隔带上设置防眩设施。如确需设置，则可采取加宽中央分隔带的方法，使车道边缘至防眩设施之间有足够的余宽，以保证停车视距。日本东名高速公路就采取了加宽中央分隔带的方法，取得了明显的成效，使东名高速公路成为绿茵连续的优美舒适公路。这是日本东名与名神高速公路的区别之一。

4　防眩设施在满足构造要求的前提下，一般能抵抗风载的破坏，可不进行力学计算。但在经常遭受台风袭击的沿海地区和常年风力较大，有刮倒树木或破坏道路设施的地区，在设计上要对防眩板及其连接部件或基础进行力、学验算。具体计算方法可参考交通标志的内容。

10.1.3　防眩设施设计可按下列顺序实施：

1　收集公路沿线中央分隔带宽度、护栏结构形式、各类构造物及相邻路网的分布数据、公路平纵曲线数据。

2　确定防眩设施实施地点和实施方案，设计代号见本细则第2章。

10.2　遮光角计算

10.2.1　直线路段遮光角 β_0 如图10.2.1所示，应按式（10.2.1）计算：

$$\beta_0 = \tan^{-1}\left(\frac{b}{L}\right) \tag{10.2.1}$$

式中：b——防眩板的宽度（m）；

L——防眩板的纵向间距（m）。

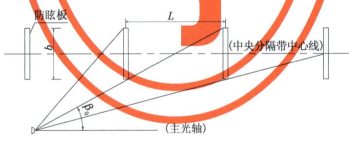

图10.2.1　遮光角计算图示

10.2.2　平曲线路段遮光角 β 应按式（10.2.2）计算。

$$\beta = \cos^{-1}\left(\frac{R - B_3}{R}\cos\beta_0\right) \tag{10.2.2}$$

式中：R——平曲线半径（m）；

B_3——车辆驾驶人与防眩设施的横向距离（m）。

10.2.3　防眩网遮光角应根据不同的网孔宽度和板材厚度计算确定。

10.3 设置原则

10.3.1 高速公路、一级公路中央分隔带宽度小于9m且符合下列条件之一者，宜设置防眩设施：

1 夜间交通量较大，且设计交通量中，大型货车和大型客车自然交通量之和所占比例大于或等于15%的路段；
2 设置超高的圆曲线路段；
3 凹形竖曲线半径等于或接近于现行《公路工程技术标准》（JTG B01）规定的最小半径值的路段；
4 公路路基横断面为分离式断面，上下车行道高差小于或等于2m时；
5 与相邻公路、铁路或交叉公路、铁路有严重眩光影响的路段；
6 连拱隧道出入口附近。

条文说明

1 在公路上两车相会时，驾驶人受眩光影响的程度与两车的横向距离有很大的关系。英国道路交通研究所（TRRL）《相对两车前照灯对视距的影响》研究表明：当两车横距较大（$S=15m$）时，两车纵距愈小，视距愈大，特别是两车很接近时，视距显著增加。当横距$S=40m$时，视距几乎与纵距无关。

交通运输部公路科学研究院进行的防眩试验也表明，当相会两车横向距离达14m以上时，相会两车灯光不会使驾驶人炫目，这一结果和英国试验结果一致。

国内外的研究者普遍认为：提供足够的横向距离以消除对向车前照灯眩目是理想的防眩设计。国外6车道的高速公路，除满足日间的交通量需求外，夜间左侧车道（靠近中央分隔带的车道）上几乎没有或很少有车辆行驶，甚至中间车道的车辆也不多。这样，两车相会时有足够的横向距离，消除了对向车行道前照灯的炫目影响。英国高速公路车辆行驶规则规定：不是为了超车或边车道无空时，不得使用右侧车行道（英国正常行车规则为左行，右侧超车），这样，对向车流间有足够的横向距离，因而无炫目影响，或影响甚微，可不设防眩设施。

我国2004年5月1日施行的《中华人民共和国道路交通安全法实施条例》规定：在道路同方向划有2条以上机动车道的，左侧为快速车道，右侧为慢速车道。当中央分隔带宽度为7m时，加上两条左侧路缘带宽$2\times0.75=1.5m$，中间带宽度为8.5m。如相会两车都在快速车道上行驶，其横向间距值为12.25m（$S=8.5+2\times3.75/2=12.25m$），故当中央分隔带宽度大于9m时，一般都能有效地降低眩光对驾驶人行车影响，或说眩光对驾驶行为的影响可以不考虑。因而本细则规定在中央分隔带宽度大于或等于9m时，就不必设置防眩设施了。

2~7 防眩设施的设置取决于很多条件，除第1款外，符合本条第2款~第7款条件之一者也要设置防眩设施。夜间交通量大、大型车混入率较高的路段，这是设置防眩设施的主要条件。其他如平曲线、竖曲线路段，车辆交织运行路段、连拱隧道出入口附近等，可根据其对驾驶人炫目影响的程度确定是否设置防眩设施。当公路路基的横断面为分离式断面，上下车行道不在同一水平面时，理论计算和实践经验均表明，若上下车行道的高差小于或等于2m，会车时眩光对驾驶人的影响较大，需要设置防眩设施。在高差大于2m时，眩光影响较小，并且在这种情况下，一般都要在较高的车行道旁设置路侧护栏，而护栏（除缆索护栏外）也能起到部分遮光的作用，因而此时也就不必设置专门的防眩设施了。

设计防眩设施时，要根据本细则的有关规定，结合公路交通的具体情况，通过进行必要的投资效益比分析，对防眩设施的设置路段、形式做出选择。

10.3.2 非控制出入的一级公路平面交叉、中央分隔带开口两侧各100m（设计速度不小于80km/h）或60m（设计速度60km/h）范围内可逐渐降低防眩设施的高度，由正常高度降至开口处的0高度，否则不宜设置防眩设施。过村镇路段不宜设置防眩设施。

条文说明

在无封闭设施的路段上设置防眩设施，如有人翻越防眩设施或从中跳出，往往使驾驶人猝不及防。尤其在夜间，以一定间距栽植的树木在灯光的照射下就像人站立在路旁一样，使驾驶人感到紧张，而更加谨慎地行车。即使道路条件好，驾驶人也不敢将车速提高，而且本能地使车辆轨迹偏离车道，即离中央分隔带远些。许多统计资料都表明，在无封闭设施的路段设置防眩设施后，反而使该路段的事故率增加，尤其是恶性事故率上升，这与侧向通视不好致使驾驶人对前方的突发事件反应不及有关。因此，在无封闭设施的路段是否设置防眩设施、选择什么类型的防眩设施要予慎重考虑。如确需设置，则要选择好防眩设施的形式和高度，既尽量不给人、畜随意横穿的可能，又要有利于驾驶人横向通视。非控制出入的一级公路平面交叉和中央分隔带开口处有行人及车辆穿越，若连续设置防眩设施，驾驶人在突发情况下往往反应不及，防眩设施要在路口一定范围内断开或逐渐降低防眩设施高度加以提醒。根据停车视距的要求，设计速度不小于80km/h时，靠近中央分隔带车行道行驶的车辆发现行人到完全停止的防眩设施开口长度要求为100m左右，设计速度为60km/h时，防眩设施开口长度要求为60m左右，故建议一级公路平面交叉、中央分隔带开口两侧一定范围内不宜设置防眩设施。考虑到车辆驾驶人遇到平面交叉、中央分隔带开口的减速心理及外侧车道行驶等其他因素，平面交叉路口的防眩设施断开长度可适当缩小。

10.3.3 公路沿线有连续照明设施的路段，可不设置防眩设施。

条文说明

在有连续照明设施的路段，车辆夜间一般都以近光灯行驶，会车时炫目影响甚微，显然在这种情况下可以不考虑设置防眩设施。

10.3.4 防眩设施连续设置时，应符合下列规定：
1 应避免在两段防眩设施中间留有短距离间隙。
2 各结构段应相互独立，每一结构段的长度不宜大于12m。
3 结构形式、设置高度、设置位置发生变化时应设置渐变过渡段，过渡段长度以50m为宜。

条文说明

1 防眩设施的设置要考虑连续性，避免在两段防眩设施之间留有短距离的间隙，因为这种情况会给毫无思想准备的驾驶人造成很大的潜在眩目危险，易诱发交通事故，而且从人的视觉感受和景观上来说效果也不好。

2 防眩板要以一定长度的独立结构段为制造和安装单元。这种结构段的长度一般小于12m，视采用材料、工艺情况而定。防眩板设置在道路上，免不了要遭受车辆的冲撞而损坏。为减轻损坏的严重程度，方便更换维修，设计时要每隔一定距离使前后相互分离，使各段互不相连。这样做既有利于加工制作和运输安装，而且从防止温度应力破坏的角度来说也是必需的。防眩板每一独立段的长度可与护栏的设置间距相协调，选择4、6、8、12m或稍长一些都是可以的。

3 防眩设施的设置高度原则上要全线统一。不同防眩结构的连接要注意高度的平滑过渡，不要出现突然的高低变化。设置在凹形竖曲线路段的防眩设施，其设置高度要根据竖曲线半径及纵坡情况由计算确定，并在一定长度范围（渐变段）内逐步过渡，以符合人的视觉特性。该渐变段的长度与人的视觉特性、结构尺寸和变化幅度和车辆的行驶速度（公路等级）等有关，该渐变段的长度宜大于50m。但在设计中，要根据具体情况确定合适的渐变段长度。另外，防眩板板条宽度的变化幅度一般都不大，故其渐变段的长度还可小一些。

10.4 形式选择

10.4.1 选择防眩设施形式时，应针对公路的平纵线形、气候条件，充分比较各种防眩设施的性能，分析行驶安全感、压迫感、景观要求，并考虑与公路周围环境的协调，结合经济性、施工条件及养护维修等因素综合确定。

条文说明

除植树（灌木）外，在公路上设置的防眩设施有很多形式。总的来说，有网格状的防眩网、栅样式的防眩网、扇面式的防眩扇板及本细则中推荐使用的板条式防眩板等形式；制造材料方面，有金属的也有塑料等合成材料的。经过几十年的发展和淘汰，目前在世界各国使用最广泛的主要是防眩板及防眩网两种形式。

就防眩板和防眩网而言，交通运输部公路科学研究院在"七五"国家科技攻关中就防眩设施的形式选择，通过大量的资料分析和调查研究，从下列方面对防眩设施的性能进行了综合比较：

(1) 有效地减少对向车前照灯的炫目；
(2) 对驾驶人的心理影响小（行车质量的影响、单调感）；
(3) 经济性；
(4) 良好的景观（美观）；
(5) 施工简单、养护方便；
(6) 对风阻力小，积雪少；
(7) 有效地阻止人为破坏和车辆损坏；
(8) 通视效果好。

研究结果表明（表10-1）：防眩板是一种经济、美观、对风阻挡小、积雪少、对驾驶人心理影响小的防眩设施，尤其是适当板宽的防眩板与混凝土护栏配合使用效果更佳。从而确定防眩板是最佳的结构形式。本细则主要推荐防眩板和植树两种形式作为我国公路上防眩设施的基本形式。

表10-1　不同防眩设施的综合性比较

特　　点	植树（灌木）		防眩板	防眩网
	密集型	间隔型		
美观	好		好	较差
对驾驶人心理影响	小	大	小	较小
对风阻力		大	小	大
积雪		严重	好	严重
自然景观配合	好		好	不好
防眩效果	较好		好	较差
经济性	差	好	好	较差
施工难易	较难		易	难
养护工作量	大		小	小
横向通视	差	较好	好	好
阻止行人穿越	较好	差	较好	好
景观效果	好		好	差

10.4.2　高速公路、一级公路宜采用防眩板和植树两种方式交替设置进行防眩。在进行技术经济论证后，也可采用其他的防眩形式。对中央分隔带有隔离要求的路段可采用防眩网，积雪严重的路段可采用防眩板。

条文说明

就防眩板和植树（灌木）两种形式的具体设置而言，当中央分隔带宽度较小时，要以防眩板为主进行防眩；而在中央分隔带较宽、地形变化较大、需要保护自然景观并且气候条件也较适宜植树时，可采用植树（灌木）防眩。从经济、景观、养护和克服单调性等方面而言，防眩板和植树相结合是比较理想的形式。设置缆索护栏时，因缆索护栏与防眩板结合设置会给人以"头重脚轻"之感，景观效果不好，再加之缆索护栏是柔性结构，不能很好地对防眩板起保护作用。车辆侧撞或侧擦对缆索护栏可能没有什么损伤，而防眩板却可能遭受破坏，或产生变形，修复较困难。如植树与缆索护栏结合设置，既能起到防眩的作用，也弥补了缆索护栏诱导效果不理想的缺点，景观效果极佳。故在设置缆索护栏的路段，最好采用植树防眩。需强调的是，这些规定都不是绝对的，在什么条件下需设置防眩板或植树，要从本细则第10.4.1条的条文说明所列出的八个方面进行比较后，结合具体的情况而定。

10.4.3 中央分隔带护栏间距小于树冠直径时，或植树对中央分隔带通信管道有影响时，以及寒冷地区、干旱、半干旱地区路基填料采用水稳性差的材料时，不宜采用植树防眩。

条文说明

植树防眩要根据中央分隔带的宽度合理选择树种。若植树需侵占道路净空时，要改为人工防眩设施防眩。

10.5 构造要求

10.5.1 防眩板宽度和间距应满足防眩要求，所用材料应符合现行《防眩板》（GB/T 24718）的规定；植树防眩的树丛间距应根据树冠有效直径经计算确定。

10.5.2 防眩网板材厚度可采用2～3mm，网面高度可采用50～110cm，长度200～400cm，网格尺寸计算确定。

条文说明

防眩板的结构设计要素有：遮光角、防眩高度、板宽、板的间距等。其中遮光角和防眩高度最重要。由于防眩板的宽度部分阻挡了对向车前照灯的眩光。也就是说，在中央分隔带连续设置一定间距、一定宽度的防眩板后，当与前照灯主光轴水平夹角（遮光角）的光线照射到防眩板上，它刚好被相邻两块板条所阻挡。因此遮光角是设计的重要参数。

防眩板条的间距规定为50～100cm。主要是为了与护栏的设置间距相吻合，同时也有利于加工制作；另外，还在于按此间距计算出的板宽能很好地与护栏顶部宽度尺寸相配合。

10.5.3 防眩设施的高度可按式（10.5.3）计算：

1 直线路段防眩设施的高度 H：

$$H = h_1 + (h_2 - h_1) B_1 / (B_1 + B_2) \qquad (10.5.3)$$

式中：h_1——汽车前照灯高度（m），如表10.5.3；

h_2——司机视线高度（m），如表10.5.3；

B_1、B_2——分别为车行道上车辆距防眩设施中心线的距离（m），$B = B_1 + B_2$，如图10.5.3。

表 10.5.3 驾驶人视线高度和前照灯的高度值

车 种	视线高度 h_2（m）	前灯高度 h_1（m）
大型车	2.0	1.0
小型车	1.30	0.8

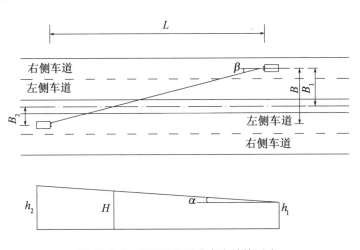

图 10.5.3 防眩设施最小高度计算图式

2 在竖曲线路段，当竖曲线半径小于现行《公路工程技术标准》（JTG B01）所规定的一般最小半径时，应根据竖曲线路段前后纵坡的大小计算防眩设施的高度是否满足遮光要求。

3 防眩设施的高度不宜超过2m。

条文说明

防眩设施的高度与驾驶人的视线高度和前照灯的高度有直接关系。在公路线形设计中，我国采用的驾驶人视线高度标准值是1.20m，而在实际行驶的车辆群体中，由于车辆结构和驾驶人个体等因素的差别，驾驶人的视线高变化很大。根据调查我国汽车驾驶人视线高度建议值为小型车1.30m，大客车2.20m，卡车2.00m。汽车前照灯高度建议值为小型车0.8m，大型车为1.0m。

在凸形竖曲线路段，驾驶人可在一定范围从较低的角度看到对向车前照灯的眩光，随着两车驶近，视线上移，眩光才被防眩设施遮挡。故在凸形竖曲线路段，防眩设施的下缘要接近或接触路面或在中央分隔带上种植密集式矮灌木，以消除这种眩光的影响。其设置的范围至少为凸形竖曲线顶部两侧各120m，因平直路段感觉不到眩光的两车最小纵距即为120m左右，汽车远射灯光的照距一般也在120m左右。

在凹形竖曲线路段，驾驶人显然可从较高的角度看到对向车前照灯的眩光，因而宜根据凹形竖曲线的半径和前后纵坡度的大小，适当增加凹形竖曲线路段防眩设施的高度。一般可通过计算或计算机绘图求出凹形竖曲线内各典型路段相应的防眩设施高度值，最后取一平均数值作为整个凹形竖曲线的设置高度。显然，在凹形竖曲线路段种植足够高度的树木防眩是比较理想的形式，它可为驾驶人提供优美的视觉环境。

为使防眩设施的高度能与道路的横断面比例协调，不使防眩设施受冲撞后倒伏到车行道上，及减少行驶的压迫感，防眩设施的高度不宜超过2m。

10.5.4 防眩设施宜独立设置。有特殊限制需要与护栏配合设置时，其结构处理应符合下列规定：

1 防眩设施固定在混凝土护栏顶部时，可按独立结构段为单位进行安装。

2 防眩设施与波形梁护栏配合设置时，可通过连接件将防眩设施架设在护栏上，或通过立柱将防眩设施埋设于中央分隔带上。

3 防眩设施与护栏组合设置后，不应影响护栏的阻挡、缓冲、导向等正常使用功能。

10.5.5 在平曲线段或竖曲线段设置防眩网时，单片长度不宜大于2.5m。

条文说明

从我国防眩设施和中央分隔带护栏的设置原则可看出，两者设置条件考虑的基本因素多数是一致的。一般在需设置防眩设施的路段，基本上也需设置中央分隔带护栏，因而防眩设施宜与护栏配合设置。而且，防眩设施与护栏配合设置具有一定的优越性：首先，可大大降低防眩设施的投资，防眩设施与护栏配合设置就可利用护栏作为支撑结构，护栏本身可作为防眩的一个组成部分，从而节省投资降低造价；其次，护栏对防眩设施可起到保护的作用，由于防眩设施本身并不具备防撞功能，因而与护栏配合使用时，护栏就起了保护的作用，使防眩设施受冲撞破坏的概率降低，从而可节省大量的维修养护费用。实践表明：防眩设施与护栏可以互为补充，能起到增强道路景观的作用。

防眩板与中央分隔带护栏配合设置，在结构处理上可以有两种办法：

（1）防眩板与混凝土护栏相结合，主要通过混凝土护栏顶上的预埋件来实现，一般采用预埋地脚螺栓连接。

（2）防眩板与波形梁护栏相结合，可在分设型护栏立柱上设置型钢横梁（如槽钢），防眩板固定在槽钢上，也可在组合型护栏立柱上固定防眩板。

10.5.6 采用植树防眩时，应根据当地气候条件，选择易成活、根系发达且对埋土深度要求较浅、枝叶茂密、落叶少、养护工作量少的树种。

条文说明

本细则未对植树防眩作过多要求，主要是考虑到各地气候条件不同，代表性树种差异较大，防眩设置高度及间距也不同。建议根据当地气候条件，选择易成活、根系发达且对埋土深度要求较浅、枝叶茂密、落叶少、养护工作量少、有成功应用经验的树种。植树防眩的高度及树丛间距要根据树冠高度及有效直径大小灵活选用。

11 避险车道

11.1 一般规定

11.1.1 避险车道由引道、制动床、救援车道等构成。

11.1.2 避险车道应设置相关的交通标志、标线、轮廓标等交通安全设施。

11.1.3 高速公路避险车道宜设置照明、监控等管理设施，其他等级公路根据需要可设置照明、监控等管理设施。各等级公路的避险车道应在合适位置设置救援电话告示标志。

11.1.4 避险车道应设置完备的排水系统，以避免制动床冻结和制动床基底的污染。

11.2 避险车道设置

11.2.1 在连续下坡路段，应根据车辆组成、坡度、坡长、平曲线等公路线形和交通特征以及交通事故等因素，在货车因长时间连续制动而制动失效风险高的路段结合路侧环境确定是否设置避险车道以及具体设置位置，并应符合下列规定：

1 新建公路的连续长、陡下坡路段，当平均纵坡和坡长满足表11.2.1的规定，且交通组成的货车构成比例达到20%～30%时，宜结合交通安全评价结论，考虑设置避险车道。

表11.2.1 连续长、陡下坡路段考虑设置避险车道的平均纵坡和坡长

平均坡度（%）	2.5	3.0	3.5	4.0	4.5	5.0	5.5	6.0
连续坡长（km）	20.0	14.8	9.3	6.8	5.4	4.4	3.8	3.3
相对高差（m）	500	450	330	270	240	220	210	200

2 在已开通运营公路的连续下坡路段，应将与制动失灵有关的事故多发段（点）作为确定避险车道位置的首要考虑因素。分析连续长、陡下坡路段的货车制动失效事故特征，参考制动毂温度实测数据和货车运行速度实测数据，结合公路线形、路侧地形条件、桥隧结构物位置以及视认性要求等选择避险车道的设置位置。

条文说明

避险车道的设置最早起源于美国，1956年在美国加利福尼亚诞生了第一条用于救助失控车辆的避险车道。美国避险车道数量发展很快，1990年的统计表明，在美国27个州中总计设置了170条避险车道。在避险车道设置方面，美国联邦公路局（FHWA）开发的坡道严重度分级系统（Grade Severity Rating System，GSRS）是到目前为止连续长大下坡路段是否需要设置紧急避险车道运用最为广泛的分析工具。GSRS使用预先确定的制动毂温度限值（260℃）来建立坡道的最大安全下坡速度，最大安全速度被定义为以此速度在坡底紧急制动，制动毂温度不会超过预先确定的温度限值。该系统模型纳入"国际道路协会"（World Road Association）作为连续下坡货运车辆制动毂温升预测的主要技术方法。

美国在其他一些文献及设计手册中，对避险车道的设置也进行了相关规定，如：美国公路与运输工作者协会（AASHTO）2001年发布的《*A POLICY ON GEOMETRIC DESIGN OF HIGHWAYS AND STREETS*（公路和街道几何设计政策）》、美国土木工程师协会（ASCE）出版的文献、亚利桑那州的《公路设计指导方针》及北卡罗莱纳州的《公路设计手册》等。

除美国外，许多国家对避险车道的设置也开展过广泛的研究，如澳大利亚昆士兰州的《公路规划和设计指南》，南非的《几何设计手册》等，都根据该国的实际情况，对于如何设置避险车道都作出了相应规定。

与国外相比，国内在紧急避险车道设置和研究方面起步较晚。1998年，北京八达岭高速公路设置了国内第一条避险车道，减轻了交通事故造成的伤害和损失。近年来，避险车道数量大幅度增长，但相应的规范或指南还没有出台，各地在避险车道设置方面还没有统一的遵循标准。《公路工程技术标准》（JTG B01—2014）中规定在"连续长、陡下坡路段，要结合交通安全评价论证设置避险车道"，《公路路线设计规范》（JTG D20—2017）中也并没有规定避险车道具体的设置原则。现阶段，对于已运营道路，避险车道设置主要考虑的是失控车辆的事故率；对于新建公路，避险车道的设置主要依靠设计人员的主观判断。

本细则在总结国内外避险车道设置的研究成果及经验基础上，提出了避险车道的设置方法。对于已运营公路的连续下坡路段，要根据历史事故记录，在货车制动失效事故频发的路段考虑设置避险车道。对于新建公路要结合车辆组成、坡度、坡长、平曲线等交通和道路特征，货车因长时间连续制动而制动失效风险高的路段要考虑设置避险车道。一般情况，交通组成中大、中型载货汽车自然交通量占50%以上属于比例较高者，鉴于交通事故属小概率事件，建议大、中型载重车自然交通量占30%以上，甚至更低时也要考虑设置必要的避险车道。

在确定避险车道设置位置时，可应用货车在连续下坡过程的制动毂温升模型预测货车制动失灵的位置。近年，我国一些科研院所和高等院校根据我国货车的实际情况建立了制动毂温升模型，或对"国际道路协会"（World Road Association）推荐的模型修订校准后预测货车可能发生制动失效的位置，为避险车道设置位置提供了理论依据。

11.2.2 避险车道宜设置在连续下坡路段右侧视距良好、车辆不能安全转弯的主线平曲线之前或路侧人口稠密区之前的路段。避险车道宜沿较小半径的平曲线路段的切线方向，如设置在直线或大半径曲线路段时，避险车道与主线的夹角宜小于5°。

11.2.3 避险车道的设置位置及形式宜结合地形、线形条件确定，设置位置处宜避开桥梁，并应避开隧道。

11.3 避险车道几何设计

11.3.1 避险车道入口之前宜采用不小于表11.3.1规定的识别视距。条件受限制时，识别视距应大于1.25倍的主线停车视距。

表11.3.1 避险车道入口的识别视距

制动床设计入口速度（km/h）	120	100	80	60
识别视距（m）	350~460	290~380	230~300	170~240

11.3.2 避险车道引道长度不宜小于70m，引道入口宽度宜为3.8~5.5m，末端宽度与制动床宽度相同，并应平顺连接；引道应终止在三角端后方，如图11.3.2所示。

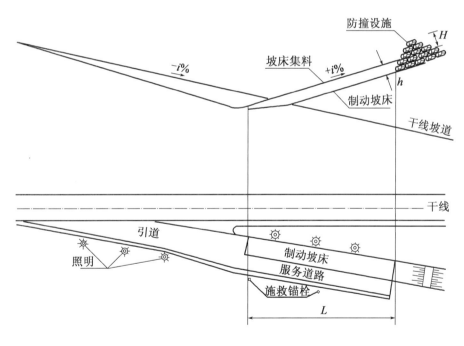

图11.3.2 避险车道结构图

11.3.3 避险车道平、纵线形应为直线。

11.3.4 避险车道的纵坡坡度应确保车辆不发生纵向倾覆和纵向滑动,其值宜控制在15%以下。

11.3.5 避险车道制动床的宽度宜为4~6m,且应等宽或逐渐加宽,应避免逐渐变窄设计。

11.3.6 救援车道与制动床宜设置在同一平面,且应紧邻制动床,宽度宜为5.5m,以便拖车和维护车辆使用。

11.3.7 避险车道制动床的长度应根据失控车辆的驶入速度、纵坡及坡床材料综合确定,计算值见式(11.3.7),参考值见表11.3.7。

$$L = \frac{v^2}{254 \times (R + G)} \tag{11.3.7}$$

式中:L——避险车道制动床长度(m);
　　v——车辆驶入避险车道制动床时的速度(km/h);
　　R——滚动阻力系数;
　　G——坡度(百分数)除以100。

表11.3.7 不同等级公路避险车道制动床设计入口速度建议值

公路等级	入口速度(km/h)	公路等级	入口速度(km/h)
高速公路、一级公路	100~120	三级公路、四级公路	60~80
二级公路	80~100		

条文说明

　　失控车辆驶入避险车道制动床时的速度是计算避险车道长度的关键参数。美国通过观测数据认为失控车辆速度超过130km/h的情况极为少见,但是仍然有可能达到。因此,美国"绿皮书"(*A POLICY ON GEOMETRIC DESIGN OF HIGHWAYS AND STREETS*)中规定最小的驶入速度要采用130km/h,但最好采用140km/h。南非的《道路几何设计手册》(*GEOMETRIC DESIGN GUIDE*)在计算避险车道的长度时,驶入速度的数值的选择同美国一致。英国标准(*MANUAL FOR ROADS AND BRIDGES*)认为驶入速度要当根据实际情况在设计阶段由设计人员分析确定,但是驶入速度不要小于60mph(96.5km/h)。

　　编写组根据调研掌握的失控车辆驶入速度数值范围(80~120km/h),结合经济性因素,提出制动床驶入速度建议值,见表11.3.8。

　　避险车道制动床的坡度G数值除了可以采用正值外,也可以采用负值、0°或接近于0°的数值,即上坡、下坡、平坡三类形式的避险车道。上坡制动床型避险车道利用重力坡度阻力和集料滚动阻力的共同作用使车辆减速停车;平坡和下坡制动床型避险车道仅依靠集料的滚动阻力使车辆减速。

与上坡制动床型避险车道相比，平坡和下坡制动床型避险车道的制动床纵坡不能起到减速消能作用，制动床长度有所增加；优势在于制动床的纵坡顺应主线下坡，能够大幅度减小填方工程量，避险车道选址较为容易。下坡制动床型避险车道在车辆救援清障时为上坡方向拖拽，会对救援清障车辆作业带来困难。

平坡制动床型避险车道与主线基本在一个平面上，制动失效车辆在制动床内减速至安全速度后自行驶出，也可以停车后等待施救车辆在行车道施救。平坡制动床型避险车道应注意制动床内的集料在使用中可能溅洒到邻近的行车道上，如养护清理不及时会对主线正常行驶车辆形成安全隐患。

11.3.8 在避险车道长度不能满足要求时，经论证可在制动床中段以后适当位置设置阻拦索或消能设施，这些设施宜进行防盗处理。阻拦索工作原理见式（11.3.8），网索式避险车道总体结构如图 11.3.8 所示。

$$E_{动} = W_{网} + W_{摩阻力} + E_{势} \quad (11.3.8)$$

式中：$E_{动}$——进入避险车道的失控车辆的动能；

$W_{网}$——网索拦截装置做功；

$W_{摩阻力}$——地面摩擦力做功；

$E_{势}$——避险车道反坡上车辆产生的势能。

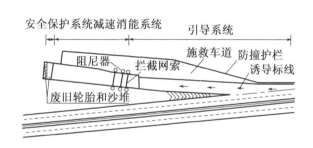

图 11.3.8 网索式避险车道平面结构示意图

条文说明

在满足长度要求的避险车道末端设置消能设施是为失控车辆提供更高的安全保障。不宜将制动消能设施和阻拦索作为弥补避险车道长度不足的手段，避险车道设计要尽量满足其长度要求，确因地形所限制无法提供足够长度时，才可采取避险车道末端设置减速消能设施，或在中后段设置阻拦索、网等弥补其长度的不足，所采用的上述措施要通过论证后方可应用。

云南蒙新高速公路、四川雅泸高速公路研发了用于避险车道的阻拦网装置，用于传统的碎（砾）石路床避险车道的结构设计中。阻拦索网装置是阻尼器消能减速系统，其通过调整网索两端阻尼器的阻尼力、网索布设的距离和道数，满足不同车辆质量和速度组合情况下的连续长下坡失控车辆防护要求,缩短避险车道设计长度。

阻拦网高度取值一般在1.3~1.5m之间,拦截车辆部分的作用长度不小于制动床宽度。阻拦网通过支架支撑使之直立于避险车道制动床上,支架采用矩形管、工字钢等型钢制作。阻拦网钢丝绳采用公称抗拉强度为1 770MPa或以上的纤维芯钢丝绳,钢丝绳公称直径大于20mm,多道钢丝绳之间的间距不大于15cm。制动床前端阻拦网的两端通过主索钢丝绳与阻尼器相连,制动床末端阻拦网的两端要有效锚固于混凝土基础上,混凝土基础可与制动床混凝土护栏浇筑为一体。

11.4 制动床、救援车道铺装材料及技术要求

11.4.1 避险车道制动床末端应增设防撞筒、废轮胎等缓冲装置或设施。

11.4.2 避险车道制动床材料宜采用具有较高滚动阻力系数、陷落度较好、不易板结和被雨水冲刷的卵(砾)石材料,材料粒径以2~4cm为宜。不同材料的滚动阻力系数见表11.4.2。

表11.4.2 不同材料的滚动阻力系数 R 值

表面材料	R 值	表面材料	R 值
硅酸盐水泥混凝土	0.01	松散的碎料	0.05
沥青混凝土	0.012	松散的砂砾	0.1
密实的砂砾	0.015	砂	0.15
松散的砂质泥土	0.037	豆砾石	0.25

11.4.3 避险车道制动床集料厚度应为1.1m,最小厚度不应低于1m。

11.4.4 制动床集料的厚度应在30~60m长的距离内从制动床入口处的7.5cm深度逐渐过渡到完整厚度,如图11.4.4所示。

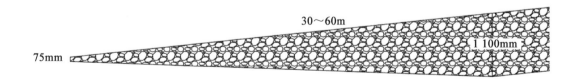

图11.4.4 制动床集料铺设深度由浅入深逐渐过渡示意

11.4.5 救援车道宜采用水泥混凝土路面,路基和路面设计应满足现行《公路路基设计规范》(JTG D30)和《公路水泥混凝土路面设计规范》(JTG D40)对三、四级公路的相应规定。

11.5 配套交通安全和救援辅助设施

11.5.1 避险车道应配置的交通安全设施应符合下列规定：

1 连续长、陡下坡宜在坡顶设置坡长信息告示标志，并在避险车道前适当位置重复设置。

2 在避险车道前宜设置 2km、1km、500m 的预告标志，在避险车道引道入口应设置避险车道标志。

3 引道入口前宜设置"禁止停车"的禁令标志和"失控车辆专用"的告示标志。

4 救援车道硬化路面上应设置"救援车道专用"的路面文字标记。

5 上坡型制动床两侧应设置护栏，宜采用混凝土护栏。

6 制动床两侧应设置轮廓标，其反光器颜色应为红色，间距宜为 12m。救援车道右侧可不设置轮廓标。

条文说明

失控车辆驶入制动床有可能使铺装集料迸溅到主线车行道上，影响正常行驶车辆的安全，因此制动床邻近车行道一侧，宜设置混凝土护栏挡住迸溅的铺装集料。

11.5.2 救援车道入口应设置保障行车安全的隔离设施及禁止驶入的警告或禁令标志，救援车道与制动床间应用柱式轮廓标或防撞桶隔离，以防止失控车辆把救援车道当作避险车道使用。

条文说明

制动床的右侧设置救援车道是为了便于事故车辆的救援与货物清理。考虑到救援的方便性，制动床与救援车道间一般采用防撞桶、轮廓标等设施隔离；如采用护栏隔离，则要设置便于开启的活动开口，以满足救援车辆施救时货物清理运输的需求。

11.5.3 救援车道应设防止救援拖车移动的地锚设施，地锚设施的拉力不宜小于 200kN。

11.5.4 端部消能设施的设置应符合下列规定：

1 避险车道应在制动床末端增设如集料堆、沙桶、废轮胎、阻拦索等缓冲装置或设施。集料堆的尺寸应符合图 11.5.4 的要求。沙桶、废轮胎、阻拦索等缓冲设备的结构尺寸，设置数量应结合驶入车型、速度、避险车道的结构形式等通过试验论证后进行设计。

2 消能设施的填充材料应与制动床集料相同。

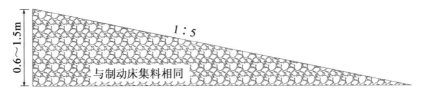

图 11.5.4 集料堆

11.6 防污、排水系统

11.6.1 制动床基底表面应设置横坡、横向排水管和纵向排水沟。

11.6.2 制动床基底和制动床集料之间应铺装土工布或块石路面。

12 其他交通安全设施

12.1 防风栅

12.1.1 公路防风栅设计应符合下列规定：
1 防风栅设计应有效降低横向侧风对车辆行驶安全的不利影响。
2 受强侧风影响路段，防风栅应与交通标志和交通标线（含彩色防滑标线）等设施统筹考虑。
3 桥梁上设置防风栅时，应对桥梁气动稳定性和桥梁受力进行验证。
4 防风栅设置位置位于公路用地范围以外时，不宜占用农业和工业用地。
5 防风栅的结构计算可参考本细则第3.5节的规定。

条文说明

本细则所指的防风栅与路基工程在风沙路段设置的路基风沙防护设施有本质区别。路基工程的防风设施是用于保护路基免受风沙侵蚀的一种构造物。本细则所指的防风栅作为一种交通安全设施，其作用是降低路面上风的速度，从而降低横向侧风对车行道内车辆行驶稳定性影响，提高强风条件下行车的安全性。但是，研究和实践均证明，防风栅并不能彻底消除强侧风对交通安全的影响，应该综合考虑限速、提示、提高路面抗滑能力等多种措施系统地降低强侧风的影响，而不能完全依赖设置防风栅。

防风栅设置位置距离路肩边缘有一定距离，如果位于公路用地范围之外时，要获得许可，并且尽可能不占用农业和工业用地。

12.1.2 公路防风栅设计应首先搜集公路设计项目沿线的风力、风速和风向资料，在路基施工期间在可能存在强侧风路段进行风速和风向观测，根据观测结果确定合理、有效的设计方案。

条文说明

防风栅设计不宜完全依据气象部门提供的资料，其原因一方面是气象部门的资料通常是较大范围的，具体到某一个路段不是特别精确，而且气象部门统计的风速通常是地面高10m左右的风速，而防风栅针对5m以下的风速情况（位于桥梁路段的防风栅除外），因此有可能与气象资料存在差异。此外，公路建设会改变原始地貌，填筑的路基对近地面的风速分布有一定影响,这可能导致实际的情况与搜集的资料不一致。因此,防风栅设计过程中在要尽可能在路基施工阶段后期进行一定时间的观测,以获取真实、实际的风速和风向,以保证防风栅的设计合理、有效。

12.1.3 公路上路侧横风与公路轴线交角大于30°,且符合下列条件之一时,可在路侧上风侧设置防风栅:

1 设计速度大于或等于80km/h的公路上常年存在风力大于七级的路段。
2 设计速度小于80km/h的公路上常年存在风力大于八级的路段。
3 隧道洞口、垭口、大桥等路段,风速大于表12.1.3的规定值时。

表12.1.3 行车安全风速

公路设计速度（km/h）	100	80	60	40	20
风速（m/s）	15	17	19	20	20

条文说明

防风栅并不是必须设置的安全设施,通过限速等措施也能改善强风路段的安全水平,而且国内应用防风栅的公路项目并不多,因此本细则中的用词为"可",即并不强制要求设置防风栅,而是作为一种可选的安全设施供设计人员选择。

根据"国家道路安全行动计划"开展的有关研究,强侧风对交通安全的影响主要表现在导致车辆侧滑和侧翻,而平曲线内侧风作用下的行驶极限侧滑对应的临界风速最低,要作为强侧风条件下的极限状态。针对侧滑临界状态下四种不同车型进行行车安全临界风速分析,获得侧滑行车安全风速见表12-1。

表12-1 侧滑行车安全风速（m/s）

车型/路面		车速（km/h）				
		100	80	60	40	20
小型车	干	36.5	38	39	39	39
	湿	30.5	32.5	34	34	34
微型、轻型客车	干	19.5	21.3	22.5	23	23
	湿	15.5	17.5	19	20	20
中型客车	干	25	27	28	28.3	28.5
	湿	19.5	22	23.5	24.3	24.3
集装箱车、大客车	干	26	28	29.5	30	30
	湿	17.0	20	22	23.5	23.5

表中的风速指的是路面以上5m以内的最大风速。

表中的车型划分是以车辆气动外形划分的,可见微型和轻型客车（包含商务车）

由于气动阻力系数较大且自重较小在强风下的安全性最低,要作为设置防风栅的设计车型。表中给出安全风速是瞬间最大风速,其含义是在当瞬间风速达到表中的数值时,平曲线上行驶的车辆将在离心力和风力共同作用下发生侧滑。

但是考虑到如果设置条件全部按瞬时风速控制则可设置防风栅路段过多,而且在常年强风区,风速分布比较均匀,驾驶人会自行控制行车速度,因此按瞬时风速设置防风栅经济效益比不高。为此,本细则中对于普通路段借鉴了风力概念。风力表现了平均风速的大小,用风力作为设置条件控制指标更加经济合理。但是在一些风速分布不均匀的特殊路段,如隧道口或者垭口,驾驶人无法事先预知将面临强风,往往由弱风区突然进入强风区,此时由于缺乏准备,车辆速度较快,比较容易出现交通事故。因此,在这些特殊路段,要求采用瞬时最大风速作为设置条件控制指标。气象观测中,瞬时风速一般指3s平均风速。我国高速铁路客运专线以最大瞬时风速2年一遇设计值确定高速列车安全运行风险度或车速限值,铁路部门开展的研究认为,最大瞬时风速2年一遇提供了一个具有安全性,又有风险度等级的直观评判指标。据此,设计人员在选取瞬时风速时,可采用路面以上5m、2年一遇3s平均风速为参考。

根据我国台湾和日本的研究,当风向夹角与公路轴线夹角小于30°时,防风栅的效果就不再明显,因此只有当夹角大于30°时才可以考虑防风栅。

12.1.4 防风栅透风率不宜高于30%。桥梁上可提高防风栅透风率,但是不宜高于60%。

条文说明

防风栅的透风率与防风栅的效益相关。美国、日本和我国台湾的研究表明,防风栅透风率在20%~30%之间时,投资效益比较高。我国开展的风洞试验证明,透风率是决定防风栅效率的根本参数,小透风率(如10%~20%)防风栅的挡风效率高达75%~90%(即风速降低到无防风栅时的10%~25%),但如果桥梁上使用小透风率防风栅时,会对整个桥梁结构体系带来非常大的气动阻力荷载,并且可能引起桥梁动力稳定性的下降。风洞试验证明,透风率在40%~60%之间的防风栅既能够提供一定的挡风效率,又限制了气动阻力的增幅和稳定性的下降。因此在非桥梁路段推荐将透风率控制在30%以下,桥梁上为了降低桥梁的气动阻力可以适当降低透风率至60%,但是为了保证桥梁的结构安全,桥梁上设置防风栅时需要进行桥梁整体气动阻力分析。

我国台湾的研究结果提出,在防风栅下部0.5倍高度范围内采用透风率30%,上部0.5倍高度范围内采用透风率为零的设计能够取得更好的效果。设计人员可以根据实际情况,在分析和验证的基础上根据需要采用。

12.1.5 防风栅宜设置在土路肩边缘处。防风栅顶部距离路面的高度在双车道公路不宜小于3m,在四车道公路上不宜低于路基宽度的五分之一。防风栅设置位置距离路肩有一定距离或公路车道数大于4时,应对防风栅高度进行专项分析。

条文说明

防风栅的透风率和高度是影响防风栅效果的关键指标。研究表明，在防风栅高度方向上，在高于防风栅高度的区域防风效果下降明显。风洞试验表明，防风栅高度为3m时，5m高处的风速较3m高处风速增加30%左右。《中华人民共和国道路交通安全法实施条例》第54条规定"重型、中型载货汽车，半挂车载物，高度从地面起不得超过4m，载运集装箱的车辆不得超过4.2m；载客汽车除车身外部的行李架和内置的行李箱外，不得载货。载客汽车行李架载货，从车顶起高度不得超过0.5m，从地面起高度不得超过4m。"因此，在公路上通行的合法车辆高度一般不会高于4.2m，考虑到3m高的防风栅在4.2m处也有比较明显的降低风速的效果，从经济性与安全性均衡的角度考虑，建议防风栅高度不宜小于3m。

风洞试验表明，在防风栅背风一侧，防风栅降低风速的效果随着水平距离的增加而下降，在防风栅后2倍高度的范围内，属风速减小区，且近地面风降低比率较大，距离大于2倍高度之后风速逐步递增。为了保证防风栅的防护效果能够覆盖全部公路，防风栅的高度应该根据路基宽度的增加而适当增加。根据风洞试验的结果，防风栅的高度不宜小于路基宽度的五分之一。考虑到双车道公路上车辆速度较低，而且公路宽度较小，3m最小高度基本能够保证防风栅防护效果覆盖全部车行道，因此只对四车道公路进行了规定。

防风栅设置在路肩边缘是经济性最好的设置方式，防风栅的高度也比较容易确定。当防风栅设置位置远离路肩时，路基本身对风的特征有较大影响，此时不能采用细则中的规定确定防风栅高度。同样，路基宽度过宽时，防风栅背风一侧的风速变化也比较复杂。因此，当防风栅与车行道之间有路基等具有阻风效果的构造物，以及公路较宽时要采用仿真分析等技术手段确定防风栅的高度。

12.1.6 防风栅结构采用极限状态法设计，结构重要性系数参见本细则表3.5.1-2。

条文说明

防风栅结构设计可采用有限元计算方法和极限状态法，采用极限状态法设计时与交通标志结构设计方法相同。

日本高速公路防风栅抗风标准为设计风速60m/s，设计风速重现期100年。相对于我国大多数地区，这一标准较高。我国交通标志结构的设计风速采用当地平坦空旷地面，离地面10m高，重现期为50年10min平均最大风速值，并不得小于22m/s。本细则借鉴了交通标志结构的设计标准。

12.1.7 防风栅采用栅条结构时，应采用横向栅条布置。当防风栅设置于路侧护栏上时，路侧护栏宜采用混凝土护栏，护栏结构应考虑防风栅风载及对行车安全的影响。桥梁上设置防风栅时，应对桥梁结构进行验算。

条文说明

防风栅目前有很多厂家生产，产品的形式也很丰富，从结构形式上大概可分为栅条结构、开孔板、柔性网状结构等，从使用的材质上包括木制、金属材料和复合材料等，此外还有可调节透风率和可升降防风栅等产品。本细则不强制要求防风栅的结构和材料，在满足透风率、高度和强度要求的前提下，可根据实际情况灵活选择。

根据国内外风洞试验的结果，在使用栅条结构时，横向栅条布置方式效果更好，因此对于栅条结构防风栅推荐使用横向布置方式。由于土路肩宽度有限，因此很多时候需要将防风栅设置在护栏之上，由于防风栅为阻风结构，作用的风荷载较大，加之防风栅高度较高，因此传递到护栏上的风载较大，在设计护栏时需要考虑风荷载的作用。而且防风栅设置在护栏上时需要考虑车辆碰撞护栏过程中由于护栏变形和破坏导致防风栅倒塌和损坏的可能性，以及由此引发的二次事故。因此细则建议当在护栏上设置防风栅时，最好选择变形较小的混凝土护栏，而在桥梁上设计防风栅时，除了对桥梁的气动阻力进行验算，也需要根据防风栅传递到桥面的荷载对桥梁结构进行验算，以免风荷载导致桥梁结构的损伤。

12.2 防雪栅

12.2.1 公路防雪栅设计应符合下列规定：

1 防雪栅设计应有效降低风吹雪对车行道上车辆的不利影响，同时兼顾对公路路基的防护。

2 防雪栅应布置在公路迎风一侧。当地形开阔、积雪量过大、风力很大时，可设置多排防雪栅。

3 防雪栅设置位置位于公路用地范围以外时，不宜占用农业和工业用地。

4 防雪栅的结构计算可参考本细则第3.5节的规定。

条文说明

本细则所指的防雪栅更侧重于保护车行道上行驶的车辆，即减少路面上的积雪，在实现这一目前的前提下兼顾对路基的保护。根据美国研究，设置防雪栅后由于风吹雪形成的低能见度环境导致的交通事故减少了70%，可见防雪栅在风吹雪严重地区是一种有效的交通安全设施。

防雪栅设置位置一般要与路基保持一定的距离，因此很多情况下，防雪栅设置位置位于用地红线以外。此时，防雪栅要尽可能避免占用农业或工业用地。

12.2.2 应首先搜集公路设计项目沿线的降雪量、风力、风速和风向等资料，合理确定防雪栅的防雪容量和防雪范围后，结合公路沿线地形进行设计。

12.2.3 在风吹雪量较大且持续时间长、风向变化不大的路段可设置固定式防雪栅。在风向多变、风力大、雪量多的路段，可采用移动式防雪栅。

条文说明

国内外防雪栅一般设置在风吹雪比较严重的公路沿线，但是目前关于防雪栅的设置条件国内外都缺少成熟量化成果，更多的是根据现场观测和经验。

防雪栅依据其移动性可分为固定式和移动式两种基本形式。固定式防雪栅无法移动，而移动式防雪栅可根据积雪和风向、风力情况随时移动。本细则采用了现行《公路路基设计规范》（JTG D30）中关于固定式和移动式防雪栅设置的有关规定。

12.2.4 防雪栅的透风率应根据风吹雪的雪量大小和防雪栅后储雪场地的情况确定，防雪栅的透风率宜位于40%～70%之间。

条文说明

防雪栅的透风率是影响防雪栅阻雪量的最关键指标。美国 *Snow Fence Guide*（SHRP-W/FR-91-106）中指出最合适的防雪栅透风率位于40%～50%之间，而且美国最常用的防雪栅透风率是50%。国内进行的有关研究发现随着透风率的增加，防雪栅的最大阻雪量也呈增加趋势，并在66%附近达到最大值；当透风率进一步增加时，最大阻雪量则开始大幅度下降（图12-1）。可见，我国与国外研究成果获取的趋势是一致的。本细则采纳了国内研究的成果，将防雪栅透风率上限控制在70%。但是因为透风率越高的防雪栅，栅后下风区的雪堤长度越长，所需的储雪场面积也越大，因此在国内的实践中，50%透风率也是使用最多的。但是在储雪场充足的情况下，可以采用更高透风率设计方案，如66%透风率，以取得更好的阻雪效果。

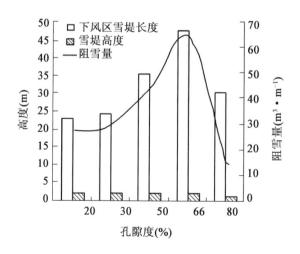

图12-1　2m高防雪栅阻雪量、下风区雪堤长度与孔隙率关系

12.2.5 防雪栅的高度应根据雪害地段的移雪量大小、防雪栅的透风率以及地形条件综合确定，且不宜小于3.0m。当防雪栅高度大于6m时，应考虑设置双排或多排防雪栅。

条文说明

防雪栅的高度与防雪栅需要阻雪的容量有关。一般而言，随着需要的阻雪容量增加，防雪栅的高度也随之升高。

美国 *Snow Fence Guide*（SHRP-W/FR-91-106）中提出了根据防雪栅设计阻雪量确定防雪栅高度的方法。防雪栅的设计阻雪量以 t/m 为单位，基本原则是以年降雪量的10%作为风吹雪的数量，防雪栅的设计阻雪量按风吹雪总量的70%折减。具体的确定方法为图解法。图12-2中的曲线是根据年降雪量的10%进行70%折减后需要阻挡的风吹雪层的厚度（mm），坐标系的横坐标是风吹雪区域的长度，纵坐标是风吹雪设计阻雪量（t/m），使用时根据年降雪量选择曲线，根据风吹雪区域的长度确定横坐标，读取纵坐标即能确定设计阻雪容量。图12-3中的纵坐标是设计阻雪容量，横坐标是防雪栅高度。根据确定的阻雪容量即可通过图中曲线确定防雪栅的高度（美国防雪栅的透风率一般在40%~50%之间）。

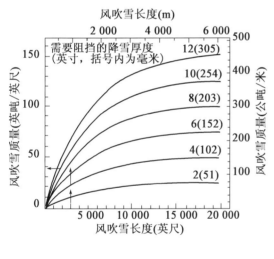 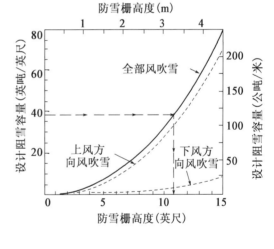

图12-2 图解法（一） 　　　　　图12-3 图解法（二）

我国有研究提出了防雪栅高度与阻雪量和透风率的经验公式，见式（12-1），利用该公式也能估算防雪栅的高度。但是由于防雪栅的阻雪效果的影响因素很多，如公路的位置（迎风坡或背风坡）、路基断面形式（路堤、路堑或半路堑）等，因此这些估算方式仅能参考使用。在防雪栅设计中最好能进行数值仿真分析，以取得更好的效果。

$$Q_{阻} = 1081 \times \frac{H}{100-d} \tag{12-1}$$

式中：$Q_{阻}$——防雪栅阻雪量（m^3/m）；

H——防雪栅高度；

d——防雪栅透风率分子数值。

防雪栅的高度对阻雪效果影响很大，总体而言，高度越高阻雪量越大。但是由于风吹雪中的雪粒子主要集中在近地面2m范围内，因此随着防雪栅高度增加，其阻雪效果的提升程度也逐渐放缓。美国《Snow Fence Guide》（SHRP-W/FR-91-106）中要求防雪栅的最低高度不小于2.4m，我国的《公路路基设计规范》（JTG D30—2015）中建议防雪栅高度不小于3m，在我国的工程实践中大多数防雪栅都高于3m，因此细则中延续了此要求。研究表明，当防雪栅高度达到6m之后，再增加防雪栅高度对阻雪效果的提升就极其有限了，因此当需要的阻雪量很大，防雪栅高度有可能超过6m时，应该保持防雪栅的高度不大于6m，而将单排防雪栅变为双排或者多排防雪栅。

12.2.6 防雪栅的与地面之间应保留一定的间隙，离地间隙宜比当地最大降雪量深度大5～10cm。

条文说明

防雪栅与地面之间要有一定的间隙。设置离地间隙的目的在于防止防雪栅被积雪掩埋而过早失效，由于气流通过离地间隙时会产生压缩加速效应，对防雪栅附近的积雪会有影响。离地间隙越大防雪栅附近的积雪程度越小，而下风面积雪长度则越长，因此离地间隙的设置要根据当地的雪害情况而定，一般的离地间隙要比当地最大降雪深度大5～10cm。美国 Snow Fence Guide（SHRP-W/FR-91-106）中建议防雪栅底部离地间隙要为防雪栅高度的10%～15%。在难以确定当地最大降雪量的情况下，可以参考这一规定。

12.2.7 防雪栅的设置长度应完全覆盖雪害路段，并在两端向外延伸不小于20倍防雪栅高度的距离。

条文说明

由于风的绕流效应，在防雪栅端部的风吹积雪要大得多、长得多，特别是当风向与防雪栅的走向夹角较小时端部雪堆的长度可以达到墙中部的2倍以上。如果防雪栅的设置距离不够，将直接导致积雪上路。因此，在防雪栅的端部要延长防雪栅设置的长度或者适当设置折线形、雁行式、人字形防雪栅。

美国 Snow Fence Guide（SHRP-W/FR-91-106）中规定防雪栅端部延伸的长度要保证与保护区延长线的夹角不小于30°（图12-4），根据三角函数关系为20倍防雪栅高度。

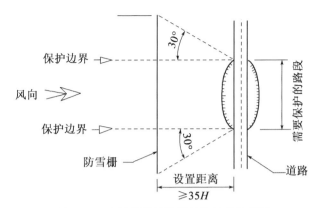

图 12-4　防雪栅设置端部延伸长度示意图

12.2.8　防雪栅的设置方式和设置位置应符合下列规定：

1　防雪栅应设置在迎风侧，防雪栅走向宜与风向垂直，地形受限时与风向的夹角不宜小于75°。当路线走向与风向夹角较小时，应采用折线形布置或采用多排防雪栅呈雁行式布置。

2　防雪栅采用多排布置时，相邻防雪栅之间的距离不宜小于25倍防雪栅高度。

3　防雪栅的设置位置与路肩边缘的距离宜大于35倍防雪栅高度，在地形受限时不宜小于25倍防雪栅高度。

4　当公路位于山坡上时，应分析防雪栅的适用性，并根据防雪栅后的雪堤长度确定防雪栅的设置位置。

条文说明

防雪栅与风向垂直时阻雪效果最好。国内实践和研究均表明，当风向与防雪栅夹角减小到40°时，防雪栅效果不明显。美国防雪栅设计指南要求防雪栅与风向的应该垂直，其误差要小于25°。细则借鉴了美国这一规定，其原则是防雪栅要尽可能与风向垂直，以获得更好的阻雪效果。当路线走向与风向夹角较小时，可以采用图12-5的雁行式布置方式。

由于防雪栅的阻雪作用，防雪栅后会形成比较长的雪堤（图12-6）。为避免雪堤延伸至路面上，防雪栅与路肩之间要保证一定的距离。我国研究表明，防雪栅后雪堤长度

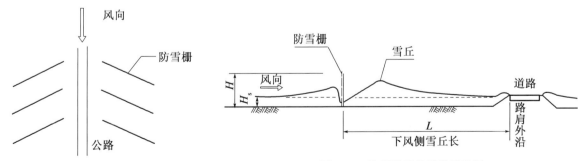

图 12-5　风向与公路走向一致或交角很小时的防雪栅布置方式　　　图 12-6　防雪栅后的雪堤示意图

一般会达到防雪栅高度的20~25倍。美国的防雪栅设置指南要求防雪栅与路肩之间的距离至少要为防雪栅高度的35倍。考虑到防雪栅对路基的防护以及应该保留一定的安全距离，细则采用了与美国一致的规定，但是允许在地形受限时这一距离放宽到25倍防雪栅高。

当需要设置多排防雪栅时，为了避免前方防雪栅后的雪堤影响到后面的防雪栅，在相邻防雪栅之间也要保证25倍防雪栅高度的距离，如图12-7所示。

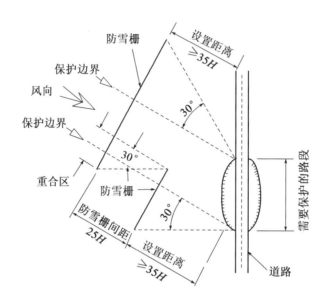

图12-7 多排防雪栅布置示意图

研究表明，在迎风坡地形使用防雪栅防治公路风吹雪雪害时，防雪栅阻雪量小，防风距离相对短（雪堤短），坡度越大雪丘越短，效果越差；同样背风坡地形使用防雪栅防治公路风吹雪时，防雪栅阻雪量大，防风距离长（雪堤短），坡度越大雪丘越长，效果越差。因此，当需要在坡度较大的山坡上设置防雪栅时，要分析防雪栅的效果及适用性；需要设置防雪栅时，要根据防雪栅后的雪堤长度确定防雪栅的合理设置位置。一般而言，背风坡的防雪栅效果好于迎风坡。在地形允许的情况下，背风坡防雪栅可以设置在坡顶位置。

12.2.9 防雪栅结构采用极限状态法设计，结构重要性系数参见本细则表3.5.1-2。

条文说明

防雪栅与防风栅一样属于风载结构，因此采用与防风栅一样的结构设计方法，细则中其结构计算的要求也与防风栅一致。

12.2.10 防雪栅采用栅条结构时，宜采用横向栅条布置。防雪栅采用具有导风功能结构或其他非栅条结构时，应根据其特征确定设置位置和高度。

其他交通安全设施

条文说明

对于栅条结构防雪栅，研究表明横条结构比竖条结构阻雪量增加8.4%，其主要原因是近地层风速在垂直方向的变化大于水平方向上的变化，横板条防雪栅前后产生涡旋，在垂直方向有减弱风速的作用，而竖板条防雪栅主要在水平方向有减弱风速的作用，因此在应用时最好采用横板条的防雪栅。

虽然栅条结构是比较经济也是使用最多的防雪栅形式，但是目前防雪栅产品形式呈现多样化趋势，有些新型防雪栅经过专门的设计和开发，如具有导风功能的防雪栅等，这些防雪栅的气动特性和阻雪原理与普通防雪栅有很大的差异性，采用这些新型防雪栅时要根据其结构特点和气动特性确定防雪栅的设置位置和高度，如日本某些专门设计的吹雪式防雪栅需要设置在路肩附近才能发挥其作用。

12.3 积雪标杆

12.3.1 公路积雪标杆设计应符合下列规定：
1 公路积雪标杆宜设置在公路路肩上，设置位置不得侵入公路建筑限界以内。
2 积雪标杆的设置间距可参考轮廓标的设置间距。

条文说明

公路积雪标杆的功能是在积雪覆盖路面情况下，为驾驶人标识出公路几何线形。因此，积雪标杆设置位置不宜距离车行道过远，在情况允许的情况下最好设置在路肩之上。积雪标杆的颜色各国没有统一规定，以红色、橙色、红白相间居多（图12-8），积雪标杆的颜色不但要与积雪的白色形成反差，而且要与公路环境背景形成反差。设计人员可以根据积雪标杆设置路段的环境情况选择容易辨识的颜色。

a)

b)
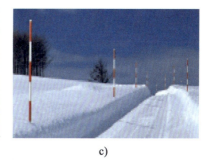
c)

图12-8 国外使用的积雪标杆

12.3.2 降雪量较大、持续时间长且积雪覆盖车行道的公路路段，可设置积雪标杆。

条文说明

积雪标杆是一种积雪路段可采用的交通安全设施，要根据积雪严重程度和除雪养护工作情况综合考虑，在除雪养护及时的路段积雪标杆并不是必需的安全设施，因此细则中用语为可，设计人员要根据实际情况酌情考虑。

12.3.3 积雪标杆位于路面之上的高度宜为 1.5~2.4m。

条文说明

积雪标杆的应用效果受周边环境影响很大，因此不宜对全面范围内积雪标杆的规格和尺寸进行统一规定。细则中推荐的积雪标杆直径和高度是国外经常采用的范围，原则上标杆越高识认效果越好，但是在线形较好，路侧开阔的路段稍短的标杆也能起到较好的效果，设计人员可根据设计项目的环境特点进行针对性设计。一般而言，积雪标杆高度要大于历史积雪深度1.2m以上。

12.3.4 夜间交通量较大的路段，积雪标杆上应使用反光膜。设置反光膜时应在周长方向闭合，反光膜宜为黄色，可间隔设置，反光膜纵向长度和间隔长度宜为20cm。

条文说明

积雪标杆上设置反光膜能够加强夜间以及降雪过程中积雪标杆的视认性。反光膜的设置长度和间隔参考了道口标柱的设置要求，其原因是道口标志在国内的使用经验表明这一长度和设置间隔能为驾驶人提供很好地识别。反光膜使用黄色是为了与积雪背景有很好的对比度，切忌使用白色反光膜。

12.4 限高架

12.4.1 公路限高架设计应符合下列规定：

1 公路上跨桥或隧道内净空小于4.5m时可设置限高架，上跨桥或隧道内净空小于2.5m时宜设置限高架。

2 根据交通运营管理的规定，需要限制通行车辆的高度时，可设置防撞或警示限高架。

3 限高架应与限高标志配合使用，限高架下缘距离路面高度不得小于限高标志限定的高度值。根据需要，可配置车辆超高监测预警系统。

4 限高架应设置黄黑相间的立面标记，立面标记宜采用反光膜。

5 限高架不得影响消防和卫生急救等应急通行需要。

6 限高架可根据需要设计为高度可调节的结构。

7 超高车辆碰撞限高架时，限高架构件及其脱离件不得侵入车辆乘员舱，不得对其他正常行驶车辆造成伤害。

条文说明

设置桥梁、隧道限高架是为了保护桥梁和隧道结构不被超高车辆撞击。《中华人民共和国道路交通安全法实施条例》第五十四条规定:"机动车载物不得超过机动车行驶证上核定的载质量,装载长度、宽度不得超出车厢,并应当遵守下列规定:

(一)重型、中型载货汽车,半挂车载物,高度从地面起不得超过4m,载运集装箱的车辆不得超过4.2m;

(二)其他载货的机动车载物,高度从地面起不得起发2.5m。……"

因此,合法的通行车辆净高不会超过4.2m,考虑到一定的净空余量,净空大于4.5m的桥梁和隧道被撞击的可能性比较小,在这种情况下可以不设置限高架。当桥梁净空在2.5~4.5m之间时,重载货车有撞击桥梁的可能性,此时最好设置限高架,但是当桥下道路没有重载车辆通行时,桥梁受撞击的可能性较小,此时可以考虑不设置限高架;因此,细则中对于此种情况的要求为"可"。在设计中,设计人员要根据桥下通行车辆的类型确定。当桥下净空小于2.5m时,普通载货机动车均能可能撞击桥梁结构,此时要当结合桥梁所跨公路的车流是否有载货机动车通行考虑是否设置限高架,限高架因此规范中的用语为"宜"。

设置限高架的同时为了保证车辆的安全,要告知驾驶人限高的具体要求,因此设置限高架的同时需要设置限高标志;同时为了保证限高架与限高标志的一致性,限高架距路面的高度不能小于限高标志的限高数值。

限高架对车辆本身有冲击作用,对车辆和驾驶人有一定损伤,因此设计中要综合考虑桥梁隧道的结构安全和驾驶人的生命安全,可参考国外成熟方式,在刚性限高架前增设一个限高值相同但结构为柔性结构的警示限高架。

12.4.2 在桥梁、隧道前设置限高架时,宜在进入该路段的平面交叉入口设置限高要求相同的警示限高架,并设置限高标志。防撞限高架距桥梁或隧道的水平距离应满足车辆碰撞限高架后的制动距离要求,制动距离根据现行《公路工程技术标准》(JTG B01)的停车视距确定。公路采用通道方式下穿高速公路时,如果货车比例较高,可参照本细则第12.4.1条的规定设置通道限高架。

条文说明

限高架分为警示限高架和防撞限高架两类,警示限高架利用悬挂的水平横杆等对车辆不造成损坏的柔性结构警示车辆高度超出了限高标志允许的高度,车辆仍然可以通过;防撞限高架则要具备足够的强度,避免车辆撞击公路结构物。为了更好地杜绝车辆对桥梁、隧道结构的损伤,也为了避免超高车辆行驶至桥前才发现车辆无法通行,最好在进入该路段的平面交叉入口设置限高要求相同的警示限高架,并设置限高标志。国外使用的警示限高架实例如图12-9所示。

图 12-9 国外使用的警示限高架实例

12.5 减速丘

12.5.1 减速丘用于三、四级公路进入城镇、村庄的路段；或者三级、四级公路与干线公路平交时，设置于驶入平面交叉的支路上。

12.5.2 减速丘的设置应符合下列规定：
1 在支路与干线公路的平面交叉前，宜设置减速丘，以控制汇入干线公路的车辆速度。
2 在进入村镇前的路段、学校前的路段、进入平面交叉的路段，可设置减速丘，以限制过往车辆车速。
3 减速丘应在路面全幅设置，并应设置相应的减速丘标志、标线、建议速度或限制速度标志。

12.5.3 减速丘的构造应符合下列规定：
1 大型减速丘的宽度宜采用 6 600mm，中心高宜采用 76mm，如图 12.5.3-1 所示。减速丘的纵向边缘应逐渐降低至与路肩齐平，如图 12.5.3-2 所示。

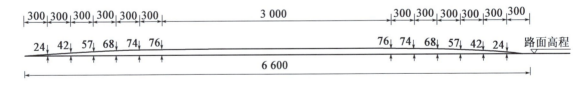

图 12.5.3-1 减速丘断面尺寸图（尺寸单位：mm）

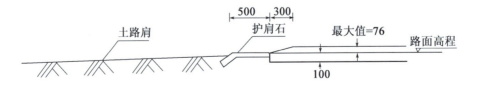

图 12.5.3-2 减速丘纵向边缘处理示意图（尺寸单位：mm）

2 小型减速丘可采用预制型和现浇型。预制型减速丘宽度宜为300~500mm，中心高度宜为30~50mm；现浇型可采用不低于C20的混凝土现场浇制，宽度宜为500~600mm，中心高度宜为50~60mm。

条文说明

减速丘设置于三级、四级公路进入城镇、村庄的路段，或者进入干线的支路上，以降低行驶车辆的速度，提高行人密集区公路的交通安全。减速丘凸出路面，在黄昏、夜间或雾天等视线不佳的天气条件下，驾驶人容易因不能及时发现路面的变化，高速通过减速丘而引发事故。因此减速丘要设置配套的交通标志、标线，包括建议速度或限速标志，以警示驾驶人减速慢行通过减速丘。

12.6 凸面镜

12.6.1 凸面镜可用于公路会车视距不足的小半径弯道外侧。

12.6.2 凸面镜宜与视线诱导设施配合使用。

12.6.3 根据设计速度及弯道半径，公路用凸面镜直径宜选用600mm、800mm或1 000mm。

12.7 其他设施

12.7.1 除本章所列各类交通安全设施外，可根据需要设置其他必要的设施，如分道体、减速路面、隆声带等。

附录 A 隧道出入口路段交通安全设施综合设置示例

A.1 隧道出入口交通标线设置示例

A.1.1 隧道入口交通标线设置示例如图 A.1.1 所示。

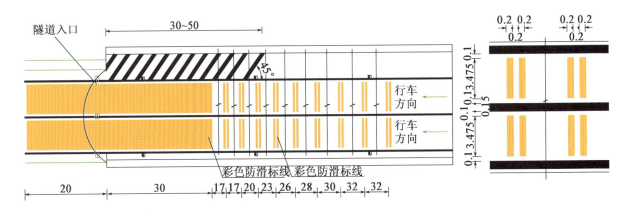

图 A.1.1 隧道入口路段交通标线设置示例（尺寸单位：m）

A.1.2 隧道出口交通标线设置示例如图 A.1.2 所示。

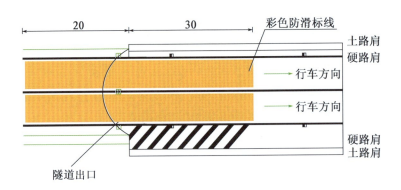

图 A.1.2 隧道出口路段交通标线设置示例（尺寸单位：m）

A.2 隧道出入口交通安全设施综合设置示例

A.2.1 隧道出入口交通安全设施综合设置示例如图 A.2.1 所示。

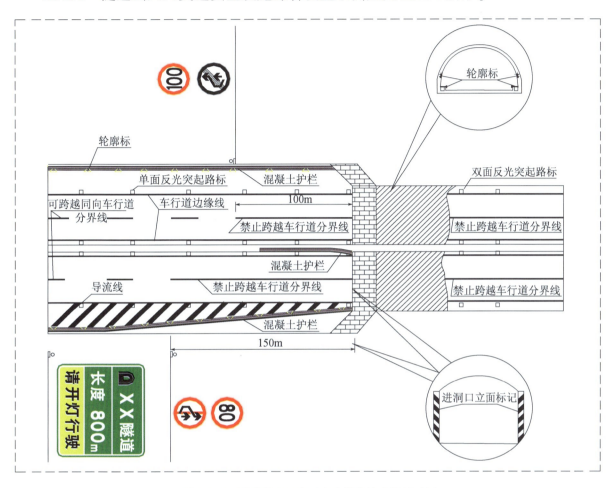

图 A.2.1　隧道出入口交通安全设施综合设置示例

附录 B 净区宽度计算方法

B.0.1 净区宽度可分为计算净区宽度和实际净区宽度。

B.0.2 计算净区宽度应根据公路平面线形指标状况、路基填挖情况、运行速度确定，并符合下列规定：

1 直线段计算净区宽度宜根据路基的填方、挖方情况分别由图 B.0.2-1 和图 B.0.2-2 确定。

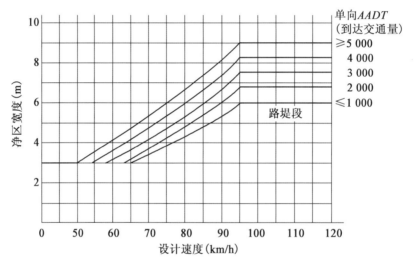

图 B.0.2-1 填方直线段计算净区宽度

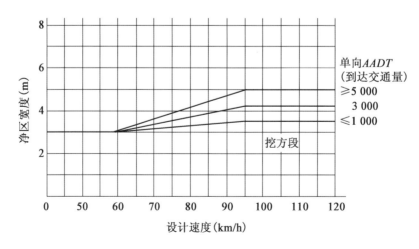

图 B.0.2-2 挖方直线段计算净区宽度

2 曲线段计算净区宽度宜采用相同路基类型对应的直线段计算净区宽度乘以调整系数 F_c 进行修正，其中 F_c 由图 B.0.2-3 查得。

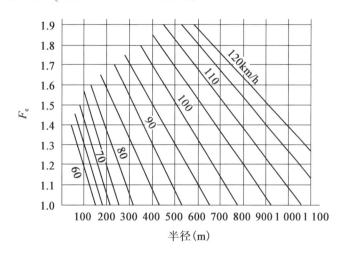

图 B.0.2-3 曲线段计算净区宽度调整系数 F_c

B.0.3 实际净区宽度应为从外侧车行道边缘线开始，向公路外侧延伸的平缓、无障碍物区域的有效宽度，包括硬路肩、土路肩及可利用的路侧边坡，并应符合下列规定：

1 当路侧边坡坡度缓于 1:6 时，有效宽度为整个边坡坡面宽度。
2 当路侧边坡坡度在 1:4 和 1:6 之间时，有效宽度为整个边坡坡面宽度的 1/2。
3 当路侧边坡坡度陡于 1:4 时，边坡上不能行车，不作为有效宽度。
4 路侧存在的未设盖板的砌石边沟、排水沟区域，不作为有效宽度。
5 路侧存在的不可移除的行道树、花坛、标志立柱或其他障碍物，不作为有效宽度。

附录 C 部分缆索护栏、波形梁护栏、混凝土护栏一般构造示例及变更方法

本附录所提供的一般构造示例,部分来源于国内科研成果,已根据相关标准的规定通过了实车足尺碰撞试验的验证评价;部分来源于国外标准图,已通过了国外护栏性能的实车足尺碰撞试验,其设计防护能量均大于或等于我国对应的防护等级。本附录供设计人员在设计时参考,鼓励各设计单位自主研发或与护栏生产单位合作开发适合设计项目特点和需求的护栏产品,在通过护栏安全性能评价后投入使用。

C.1 部分缆索护栏一般构造示例

C.1.1 一(C)级缆索护栏一般构造示例如图 C.1.1 所示。

C.1.2 二(B)级缆索护栏一般构造示例如图 C.1.2 所示。

C.1.3 三(A)级缆索护栏一般构造示例如图 C.1.3 所示。

条文说明

本条提供了两类三(A)级缆索护栏的一般构造示例,其中形式 a)为国内使用较多的常规型,形式 b)为紧凑型,来源于浙江省公路管理局、衢州市公路管理局、浙江省交通规划设计研究院和浙江飞虹交通设施有限公司承担的 2013 年度浙江省交通运输厅科研项目"公路中间带缆索防撞系统的研究",该护栏通过了中型客车的实车碰撞试验,护栏最大动态变形值为 2017mm。

C.1.4 三(A)级缆索护栏中间端部一般构造示例如图 C.1.4 所示。

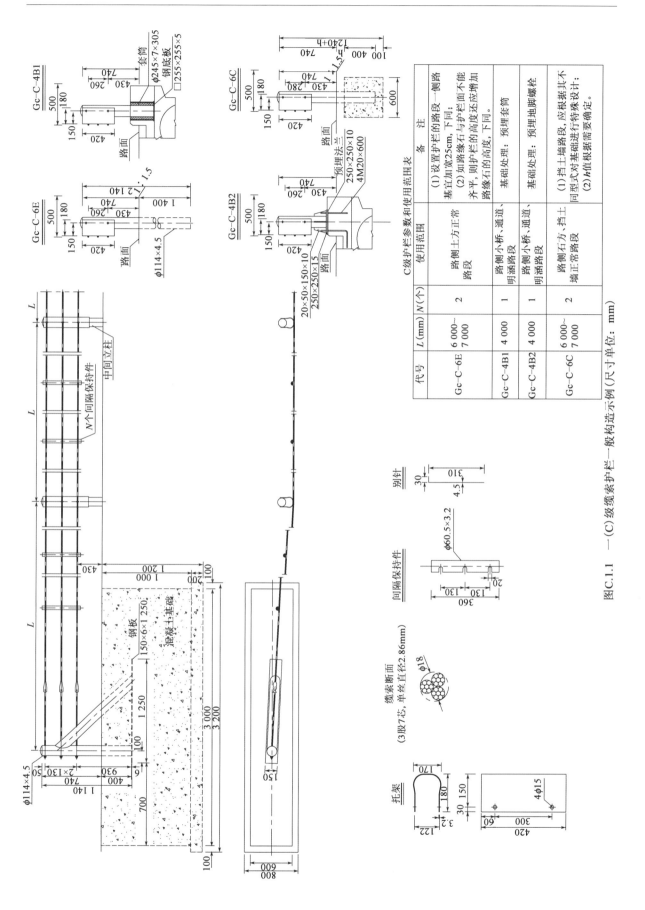

图C.1.1 一(C)级缆索护栏一般构造示例(尺寸单位: mm)

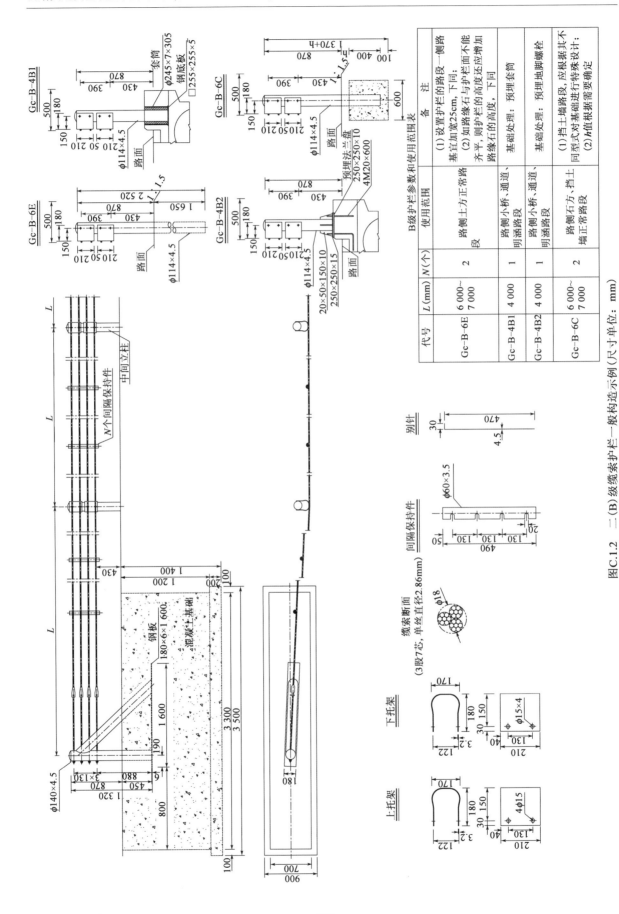

图C.1.2 三(B)级缆索护栏一般构造示例(尺寸单位: mm)

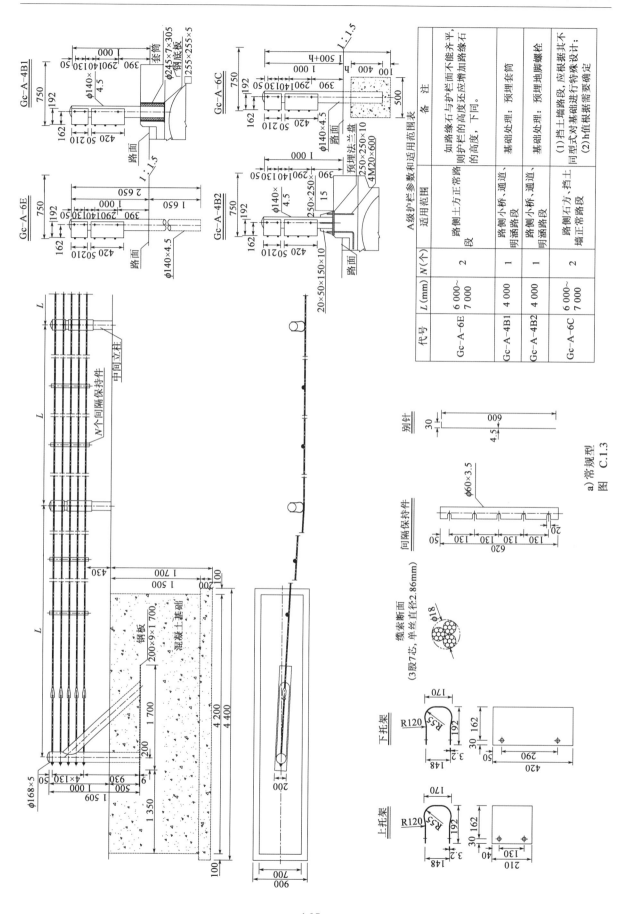

图 C.1.3 a) 常规型

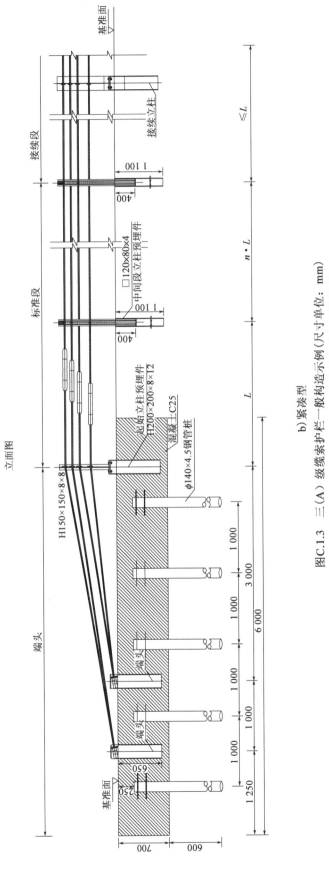

图C.1.3 三(A)级缆索护栏一般构造示意图(尺寸单位:mm)

b) 紧凑型

注:L为立柱标准间距,n为具有立柱标准间距的数量。

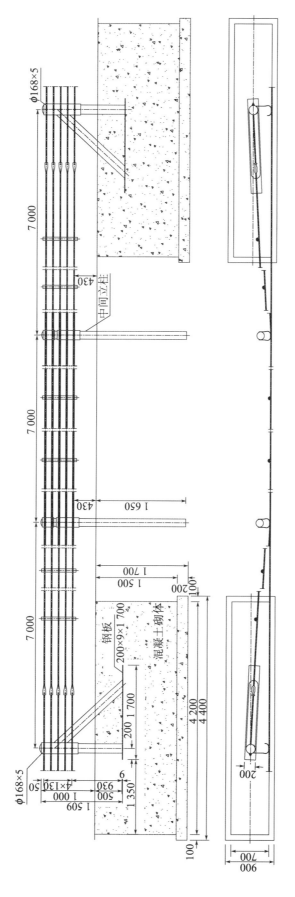

图C.1.4 三(A)级缆索护栏中间端部一般构造示例(尺寸单位：mm)

C.2 部分波形梁护栏一般构造示例

C.2.1 一（C）级波形梁护栏一般构造示例如图 C.2.1 所示。

C.2.2 二（B）级波形梁护栏一般构造示例如图 C.2.2 所示。

C.2.3 三（A）级波形梁护栏一般构造示例如图 C.2.3 所示。

C.2.4 四（SB）级波形梁护栏一般构造示例如图 C.2.4 所示。

C.2.5 五（SA）级波形梁护栏一般构造示例如图 C.2.5 所示。

C.2.6 六（SS）级波形梁护栏一般构造示例如图 C.2.6 所示。

C.2.7 七（HB）级波形梁护栏一般构造示例如图 C.2.7 所示。

C.2.8 三（Am）级波形梁护栏一般构造示例如图 C.2.8 所示。

C.2.9 四（SBm）级波形梁护栏一般构造示例如图 C.2.9 所示。

C.2.10 五（SAm）级波形梁护栏一般构造示例如图 C.2.10 所示。

C.2.11 六（SSm）级波形梁护栏一般构造示例如图 C.2.11 所示。

C.2.12 七（HBm）级波形梁护栏一般构造示例如图 C.2.12 所示。

C.2.13 护栏起始段外展式端头结构图示例如图 C.2.13 所示。

C.2.14 中央分隔带分设型护栏端头构造图示例如图 C.2.14 所示。

C.2.15 三角地带护栏布设图示例如图 C.2.15 所示。

C.2.16 隧道入口处护栏端部处理结构图示例如图 C.2.16 所示。

C.2.17 桥梁混凝土护栏与路基波形梁护栏过渡段结构示例如图 C.2.17 所示。

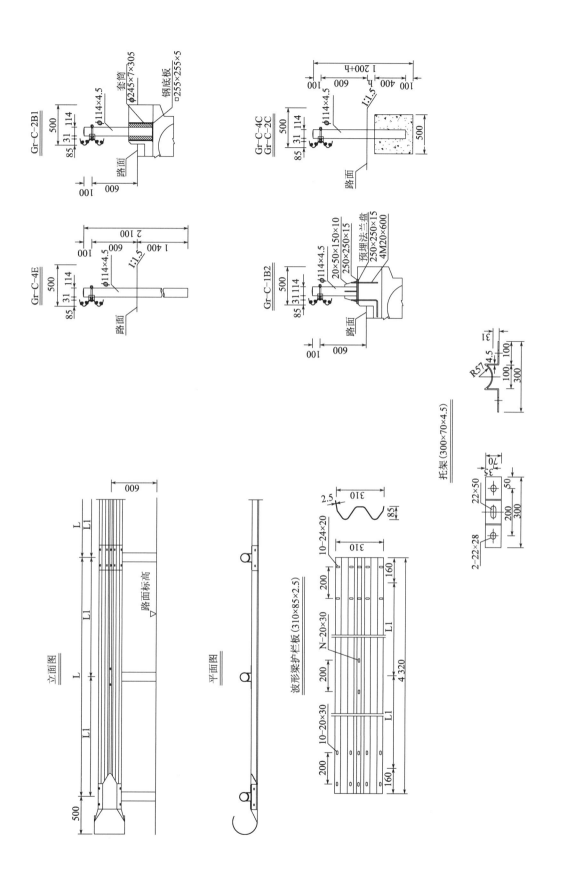

图 C.2.1

C级护栏参数和适用范围表

代号	L(mm)	L₁(mm)	N(个)	适用范围	备注
Gr-C-4E	4 000	—	—	路侧土方正常路段	(1) 设置护栏的路段—侧路基宜加宽25cm，下同；(2) 如路缘石与护栏面不能齐平，则护栏的高度还应增加路缘石的高度，下同
Gr-C-2E	2 000	1 000	2	路侧土方小半径路段	—
Gr-C-2B1	2 000	1 000	2	路侧小桥、通道、明涵路段	基础处理：预埋套筒
Gr-C-2B2	2 000	1 000	2	路侧小桥、通道、明涵路段	基础处理：预埋地脚螺栓
Gr-C-4C	4 000	—	—	路侧石方、挡土墙正常路段	(1) 挡土墙路段，应根据其不同形式对基础进行特殊设计，下同；(2) h值根据需要确定，下同
Gr-C-2C	2 000	1 000	2	路侧石方、挡土墙小半径路段	—

实车碰撞试验护栏变形及车辆动态外倾指标评价结果

测试项目	车型	测试结果
护栏最大横向动态位移外延值 W, m	小型客车	0.23
	中型客车	0.25
	中型货车	0.56
车辆最大动态外倾量值 VI, m	中型客车	0.19
	中型货车	0.91

图C.2.1 —(C)级波形梁护栏一般构造示例

部分缆索护栏、波形梁护栏、混凝土护栏一般构造示例及变更方法

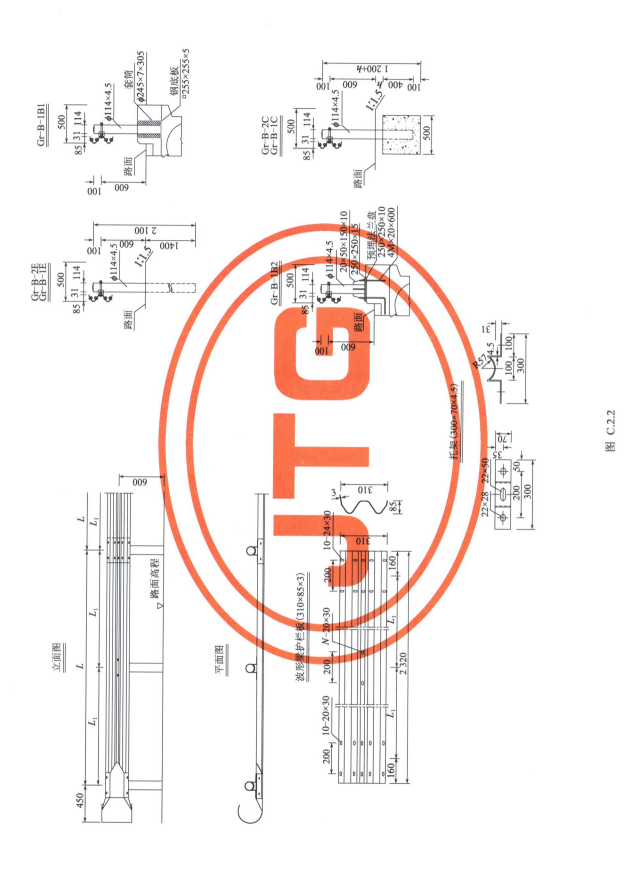

图 C.2.2

B级护栏参数和适用范围表

代号	L (mm)	L_1 (mm)	N (个)	适用范围	备 注
Gr-B-2E	2 000	—	—	路侧土方正常路段	(1) 设置护栏的路段一侧路基宜加宽25cm下同； (2) 加路缘石与护栏面不能齐平，则护栏的高度还应增加路缘石的高度，下同。
Gr-B-1E	2 000	1 000	2	路侧土方小半径路段	—
Gr-B-1B1	2 000	1 000	2	路侧小桥、通道、明涵路段	基础处理：预埋套筒
Gr-B-1B2	2 000	1 000	2	路侧小桥、通道、明涵路段	基础处理：预埋地脚螺栓
Gr-B-2C	2 000	—	—	路侧石方、挡土墙正常路段	(1) 挡土墙路段，应根据其不同形式对基础进行特殊设计，下同； (2) h 值应根据需要确定，下同。
Gr-B-1C	2 000	1 000	2	路侧石方、挡土墙小半径路段	—

实车碰撞试验护栏变形及车辆动态外倾指标评价结果

测试项目	车型	测试结果
护栏最大横向动态位移外延值 W, m	小型客车	0.79
	中型客车	0.64
	中型货车	—
车辆最大动态外倾当量值 VI_n, m	中型客车	1.15
	中型货车	—

图C.2.2 二(B)级波形梁护栏一般构造示例 (尺寸单位：mm)

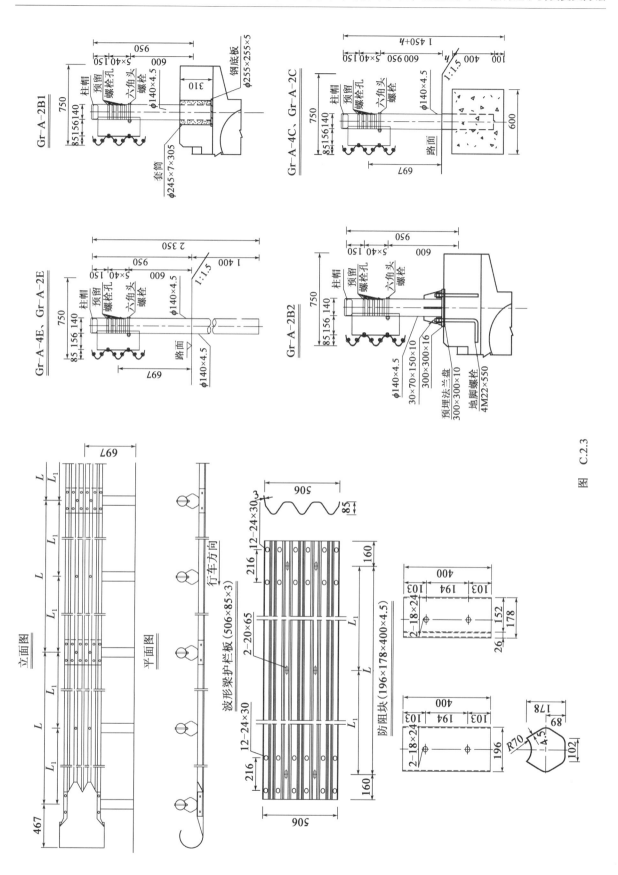

图 C.2.3

A级护栏参数和适用范围表

代号	L(mm)	L_1(mm)	N(个)	适用范围	备注
Gr-A-4E	4 000	—	—	路侧土方正常路段	如路缘石在护栏面的外侧，则护栏的高度还应增加路缘石的高度，下同
Gr-A-2E	4 000	2 000	1	路侧土方小半径路段	—
Gr-A-2B1	4 000	2 000	1	路侧小桥、通道、明涵路段	基础处理：预埋套筒
Gr-A-2B2	4 000	2 000	1	路侧小桥、通道、明涵路段	基础处理：预埋地脚螺栓
Gr-A-4C	4 000	—	—	路侧石方、挡土墙正常路段	(1)挡土墙路段，应根据其不同形式对基础进行特殊设计，下同；(2) h 值根据需要确定，下同。
Gr-A-2C	4 000	2 000	1	路侧石方、挡土墙小半径路段	—

实车碰撞试验护栏变形及车辆动态外倾指标评价结果

测试项目	车型	测试结果
护栏最大横向动态位移外延值 W_n, m	小型客车	1.10
	中型客车	1.15
	中型货车	1.35
车辆最大动态外倾当量值 VI_n, m	中型客车	1.55
	中型货车	2.73

注：本形式护栏位于下游端部时，可与标准段护栏成一直线设置，但应按附录C图C.2.13的形式对端部进行加固处理。

a)

图 C.2.3

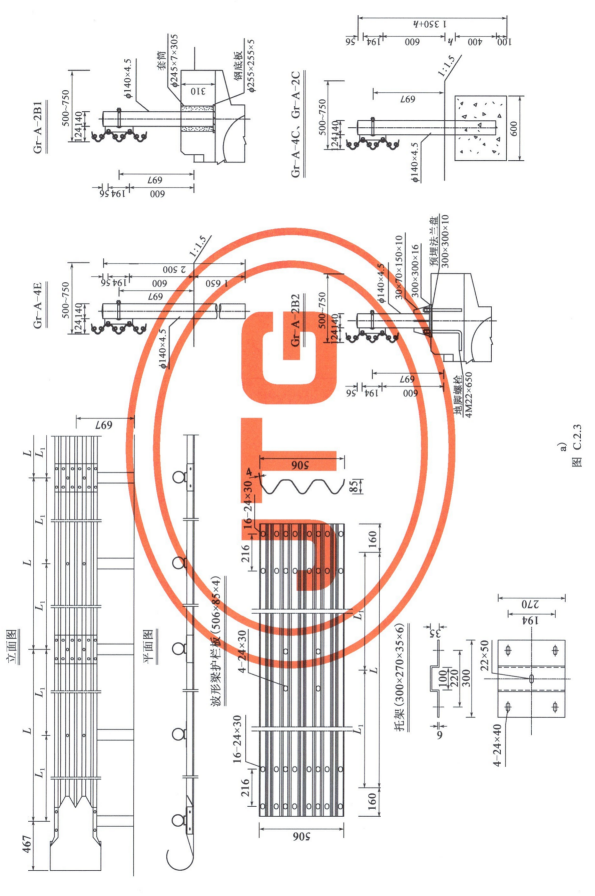

图 C.2.3 a)

计算机仿真护栏变形及车辆动态外倾指标评价结果

测试项目	车型	测试结果
护栏最大横向动态位移外延值 W, m	小型客车	0.78
	中型客车	1.33
	中型货车	1.23
车辆最大动态外倾量值 VI_v, m	中型客车	1.53
	中型货车	2.14

注：本形式护栏可适用于土路肩宽度为50~75cm，但护栏面应与土路肩左侧边缘或路缘石左侧立面重合。

A级护栏参数和适用范围表

代号	L(mm)	L_1(mm)	N(个)	适用范围	备 注
Gr-A-4E	4 000	—	—	路侧土方正常路段	如路缘石在护栏面的外侧，则护栏的高度还应增加路缘石的高度，下同
Gr-A-2E	4 000	2 000	1	路侧土方小半径路段	—
Gr-A-2B1	4 000	2 000	1	路侧小桥、通道、明涵路段	基础处理：预埋套筒
Gr-A-2B2	4 000	2 000	1	路侧小桥、通道、明涵路段	基础处理：预埋地脚螺栓
Gr-A-4C	4 000	—	—	路侧石方、挡土墙正常路段	(1)挡土墙路段，应根据其不同形式对基础进行特殊设计；(2) h值根据需要确定，下同
Gr-A-2C	4 000	2 000	1	路侧石方、挡土墙小半径路段	—

b)

图C.2.3 三（A）级波形梁护栏一般构造示例（尺寸单位：mm）

条文说明

本条提供了两类三（A）级波形梁护栏的一般构造示例，其中形式a)来源于广东省公路学会、广东省南粤交通投资建设有限公司、北京中路安交通科技有限公司、交通运输部公路科学研究院和北京中交华安科技有限公司承担的广东省交通运输厅2014年度科研项目《A级波形梁护栏防护性能分析和新产品研发》的成果，并进行了适当优化调整；形式b)以交通运输部公路科学研究院、福建省高速公路建设有限责任公司承担的交通运输部2013年度建设科技项目《高速公路波形梁护栏防撞能力提升改造技术研究》的成果为基础，并进行了适当优化调整。

两种形式的三（A）级波形梁护栏可以根据土路肩宽度、护栏变形以及材料储备等情况选用。

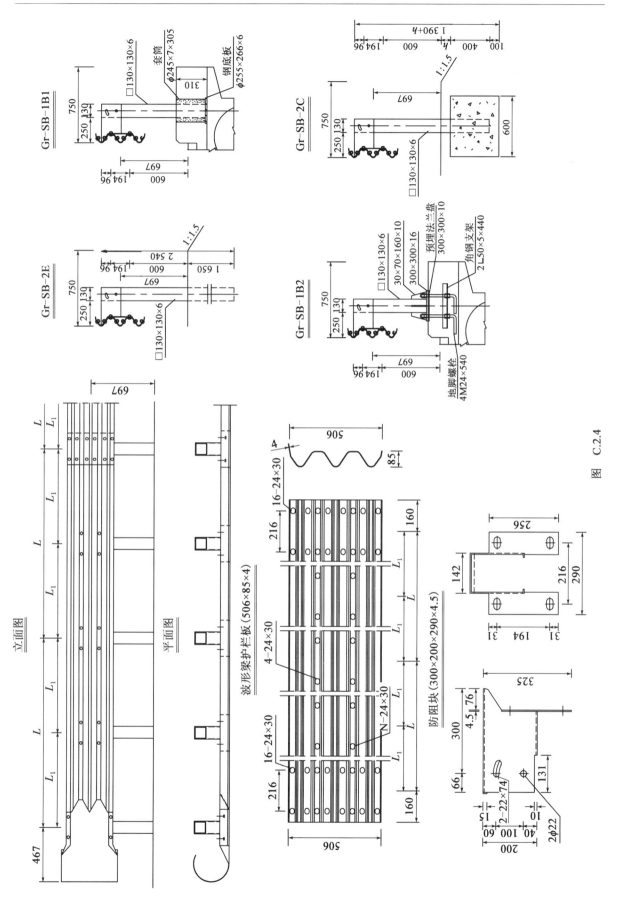

图 C.2.4

SB级护栏参数和适用范围表

代号	L(mm)	L_1(mm)	N(个)	适用范围	备注
Gr-SB-2E	2 000	—	—	路侧土方路段	如路缘石与护栏面不能齐平，则护栏的高度还应增加路缘石的高度h_c，下同
Gr-SB-1B1	2 000	1 000	8	路侧小桥、通道、明涵路段	基础处理：预埋套筒
Gr-SB-1B2	2 000	1 000	8	路侧小桥、通道、明涵路段	基础处理：预埋地脚螺栓
Gr-SB-2C	2 000	—	—	路侧石方、挡土墙路段	(1)挡土墙路段，应根据其不同形式设计不同的基础；(2)h值根据需要确定。

实车碰撞试验护栏变形及车辆动态外倾指标评价结果

测试项目	车型	测试结果
护栏最大横向动态位移延值W，m	小型客车	0.85
	中型客车	1.34
	中型货车	—
车辆最大动态外倾当量值VI_n，m	中型客车	2.27
	中型货车	—

图C.2.4 四(SB)级波形梁护栏一般构造示例(尺寸单位：mm)

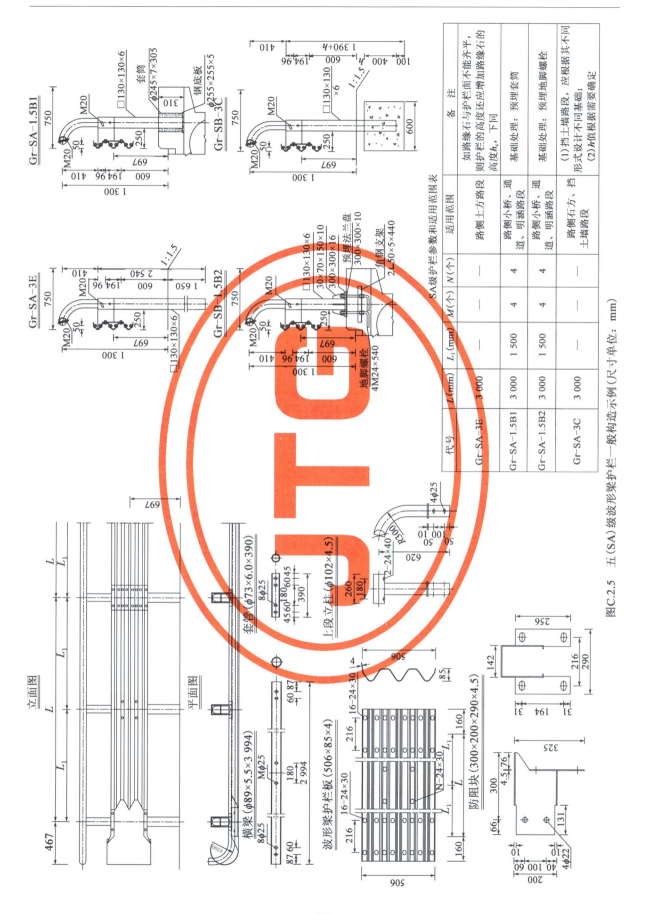

图C.2.5 五(SA)级波形梁护栏一般构造示例(尺寸单位：mm)

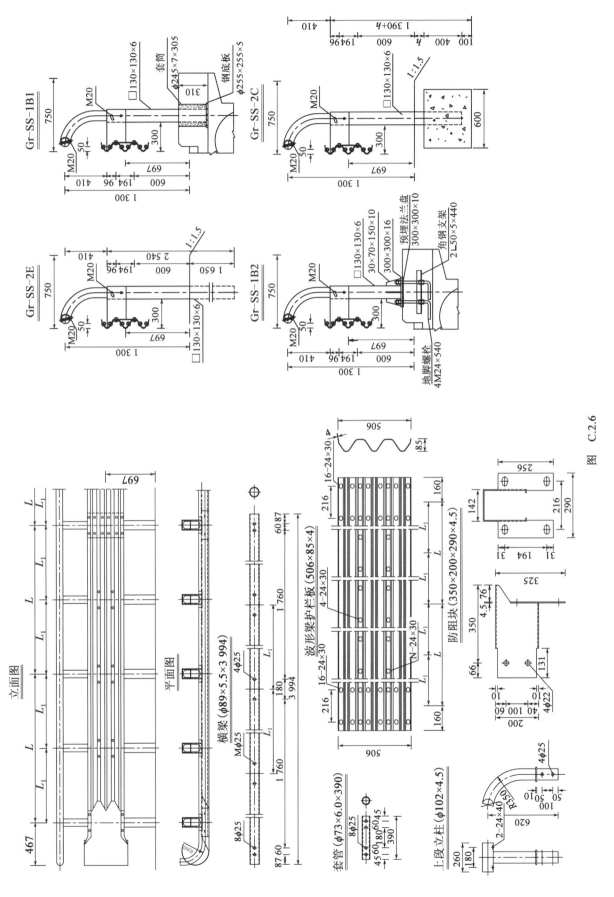

图 C.2.6

SS级护栏参数和适用范围表

代号	L(mm)	L_1(mm)	M(个)	N(个)	适用范围	备注
Gr-SS-2E	2 000	—	—	—	路侧土方路段	如路缘石与护栏面不能齐平，则护栏的高度还应增加路缘石的高度h_c，下同。
Gr-SS-1B1	2 000	1 000	8	8	路侧小桥、通道、明涵路段	基础处理：预埋套筒
Gr-SS-1B2	2 000	1 000	8	8	路侧小桥、通道、明涵路段	基础处理：预埋地脚螺栓
Gr-SS-2C	2 000	—	—	—	路侧右方、挡土墙路段	(1)挡土墙路段，应根据其不同形式设计不同基础；(2)h值根据需要确定。

实车碰撞试验护栏变形及车辆动态外倾指标评价结果

测试项目	车型	测试结果
护栏最大横向动态位移外延值W, m	小型客车	0.74
	大型客车	1.76
	大型货车	1.61
车辆最大动态外倾当量值VI_n, m	大型客车	2.24
	大型货车	2.36

图C.2.6 六(SS)级波形梁护栏一般构造示例（尺寸单位：mm）

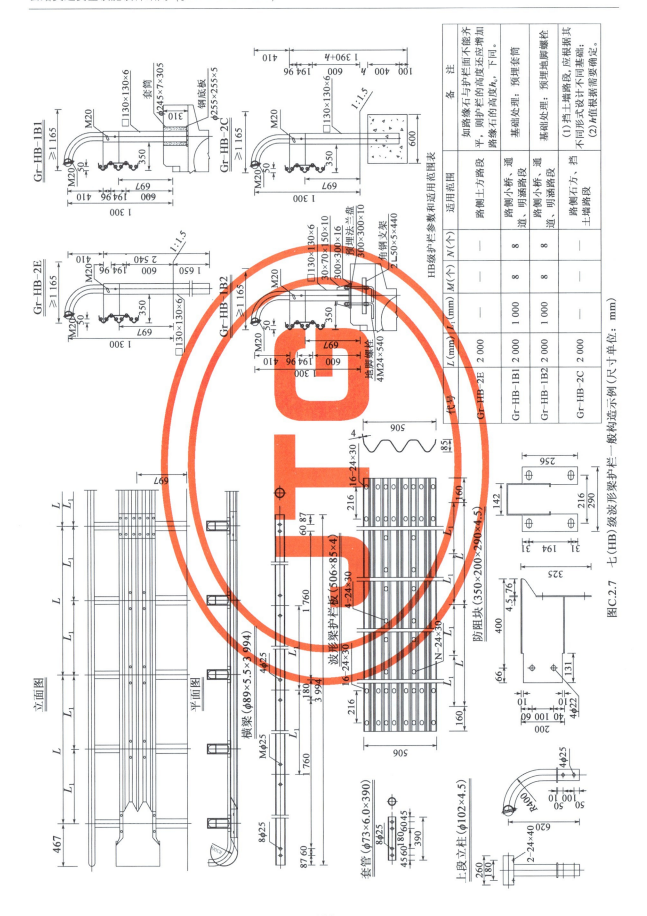

图C.2.7 七(HB)级波形梁护栏一般构造示例(尺寸单位:mm)

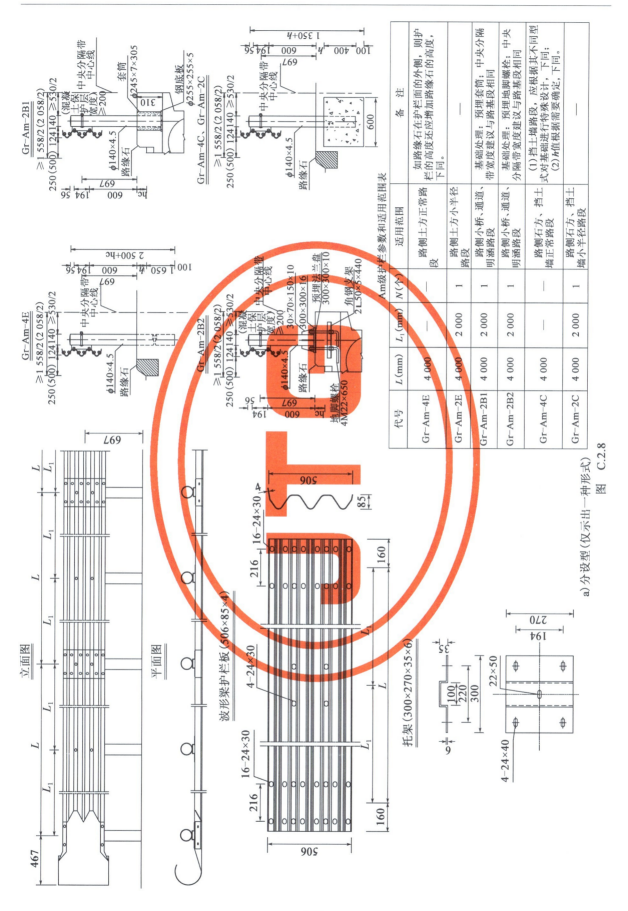

图 C.2.8 a) 分设型(仅示出一种形式)

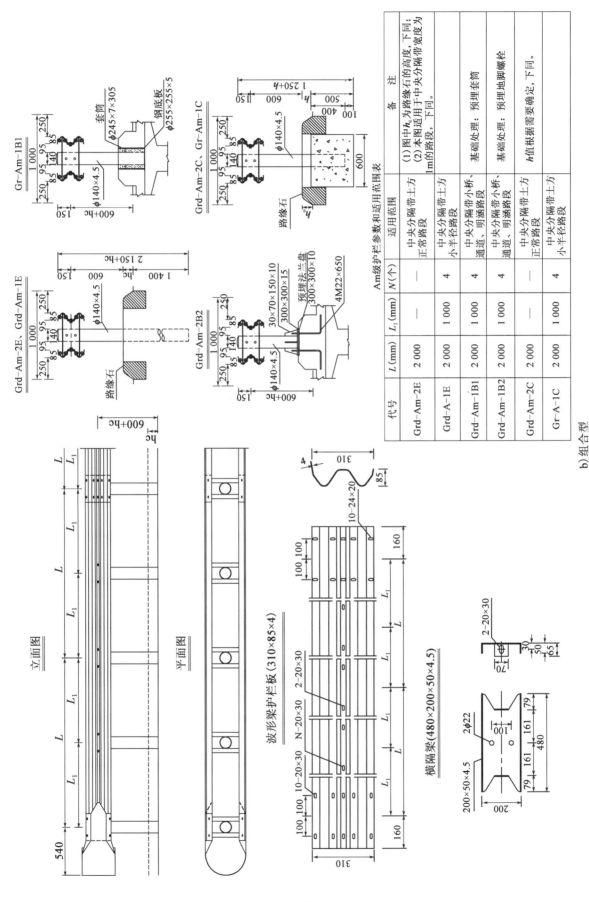

图C.2.8 三(Am)级波形梁护栏一般构造示例(尺寸单位:mm)
b) 组合型

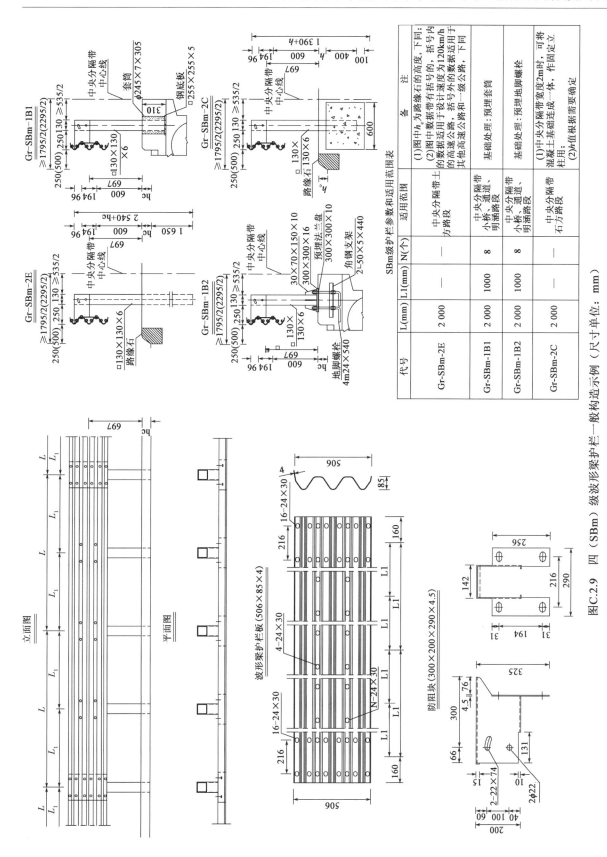

图C.2.9 四（SBm）级波形梁护栏一般构造示例（尺寸单位：mm）

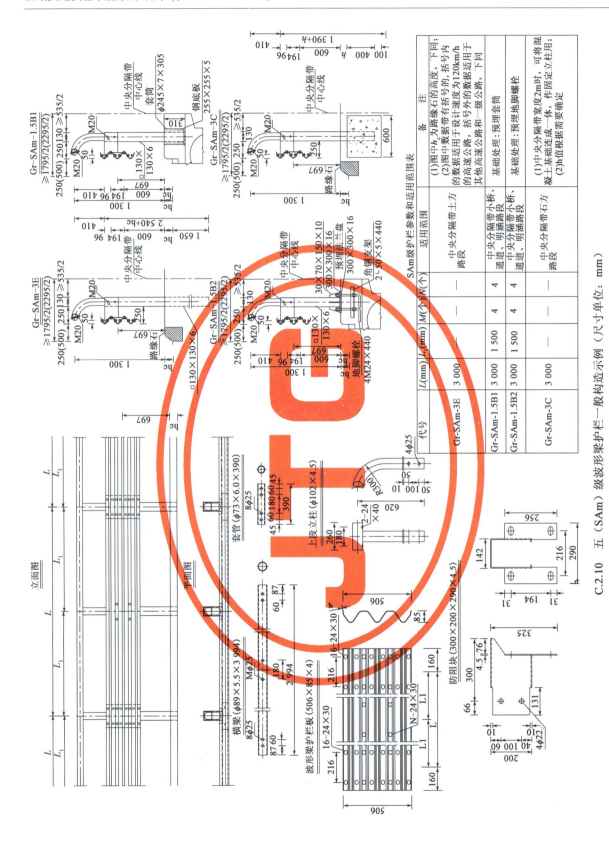

C.2.10 五(SAm)级波形梁护栏一般构造示例(尺寸单位：mm)

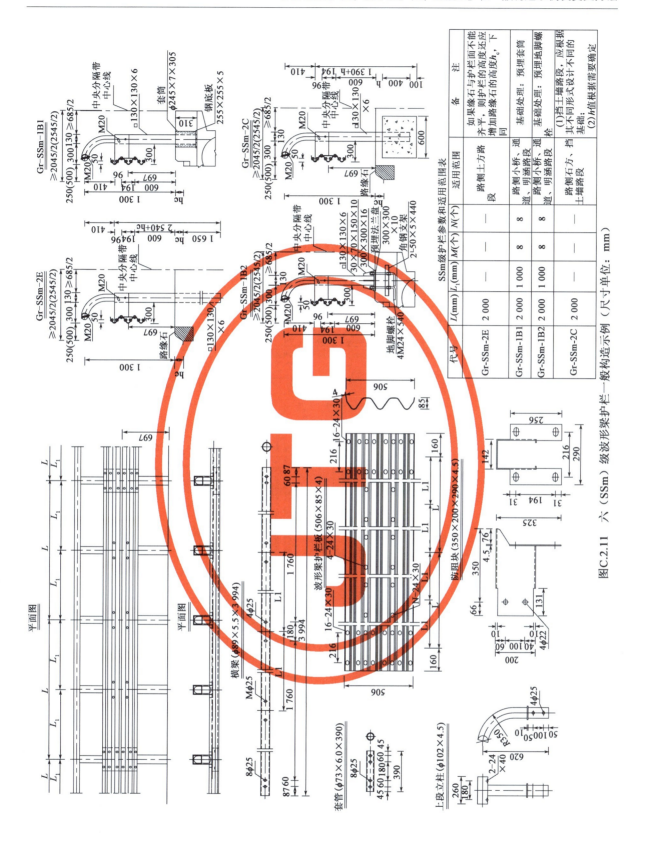

图C.2.11 六（SSm）级波形梁护栏一般构造示例（尺寸单位：mm）

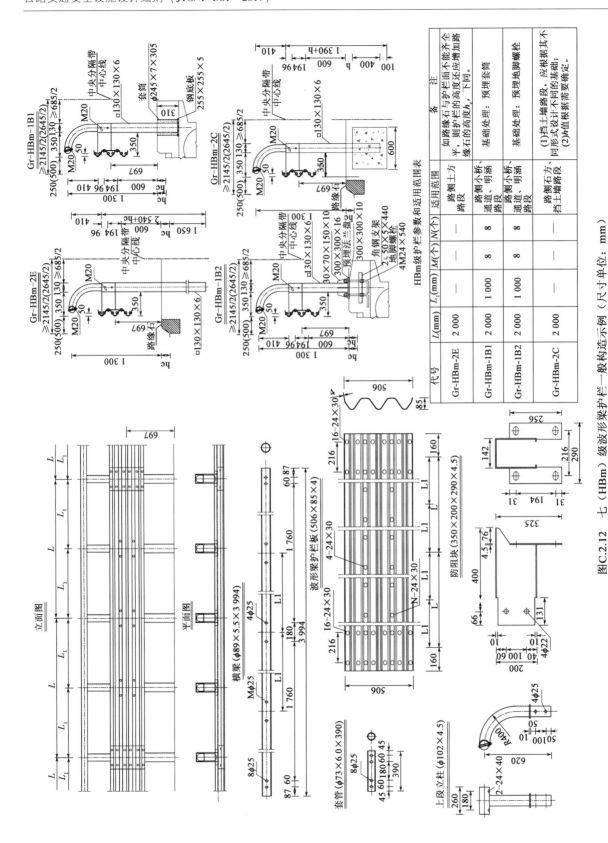

图C.2.12 七（HBm）级波形梁护栏一般构造示例（尺寸单位：mm）

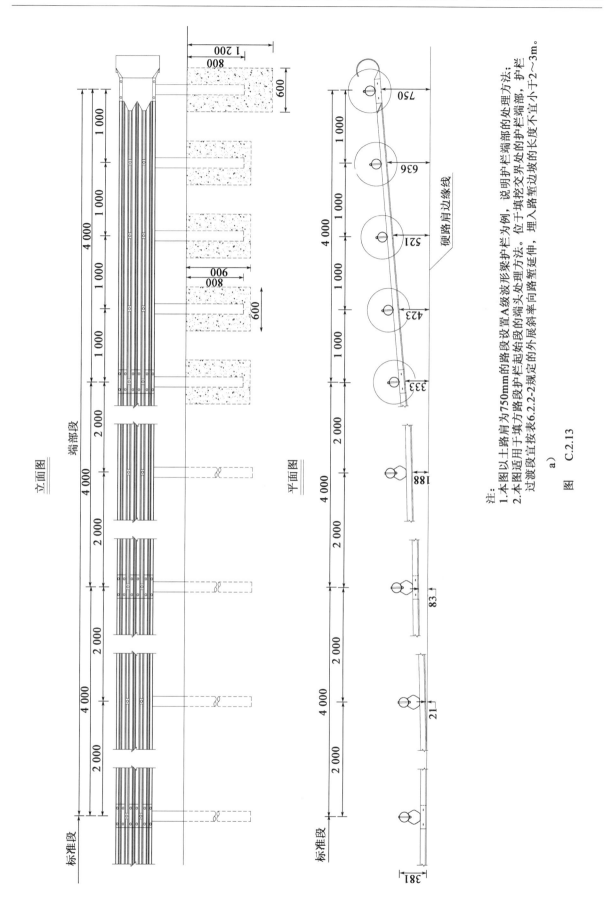

图 C.2.13

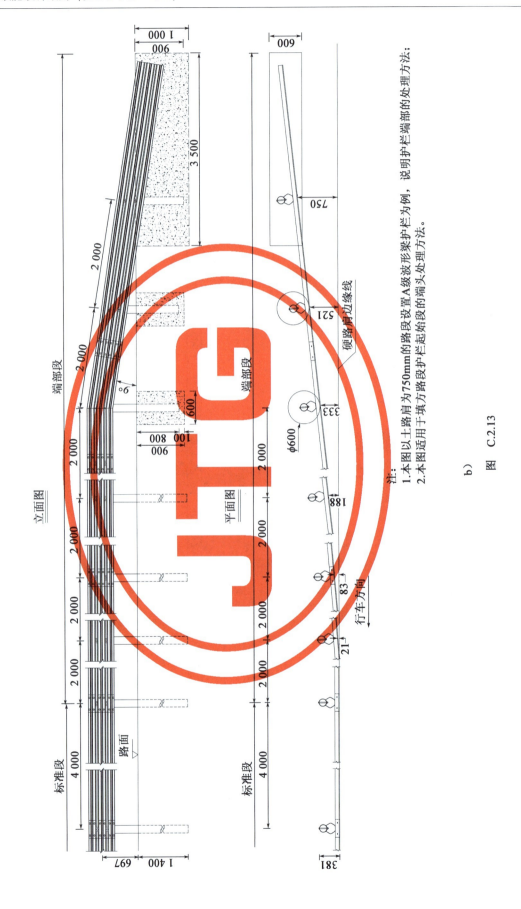

b)

图 C.2.13

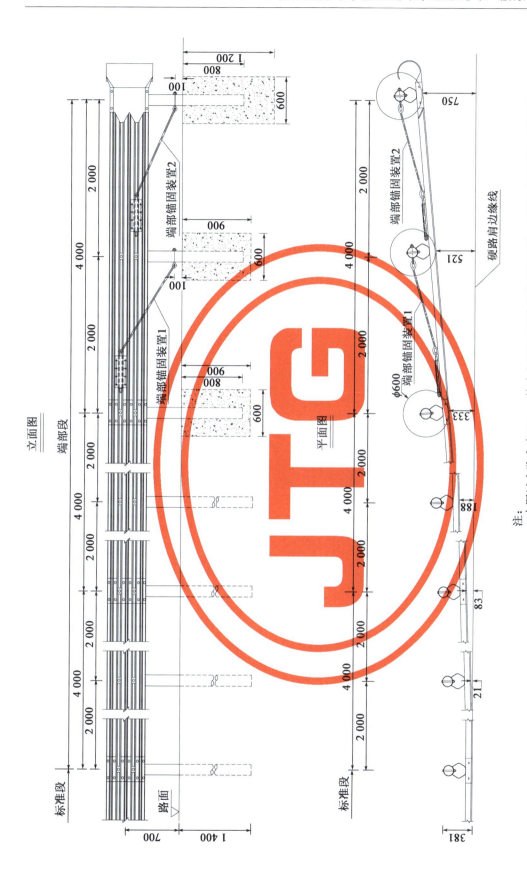

注:
1. 本图以土路肩为750mm的路段设置A级波形梁护栏为例，说明护栏端部的处理方法；
2. 本图适用于填方路段护栏起始段的端头处理方法。

图C.2.13 护栏起始段外展式端头结构图示例（尺寸单位：mm）

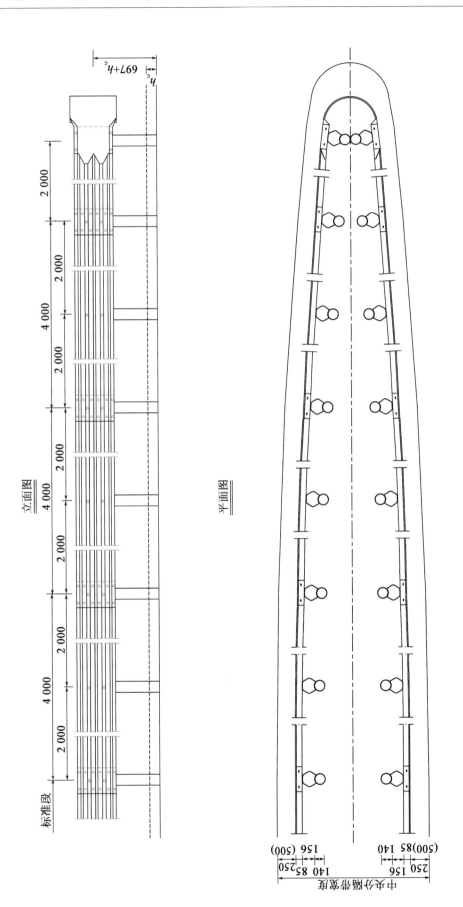

图C.2.14 中央分隔带分设型护栏端头构造图示例（尺寸单位：mm）

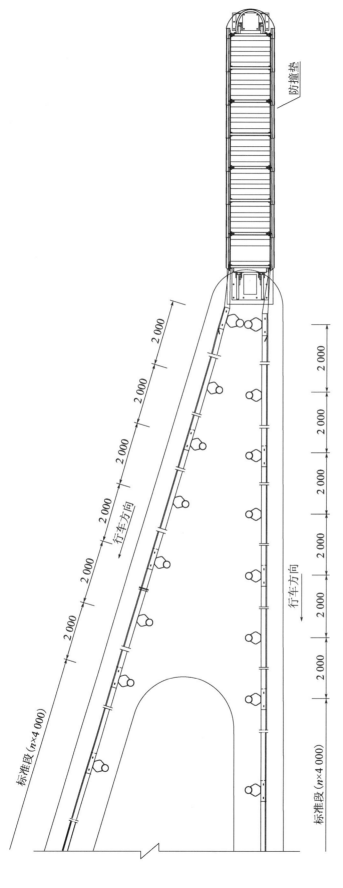

图C.2.15 三角地带护栏布设图示例（尺寸单位：mm）

注：本图仅适用于三角地带设置A级波形梁护栏的情况。

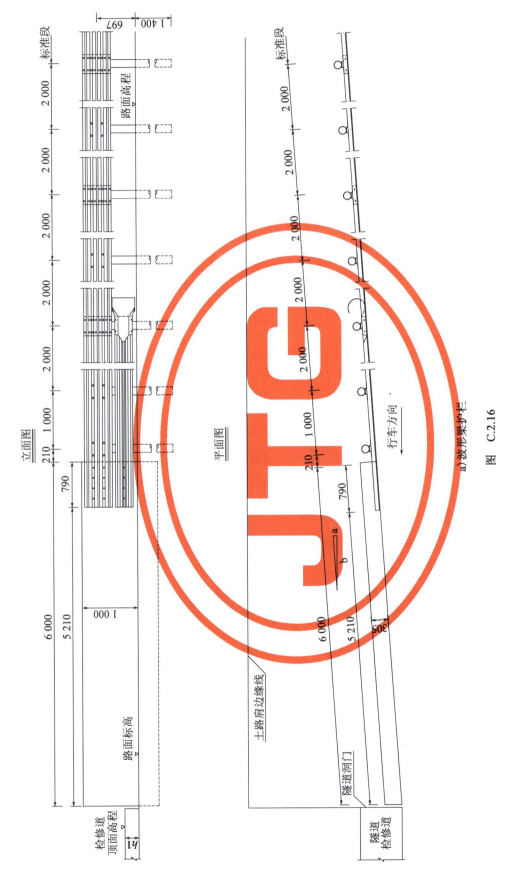

图 C.2.16 a) 波形梁护栏

注：1.本图以A级波形梁护栏为例，说明隧道入口侧的端部处理方法。其他等级护栏，过渡翼墙的规格应相应变化，其基础处理参照本细则的相关规定设置；
2.图中渐变率（a：b）不宜超本细则表6.2.2-2的规定值；
3.图中 h_1 为隧道检修道的高度；
4.图中过渡翼墙与隧道洞口端部伸缩缝宽度应符合相关规定。

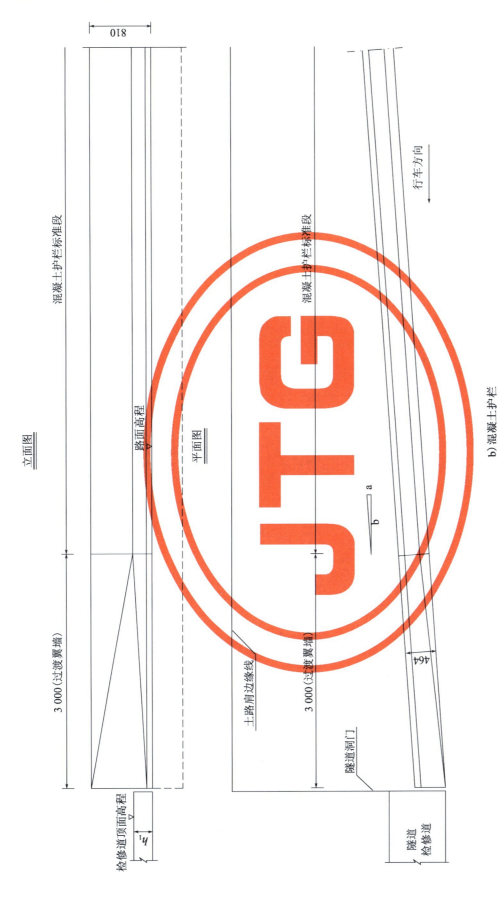

图C.2.16 隧道入口处护栏端部处理结构图示例(尺寸单位: mm)

注:1.本图以A级混凝土护栏为例,说明隧道入口侧的端部处理方法。其他等级护栏,过渡翼墙的规格应相应变化,其基础处理参照本细则的相关规定设置;
2.图中渐变率率(a:b)不宜超本细则表6.2.2-2的规定值;
3.图中h_1为隧道检修道的高度;
4.图中过渡翼墙与隧道洞口端部伸缩缝宽度应符合相关规定。

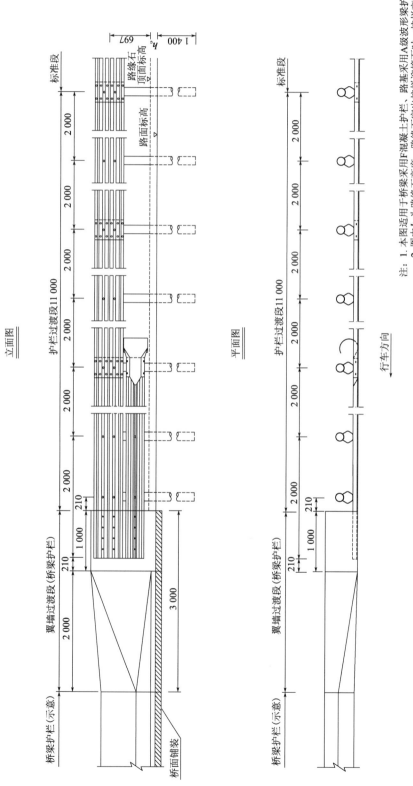

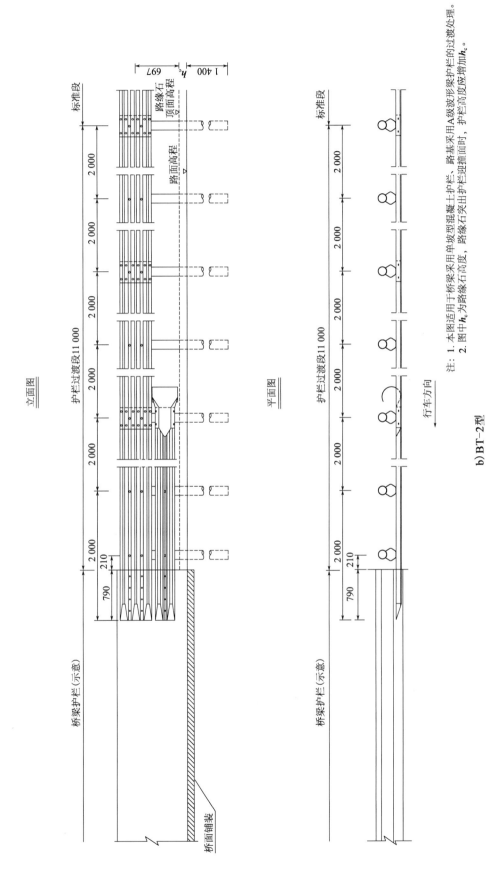

图C.2.17 桥梁混凝土护栏与路基波形梁护栏过渡段结构示例（尺寸单位：mm）

C.3 部分混凝土护栏一般构造示例

C.3.1 —(C)级混凝土护栏一般构造示例如图 C.3.1 所示。

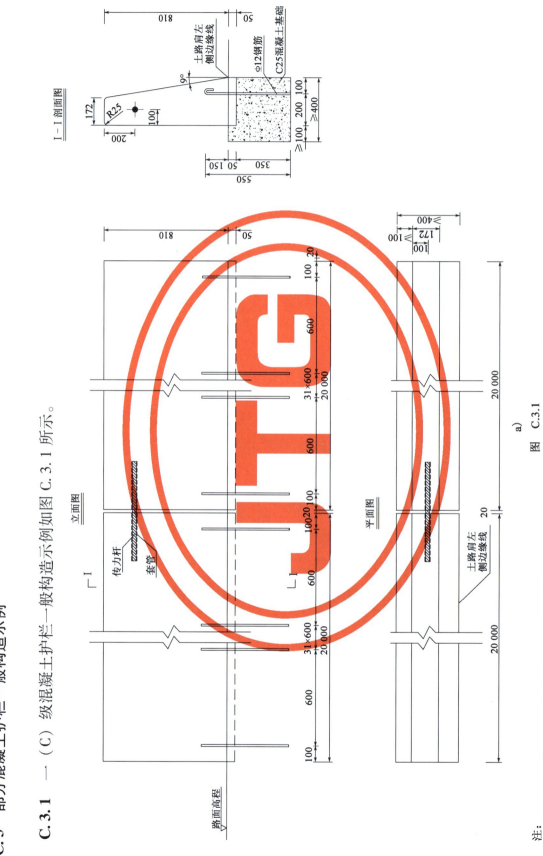

图 C.3.1

注：
1. 本护栏可适用于宽度大于或等于400mm的路肩挡土墙路段。
2. 混凝土基础宜与路肩挡土墙一起浇筑，Φ12钢筋可预埋在基础内，或在混凝土强度不低于标准强度的80%时，在混凝土基础钻孔并采用环氧树脂胶植入，再进行护栏的钢筋布设与混凝土浇筑。植筋工艺需符合规范要求。

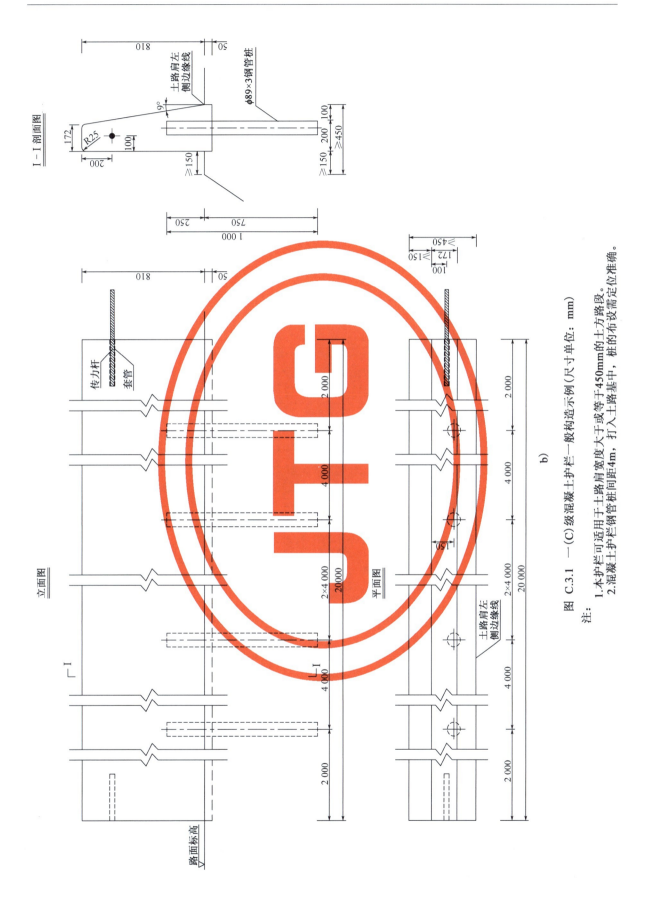

图 C.3.1-1 (C)级混凝土护栏一般构造示例(尺寸单位：mm)

注：1.本护栏可适用于土路肩宽度大于或等于450mm的土方路段。
2.混凝土护栏钢管桩布距间距4m，打入土路基中，桩的布设需定位准确。

C.3.2 二 (B) 级混凝土护栏一般构造示例如图 C.3.2 所示。

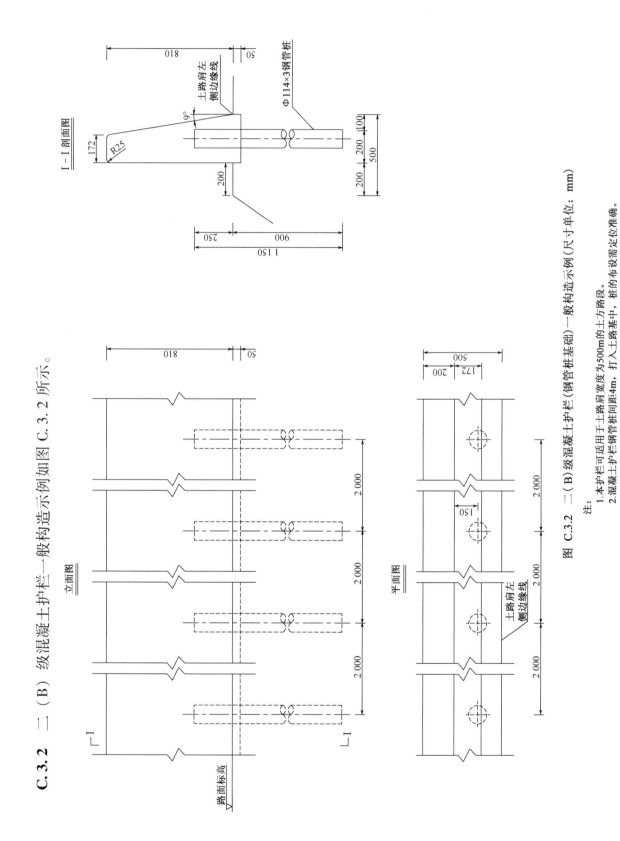

图 C.3.2 二 (B) 级混凝土护栏 (钢管桩基础) 一般构造示例 (尺寸单位: mm)

注:
1. 本护栏可适用于土路肩宽度为500mm的上方路段。
2. 混凝土护栏钢管桩间距4m, 打入土路基中, 桩的布设需定位准确。

C.4 变更方法

附录C.1和C.2确定了部分等级缆索护栏、波形梁护栏为保持其性能所需的横梁、缆索、立柱、防阻块、基础等的形状、尺寸及材料。因特殊原因无法满足时，经对现场条件、防护车型和护栏结构的科学分析和合理论证，局部路段护栏结构可参考下列方法适当进行变更。

条文说明

由于现场路肩宽度、边坡坡度、土基材料和压实度等多种因素的影响，很多情况下，不能完全采用附录C.1和C.2中提供的一般构造示例，需要进行适当变更。附录C.4参考了日本《车辆用护栏标准图·同解说》（2008年1月）的相关规定，供解决实际问题时参考。

C.4.1 形状、规格的变更，可参考下列规定：

1 由于现场条件的限制，需局部变更立柱间距时，打入式立柱间距可缩短到表C.4.1-1的距离，设置混凝土基础时，可不进行缩短。

2 由于现场条件的限制，需变更防阻块的伸出量时，可在各个规格所示数值的±50%的范围内进行变更。

表C.4.1-1 缆索护栏和波形梁护栏的最小立柱间距（立柱为打入式）

形 式	位 置	代 号	最小立柱间距（m）
缆索护栏	路侧	Gc-C-6E, Gc-B-6E, Gc-A-6E	3.0
波形梁护栏	路侧	Gr-C-4E, Gr-A-4E, Gr-SB-2E, Gr-SA-3E, Gr-SS-2E, Gr-HB-2E	1.0
波形梁护栏	中央分隔带（分设型）	Gr-Bm-2E, Gr-SBm-2E, Gr-SAm-3E, Gr-SSm-2E, Gr-HBm-2E	1.0
波形梁护栏	中央分隔带（分设型）	Gr-Am-4E	2.0

C.4.2 支撑条件的变更，可参考下列规定：

1 打入式立柱

1）波形梁护栏的立柱以及缆索护栏的中间立柱

由于现场条件的原因导致护栏的设置无法满足一般构造示例中规定的支撑条件时，可通过计算一般构造示例中1根立柱相关的背面土质量，采取混凝土基础等措施使对应的混凝土基础和（或）土质量之和能达到或超过一般构造示例中1根立柱相关的背面土质量。主要计算和评价过程为：

①设置条件及地基状况的检查

立柱设置于土基中时，其强度决定于立柱以外的土基坡顶宽度、边坡坡度、立柱的埋入深度和地基材料等支撑条件，一般构造示例中显示了上述参数。现场条件与上述参数不同时，应检查立柱的设置条件和基础状况，对承载能力小的基础进行改善。

②立柱背面土质量的计算

实车碰撞试验表明，护栏受到的汽车碰撞荷载将由立柱的背面土反作用阻挡力来承担，因此立柱的支撑力与背面土的体积和密度密切相关，通过图 C.4.2-1 可计算出 1 根立柱所涉及的背面土质量，据此来评价立柱所受到的支撑力。部分防护等级护栏一般构造示例中所示 1 根立柱的背面土质量如表 C.4.2-2 所示。

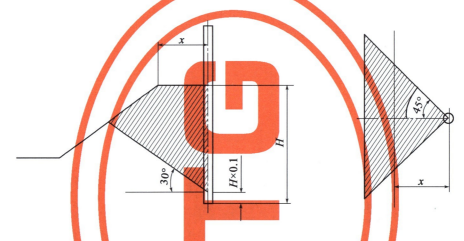

图 C.4.2-1　立柱背面土的计算范围

注：1. 背面土质量（t）= 背面土体积（m³）× 土的密度（t/m³）
　　2. 中央分隔带处的背面土质量的计算，可把立柱背面视为平坡。

表 C.4.2-2　部分防护等级护栏 1 根立柱的背面土质量

代　号	1 根立柱的背面土质量（t）	备　注	
		立柱规格（mm）	标准埋入深度（m）
Gc-A-6E	2.51	φ140×4.5	1.65
Gr-A-4E	2.34		1.65/1.40
Gc-B-6E Gr-B-2E	1.01	φ114×4.5	1.65/1.40
Gc-C-6E Gr-C-4E	0.82		1.40
Gr-HB-2E Gr-SS-2E	2.86	□130×130×6	1.65
Gr-SA-3E Gr-SB-2E	2.19		

③立柱背面土质量的评价

比较在②中计算的 1 根立柱的背面土质量是否大于或等于表 C.4.2-2 中对应的立柱背面土质量，以确认立柱的支撑力是否充分。如计算值偏小，应进行地基改造，或采用以下方案，以确保必需的背面土质量。坡顶距离、坡度、埋入深度不足时均可参考以下方案。

④基于独立混凝土基础的方案

比较结果不能达到规定的背面土质量时，首先计算出不足量，然后根据立柱外土基坡顶宽度、边坡坡度、埋入深度等，确定混凝土基础的适当形状、规格，以补足其质量。

⑤基于连续混凝土基础的方案

如④中所确定的独立的混凝土基础的形状、规格不便于施工，或土基础中还有管线等埋设物，不能保证埋入深度时，可考虑设置连续基础的方案。

⑥缩短立柱间距的方案

由于现场条件限制，无法采用混凝土独立基础或连续基础的方案时，以及土中有埋设物、埋入深度需低于规定深度时，可根据表 C.4.1-1 的规定，采用缩短立柱间距的方案。

2）缆索护栏的端部立柱

缆索护栏端部立柱混凝土基础的形状和规格，以假设其能够承受缆索的预拉力为前提，对倾覆稳定性、滑动稳定性、基底应力等进行计算后确定。在不能保证该形状和规格时，可通过以下计算方法，得到可保持同等及以上稳定状态的基础形状和规格。

设计条件：如图 C.4.2-2、表 C.4.2-3 所示。

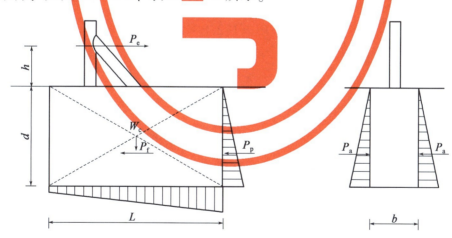

图 C.4.2-2 缆索护栏端部立柱混凝土基础示例

表 C.4.2-3 缆索护栏端部立柱基础的设计条件

防护等级	预拉力（kN/根）	缆索根数	荷载（kN）	作用点高度（m）
C	9.8	3	30	0.60
B	12.5	4	50	0.65
A	22	5	110	0.70

①混凝土基础的形状、规格（高度 d×长度 L×宽度 b）；缆索张力 P_e（预拉力×缆索根数）、作用点的高度 h。

②外力的力矩：$M_e = P_e \times (h+d)$

③地基和混凝土相关的各参数：土的内部摩擦角 φ、主动土压系数 K_a、被动土压系数 K_p、土和混凝土的摩擦系数 μ、基底容许应力 $[\sigma]$、土的密度 γ_s、混凝土的密度 γ_c、基础抗滑动稳定系数 $s_f = 1.2$、基础抗倾覆稳定系数 $s_o = 1.2$。

基础的稳定性计算：

①基础滑动稳定性验算

自重的摩擦阻力：

$$P_w = \mu W_c = \mu \times d \times L \times b \times \gamma_c$$

单侧侧向主动土压力：

$$P_a = K_a \times \gamma_s \times d_2 \times L/2$$

单侧侧向主动土压力的摩擦阻力：

$$P_f = \mu \times P_a = \mu \times K_a \times \gamma_s \times d_2 \times L/2$$

前面被动土压力：

$$P_p = K_p \times \gamma_s \times b \times d_2/2$$

相对于滑动的阻力：

$$P_\gamma = P_w + 2P_f + P_p$$

相对于滑动的稳定性评价：

$$s_f \times P_e = 1.2 P_e < P_\gamma$$

②基础倾覆稳定性验算

基底至压力最大一边的边缘的距离：$y = L/2$；

外力合力偏心距：

$$e_0 = (M_e - M_p - 2M_f) / W_c$$

式中：M_p——前面被动土压力引起的力矩，$M_p = P_p \times d/3$

M_f——单侧侧向主动土压力引起的力矩，$M_f = P_f \times d/3$

抗倾覆稳定系数：

$$K_0 = y/e_0 < s_o$$

③基底应力验算 $\quad M = M_e - M_p - 2M_f$

$$\sigma = W_c / (L \times b) + 6M / (L_2 \times b)$$

基底应力验算结果：$\sigma < [\sigma]$

2 设置于混凝土基础时

采用套筒方式设置在混凝土构造物上的缆索护栏和波形梁护栏基础，应采用前部和后部加固钢筋，规格如表 C.4.2-4、表 C.4.2-5 和图 C.4.2-3 所示。如现场条件及构造物的结构等原因需变更支撑条件时，可根据下列方法确定基础的固定方法，使其达到同等及以上的支撑条件。

表 C.4.2-4　各防护等级护栏加固钢筋的形状（埋入深度 400mm）

代号	Gr-SB-1B1 Gr-SA-1.5B1 Gr-SS-1B1 Gr-HB-1B1	Gc-A-4B1 Gr-A-2B1	Gc-C-4B1 Gc-B-4B1 Gr-C-2B1 Gr-B-1B1
a	□130×130×6	ϕ140×4.5	ϕ114×4.5
b	1	1	1
c	D22	D13	D13
d	1	1	1
e	D13	D13	D13
f	ϕ220	ϕ220	ϕ180
g			

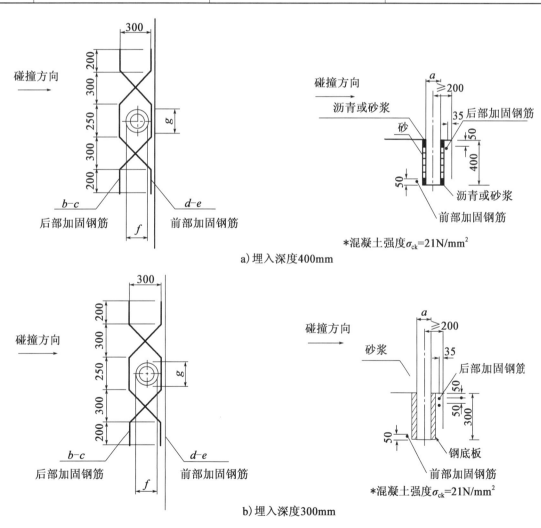

图 C.4.2-3　各防护等级护栏加固细筋设置位置（尺寸单位：mm）
注：护栏位于中央分隔带时，加固钢筋应左右对称布置。

表 C.4.2-5 各规格中加固钢筋的形状（埋入深度 300mm）

代号	Gr-SB-1B1 Gr-SA-1.5B1 Gr-SS-1B1 Gr-HB-1B1	Gc-A-4B1 Gr-A-2B1	Gc-C-4B1 Gc-B-4B1 Gr-C-2B1 Gr-B-1B1
a	□130×130×6	ϕ140×4.5	ϕ114×4.5
b	2	2	2
c	D25	D22	D16
d	1	1	1
e	D25	D22	D16
f	ϕ220	ϕ220	ϕ220
g			

1）现场条件及构造物结构的检查

桥梁、通道、明涵及挡土墙上设置护栏基础时，应确认桥面板底座及挡土墙顶端的形状，并根据底座及挡土墙内部的钢筋和埋设物等情况，确定其规格和混凝土的强度。

2）立柱强度的评价

可以立柱根部的最大承载能力作为设计荷载，对立柱强度进行评价，使其不低于一般构造示例中的立柱强度。

3）基于加固钢筋的调整方案

根据立柱强度的评价结果，变更加固钢筋可以满足规定要求时，应注意混凝土保护层的厚度及钢筋用量等。

4）基于地脚螺栓连接方式的调整方案

基础混凝土及钢筋的允许应力不能满足立柱的强度要求时，可采用地脚螺栓方式对立柱进行固定，柱脚强度计算可以立柱根部的最大承载能力作为设计荷载，对法兰盘、加劲肋和地脚螺栓的规格进行验算。

附录 D 桥梁护栏试件设计方法

D.1 基本构造

D.1.1 桥梁护栏典型结构如图 D.1.1。梁柱式护栏底部横梁距路面的距离 C_b、立柱的退后距离 S、横梁之间的净距 C 应符合下列规定：

1 横梁与车辆接触的总高度 ΣA 不应小于护栏总高度的 25%。

2 与立柱的退后距离 S 对应的横梁之间的净距 C 宜位于本细则图 6.3.5-2a) 所示的阴影区以内或以下。

3 与立柱的退后距离 S 对应的横梁的总高度之和与立柱高度之比（$\Sigma A/H$）宜位于本细则图 6.3.5-2b) 所示的阴影区以内或以上。

4 兼具护栏与人行道或自行车道栏杆功能的组合护栏，横梁之间或立柱之间的最大竖向净距还应符合本细则第 6.3.6 条、第 6.3.7 条的相关规定。

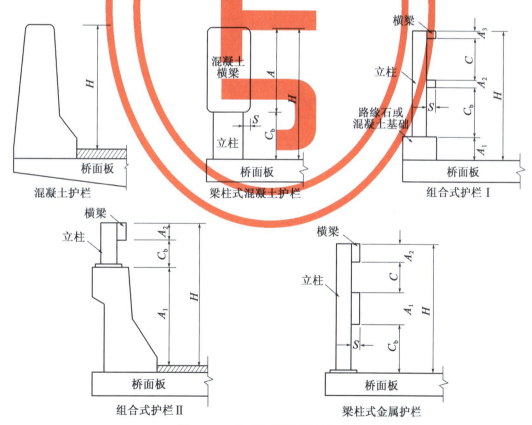

图 D.1.1 典型的桥梁护栏结构示例

D.1.2 桥梁护栏的高度应大于或等于车辆抗倾覆荷载的有效高度。桥梁护栏与车辆的关系如图 D.1.2，车辆抗倾覆荷载的有效高度为：

$$H_e = G - \frac{WBg}{2F_t} \quad (D.1.2\text{-}1)$$

式中：G——配载后试验用标准车辆重心距桥面板的高度（m），可根据现行《公路护栏安全性能评价标准》（JTG B05-01）的相关规定得到；

W——相应于所需要的防护等级的配载后试验用标准车辆的质量（kg），可根据现行《公路护栏安全性能评价标准》（JTG B05-01）的相关规定得到；

B——轮胎最外侧立面之间的距离（m），可根据现行《公路护栏安全性能评价标准》（JTG B05-01）的相关规定得到；

g——重力常数，$g = 9.8\text{N/kg}$；

F_t——相应于所需要的防护等级的横向荷载（N），即表 3.5.4 中规定的汽车碰撞荷载。

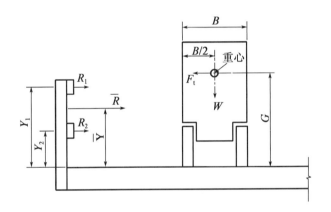

图 D.1.2 桥梁护栏与车辆的关系示意

护栏构件的设置应满足下列条件：

$$\overline{R} \geqslant F_t \quad (D.1.2\text{-}2)$$

$$\overline{Y} \geqslant H_e \quad (D.1.2\text{-}3)$$

其中：

$$\overline{R} = \sum R_i \quad (D.1.2\text{-}4)$$

$$\overline{Y} = \frac{\sum (R_i Y_i)}{\overline{R}} \quad (D.1.2\text{-}5)$$

式中：R_i——横梁的承载能力（N）；

Y_i——第 i 根横梁距桥面板的距离（m）。

条文说明

式（D.1.2-1）可用来合理预测护栏的有效高度，以避免翻车。

如果在 H_e 处的设计荷载界于护栏构件之间，则该荷载将按比例分布到上下的护栏构件上，以保证 $\overline{Y} \geq H_e$。

根据车辆抗倾覆荷载的有效高度公式计算的结果，还要根试验数据和已有护栏的使用经验进行校验。对混凝土护栏来说，美国根据该公式推导的 TL-4 护栏的理论需求高度为 86cm。不过，实际大量使用的 81cm 高度的护栏性能也可以被接受，因此对 TL-4 等级的护栏仍推荐 81cm 的高度。

D.2 设计荷载

D.2.1 所有荷载应施加于纵向横梁构件。纵向荷载向立柱的分布应符合横梁构件的连续性。横向荷载的分布应与护栏系统假定的破坏机理相一致。

D.2.2 新型桥梁护栏结构试件应按承载能力极限状态法进行设计。试验构件所承受的荷载如图 D.2.2，数值如下：

1 横向碰撞荷载 F_t 和分布长度 L_t：为偶然荷载，作用方向与护栏面垂直。数值和 L_t 如表 3.5.4。

2 纵向碰撞荷载 F_L 和分布长度 L_L：F_L 为偶然荷载，作用方向与护栏面平行。数值为 $F_t/3$，L_L 长度同 L_t。

3 竖向碰撞荷载 F_v 和分布长度 L_v：为偶然荷载，作用方向为垂直向下。数值为车辆重力，L_v 为车辆长度。

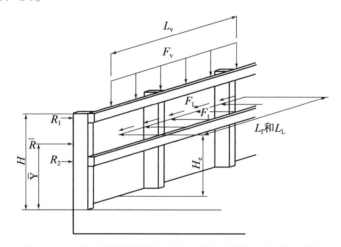

图 D.2.2 金属护栏的设计荷载、竖向位置及水平分布长度
注：本图以梁柱式护栏为例，标示出了设计荷载及其分布。该图亦适用于其他类型的护栏。

条文说明

图 D.2.2 显示了梁柱式护栏承受的各个设计荷载，仅为示意。荷载和分布长度可用于其他类型的护栏。

D.2.3 各类荷载分项系数、荷载组合值系数等应按现行《公路桥涵设计通用规范》

（JTG D60）的规定采用，其中横向和纵向荷载不应和竖向荷载进行组合。

D.3 护栏试验构件的设计程序

D.3.1 对钢筋混凝土和预应力混凝土护栏，可采用屈服线分析和强度设计的理论。碰撞发生在护栏标准段和端部的屈服线分析方法如图 D.3.1-1、图 D.3.1-2 所示。

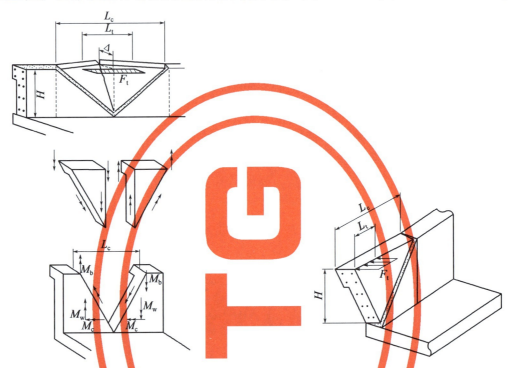

图 D.3.1-1 碰撞发生在护栏标准段时屈服线分析方法　　图 D.3.1-2 碰撞发生在护栏端部时屈服线分析方法

护栏对横向荷载的抗力标准值 R_w 可采用屈服线方法确定：

1　碰撞发生在护栏标准段时：

$$R_w = \left(\frac{2}{2L_c - L_t}\right)\left(8M_b + 8M_w + \frac{M_c L_c^2}{H}\right) \tag{D.3.1-1}$$

屈服线发生的临界长度 L_c 应为：

$$L_c = \frac{L_t}{2} + \sqrt{\left(\frac{L_t}{2}\right)^2 + \frac{8H(M_b + M_w)}{M_c}} \tag{D.3.1-2}$$

2　碰撞发生在护栏端部或伸缩缝处时：

$$R_w = \left(\frac{2}{2L_c - L_t}\right)\left(M_b + M_w + \frac{M_c L_c^2}{H}\right) \tag{D.3.1-3}$$

$$L_c = \frac{L_t}{2} + \sqrt{\left(\frac{L_t}{2}\right)^2 + H\left(\frac{(M_b + M_w)}{M_c}\right)} \tag{D.3.1-4}$$

式中：F_t——作用于混凝土护栏顶部的横向荷载（kN），如表3.5.4；

H——护栏的有效高度（m）；

L_c——屈服线破坏模式的临界长度（m）；

L_t——碰撞荷载分布的纵向长度（m），如表3.5.4；

R_w——护栏的总的横向承载能力（kN）；

M_w——护栏关于其竖向轴的弯曲承载力矩（kN·m）；

M_b——护栏顶部除M_w之外的横梁附加弯曲承载力矩（kN·m）；

M_c——悬臂型护栏关于桥梁纵轴的弯曲承载力矩（kN·m/m）。

在使用上面的等式时，M_c和M_w不应在其高度范围内发生很大的变化。对其他情况，应使用严格的屈服线分析方法。

条文说明

图D.3.1-1和图D.3.1-2中仅包括了混凝土构件的极限抗弯承载能力。要提供箍筋来抵抗剪力和/或斜向拉力。认识到桥面板也要抵抗由碰撞荷载F_t的分量引起的拉力，因此应该确定桥面板的极限弯曲承载力矩M_s。

在本分析中，假定桥面板的破坏模式发生在护栏范围内，并不延伸到桥面板。这也就是说，桥面板必须有足够的承载能力，使屈服线破坏模式发生在护栏以内。如果破坏模式延伸到桥面板，则护栏的承载能力公式将失效。

这种分析还基于一个假设，即护栏有足够的长度才能发生图示的破坏模式。对长度比较短的护栏，可能会形成一条沿护栏与桥面板接缝的屈服线。这种破坏模式是允许的，护栏的承载能力要使用适当的分析来计算。

这种分析还基于一个假设，即护栏墙体的正、负抵抗弯矩数值相等，横梁的正负抵抗力矩也相等。

R_w为混凝土护栏的系统承载能力，将其与护栏所承受的荷载进行比较，可确定结构的适用性。通过式（D.3.1-1）和式（D.3.1-2）体现的屈服线分析可以看出，抗弯强度M_b、M_w和M_c均与系统承载能力R_w有关。R_w为"公称承载能力"，与护栏所承受的"公称荷载"相对应。

当混凝土护栏的宽度沿高度有变化时，上述公式中使用的M_c要被作为其沿护栏高度的平均值。

D.3.2 破坏条件下梁柱式护栏的设计应使用非弹性的分析方法，梁柱式护栏可能的破坏模式如图D.3.2。

1 当破坏模式中未包含端部立柱时，对各种跨数的护栏，其临界公称抗力R应为式（D.3.2-1）和式（D.3.2-2）中的最小值。

1）破坏模式包含奇数跨N时：

$$R = \frac{16M_p + (N-1)(N+1)P_pL}{2NL - L_t} \quad (D.3.2\text{-}1)$$

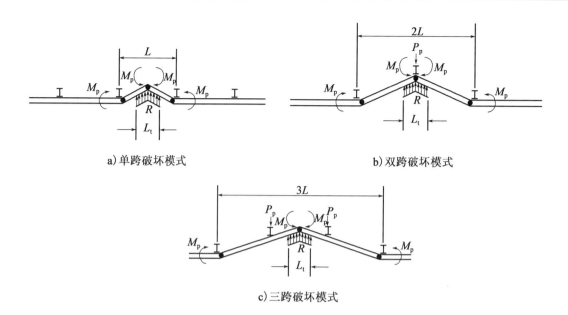

图 D.3.2 梁柱式护栏可能的破坏模式

2) 破坏模式包含偶数跨 N 时：

$$R = \frac{16M_p + N^2 P_p L}{2NL - L_t} \quad \text{(D.3.2-2)}$$

式中：L——柱距，即一跨的长度（m）；

M_p——构成塑性铰的所有横梁的非弹性屈服线弯曲承载力矩（kN·m）；

M_{post}——单根立柱的塑性弯曲承载力矩（kN·m）；

P_p——与 M_{post} 对应的单根立柱承受的剪力，位于桥面板上方的 $\overline{Y}$ 处（kN）；

R——护栏的总极限抗力，即公称抗力（kN）；

L_t、L_L——车辆碰撞荷载 F_t、F_L 的分布长度（m）。

2 对引起端部立柱破坏的横梁端部的碰撞来说，对任意数量的横梁跨数 N，临界的护栏公称抗力 R 应按式（D.3.2-3）计算。

$$R = \frac{2M_p + 2P_p L\left(\sum_{i=1}^{N} i\right)}{2NL - L_t} \quad \text{(D.3.2-3)}$$

条文说明

这种设计方法可用于混凝土和金属梁柱式护栏。塑性机构每端的立柱必须能承受横梁的剪力。

对多横梁系统，每一根横梁均对图 D.3.2 所示的屈服机理产生影响，其大小取决于相应于其纵向位置的转动情况。如最底层横梁一般情况下不会发生屈服破坏，因此在计算护栏的总极限抗力时，可以忽略不计。

主要横梁和立柱规格确定后，还应完成下面几项工作：

完成顶部横梁和立柱的连接设计，以承受竖向荷载和偏心荷载引起的弯矩；

检查纵向碰撞荷载下横梁和立柱的连接情况；

承受立柱塑性弯矩的柱脚设计，包括立柱与法兰盘的连接、法兰盘和地脚螺栓的设计等。

D.3.3 组合式护栏的每一构件的抗力应根据本细则第 D.3.1 条和 D.3.2 条的规定来确定。横梁的抗力应由一跨的 R_R 和两跨以上的 R'_R 来确定。混凝土墙顶部立柱的抗力 P_p 以及锚固螺栓的抗力也应进行确定。组合式护栏的抗力应为图 D.3.3-1 和图 D.3.3-2 所示的两种破坏模式确定的抗力中的较小值。

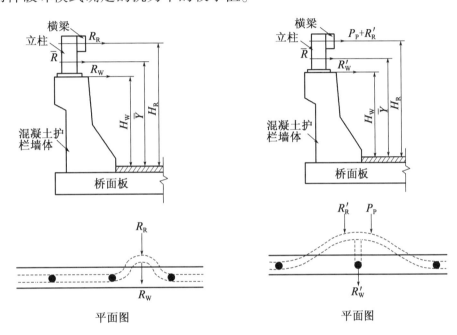

图 D.3.3-1 组合式护栏破坏模式Ⅰ——发生在跨中的碰撞　　图 D.3.3-2 组合式护栏破坏模式Ⅱ——发生在立柱处的碰撞

1 当车辆碰撞发生在图 D.3.3-1 所示的金属横梁跨中时，横梁的抗力 R_R 和混凝土墙的最大强度 R_w，应互相叠加，以确定合成强度 $\overline{R}$ 和有效高度 $\overline{Y}$，如式（D.3.3-1）和（D.3.3-2）。

$$\overline{R} = R_R + R_w \quad (\text{D.3.3-1})$$

$$\overline{Y} = \frac{R_R H_R + R_w H_w}{\overline{R}} \quad (\text{D.3.3-2})$$

式中：R_R——一跨横梁的极限抗力（kN）；

R_w——第 D.3.1 条规定的混凝土墙的极限抗力（kN）；

H_w——混凝土墙的高度（m）；

H_R——横梁的高度（m）。

2 当车辆的碰撞荷载发生在图 D.3.3-2 所示的立柱处时，最大合成强度 $\overline{R}$ 应为立柱承载能力 P_p、横梁承载能力 R'_R 和减小后的混凝土墙承载能力 R'_w 之和，高度为 $\overline{Y}$，如式（D.3.3-3）和式（D.3.3-4）。

$$\overline{R} = P_\text{p} + R'_\text{R} + R'_\text{w} \tag{D.3.3-3}$$

$$\overline{Y} = \frac{P_\text{p} H_\text{R} + R'_\text{R} H_\text{R} + R'_\text{w} H_\text{w}}{\overline{R}} \tag{D.3.3-4}$$

其中：

$$R'_\text{w} = \frac{R_\text{w} H_\text{w} - P_\text{p} H_\text{R}}{H_\text{w}} \tag{D.3.3-5}$$

式中：P_p——立柱的极限横向抗力（kN）；

R'_R——两跨横梁的极限横向抗力（kN）；

R'_w——减少后以抵抗立柱荷载的混凝土墙的抗力（kN）；

R_w——第 D.3.1 条规定的混凝土墙的极限横向抗力（kN）。

条文说明

应该认识到，最大的有效高度 $\overline{Y}$ 等于横梁的形心高度 H_R 是可以获得的，但简化后的合成强度 $\overline{R}$ 只能等于立柱的承载抗力 P_p 和横梁的承载抗力 R'_R。

这里的分析并未考虑混凝土墙上开放的接口处的碰撞。金属横梁将有助于在这种接口处分配荷载。如最小化地使用伸缩缝，则可改进横梁的抵抗力。

对横梁端部的碰撞来说，公称抗力可通过采用式（D.3.1-3）计算的混凝土墙的抗力和通过式（D.3.2-3）计算的一跨金属横梁的抗力之和来计算。

D.4 桥面板悬臂设计

D.4.1 桥面板悬臂的设计应分别考虑下列极限状态：

1 状态Ⅰ：第 D.2 条规定的横向和纵向碰撞荷载作为偶然荷载的承载能力极限状态。

2 状态Ⅱ：第 D.2 条规定的竖向碰撞荷载作为偶然荷载的承载能力极限状态。

3 状态Ⅲ：根据现行《公路桥涵设计通用规范》（JTG D60）规定的作用于悬臂梁上的汽车荷载等作为可变荷载的承载能力极限状态。

4 状态Ⅰ和状态Ⅱ，恒载的荷载系数应取为 1.0。

D.4.2 支撑混凝土护栏的桥面板应分别考虑下列极限状态：

1 状态Ⅰ：桥面板悬臂可提供弯曲抗载能力 M_s（kN·m/m），与式（D.4.2）规定的拉力 T（kN/m）同时作用，应超过护栏根部的 M_c。轴向拉力 T 可表示为：

$$T = \frac{R_\text{w}}{L_\text{c} + 2H} \tag{D.4.2}$$

式中：R_w——第 D.3.1 条规定的护栏抗力（kN）；

L_c——屈服线破坏模式的临界长度（m）；

H——混凝土护栏的高度（m）；

T——桥面板每单位长度的拉力（kN/m）。

2　状态Ⅱ：承受竖向荷载的桥面板悬臂，应以桥面板的悬臂部分为基础进行设计。

条文说明

如果桥面板悬臂的承载能力小于所规定的值，那么护栏的屈服线破坏机理就不能如图 D.3.1-1 一样，式（D.3.1-1）和式（D.3.1-2）就不正确了。

碰撞试验的目的是保存下来，不必识别出是否达到了护栏系统的极限强度。这可能会使护栏系统过度设计，导致桥面板也进行过度设计的可能性增加。

D.4.3　支撑梁柱式护栏的桥面板应分别考虑下列极限状态：

1　悬臂板受力计算

状态Ⅰ：单位长度的弯矩 M_d 和桥面板单位长度的张拉力 T，可表示为：

$$M_d = \frac{M_{post}}{W_b + d_b} \quad (D.4.3-1)$$

$$T = \frac{P_p}{W_b + d_b} \quad (D.4.3-2)$$

状态Ⅱ：冲击剪力 P_v 和悬臂板所受弯矩 M_d 可表示为：

$$P_v = \frac{F_v L}{L_v} \quad (D.4.3-3)$$

$$M_d = \frac{P_v X}{b} \quad (D.4.3-4)$$

其中：

$$b = 2X + W_b \leq L \quad (D.4.3-5)$$

式中：M_{post}——单根立柱的塑性受弯承载能力（kN·m）；

P_p——与 M_{post} 相应的单根立柱所受的剪力，位于桥面板的上方 $\bar{Y}$ 处（kN）；

X——如图 D.4.3-1，从立柱底板外边缘到研究断面之间的距离（m）；

W_b——底板的宽度（m）；

T——桥面板的张拉力（kN/m）；

d_b——从底板的外边缘到螺栓最内侧一行的距离（m），如图 D.4.3-1 所示；

L——立柱的间距（m）；

L_v——护栏顶部竖向荷载 F_v 的纵向分布长度（m）；

F_v——碰撞荷载 F_t 和 F_L 结束后护栏顶部所受的车辆竖向荷载（kN）。

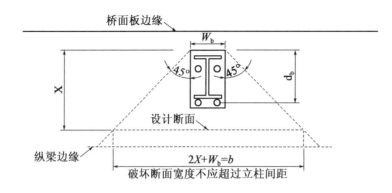

图 D.4.3-1 承受集中立柱荷载（横向或竖向）的悬臂有效长度

2 对冲击剪力的抗力

状态Ⅰ：冲击剪力可取为：

$$V_u = A_f F_y \quad (D.4.3\text{-}6)$$

桥面板悬臂对冲击剪切的抗力可取为：

$$V_r = \Phi V_n \quad (D.4.3\text{-}7)$$

$$V_n = v_c \left[W_b + h + 2\left(E + \frac{B}{2} + \frac{h}{2}\right) \right] h \quad (D.4.3\text{-}8)$$

$$v_c = \left(0.166 + \frac{0.332}{\beta_c}\right)\sqrt{f'_c} \leqslant 0.332\sqrt{f'_c} \quad (D.4.3\text{-}9)$$

$$\frac{B}{2} + \frac{h}{2} \leqslant B \quad (D.4.3\text{-}10)$$

其中：

$$\beta_c = \frac{W_b}{d_b}$$

式中：V_u——在截面处带分项系数的剪力（N）；

A_f——立柱受压翼缘板的面积（m²）；

F_y——立柱受压翼缘板的屈服强度（MPa）；

V_r——抗力（N）；

V_n——所考虑截面的公称抗剪能力（N）；

v_c——混凝土中由拉应力提供的公称抗剪能力（MPa）；

W_b——底板的宽度（m）；

b——抵抗立柱剪力荷载的桥面板长度，$b = h + W_b$；

h——桥面板的厚度（m）；

E——从桥面板的边缘到立柱的压应力合力作用点之间的距离（m）；

B——立柱的拉力作用点和压应力合力作用点之间的距离（m）；

β_c——集中荷载或反应区的长边与短边之比；

f'_c——混凝土轴心抗压强度标准值（MPa）；

Φ——抗力系数，1.0；

d_b——从底板的外边缘到螺栓最内侧一行的距离（m）。

冲击剪力假定的荷载分布如图 D.4.3-2。

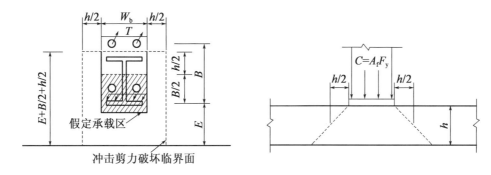

图 D.4.3-2　冲击剪力破坏模式

条文说明

1　悬臂板设计

车辆对梁柱式护栏系统的碰撞，如带有宽翼缘或圆管立柱的金属梁柱式护栏系统，将在立柱附着在桥面板的位置产生很大的集中荷载和弯矩。

美国桥梁设计规范以前的版本采用了简化的分析方法将护栏或立柱荷载分配到桥面板上，例如，"抵抗立柱荷载的桥面板有效长度应为：没有设置矮墙的桥面板有效长度 $E=0.8x+3.75$ 英尺；设置矮墙的桥面板有效长度 $E=0.8x+5.0$ 英尺，式中 x 为从立柱中心到调查点的距离，单位为英尺。"

2　对冲击剪力的抗力

混凝土桥面板通常由于立柱受压翼缘板中的荷载 C 导致的冲击剪力而引起破坏。要提供适当的厚度 h、边距 E，或底板规格（W_b 或 B 或厚度）来防止这类破坏。

试验结果和使用经验表明，在发生桥面板破坏处，破坏模式一直是冲剪式破坏，并丧失了混凝土和钢筋之间的结构整体性。采用各类抗剪钢筋可提高立柱和桥面板之间连接的极限强度，但不能有效减少剪力、斜向拉力或桥面板的裂缝。通过增加桥面板的厚度、底板宽度和厚度或边距，可增加剪力承载能力。

本细则用词说明

本细则执行严格程度的用词，采用下列写法：

1）表示很严格，非这样做不可的用词，正面词采用"必须"，反面词采用"严禁"；

2）表示严格，在正常情况下均应这样做的用词，正面词采用"应"，反面词采用"不应"或"不得"；

3）表示允许稍有选择，有条件许可时首先应这样做的用词，正面词采用"宜"，反面词采用"不宜"；

4）表示有选择，在一定条件下可以这样做的用词，采用"可"。